10 STORIES about (modern) Architecture

Tom Heneghan
Translated by
Hajime Yatsuka and
Kiwa Matsushita

University of Tokyo Press

トム・ヘネガン　近代建築10の講義

トム・ヘネガン［著］
八束はじめ、松下希和［訳］

東京大学出版会

この本は東京藝術大学で建築を学ぶ学生に
建築の歴史と思想について語った授業をもとにしています。

SPECULATIONS:
10 Lectures on (Modern) Architecture
First published in English by
Tokyo University of the Arts, 2019

Japanese Translation by
Hajime Yatsuka and Kiwa Matsushita
University of Tokyo Press, 2025
ISBN 978-4-13-063820-3

What is MODERN Architecture?

ル・コルビュジエが1923年に著した「ローマからのまなび」と題したエッセイの中で、若い建築家にとってローマの建築は真似をするにはいささか危険な例であると警告している。

もし古典的な概念をしっかりと理解しないまま――彼が書くことには――学生たちはローマの荘厳な豊かさに圧倒されてしまうだろう。

本当に大事な〝ローマから学ぶこと〟は幾何学や釣合についてであり、様式についてではない、と彼は言うのだ。

彼のローマの描写では、古代の都市が5つの形式の〝純粋形態〟――円柱、四錐、立方体、直方体、球体――によって構成されており、一方で近代の都市が5つの〝純粋要素〟――ピロティ、自由な平面、自由なファサード、水平連続窓、そして屋上庭園――によって構成されていることを示している。〝純粋形態〟と〝純粋要素〟は異なるスケールで、全体の構成の中で組み合わされうるのだ。

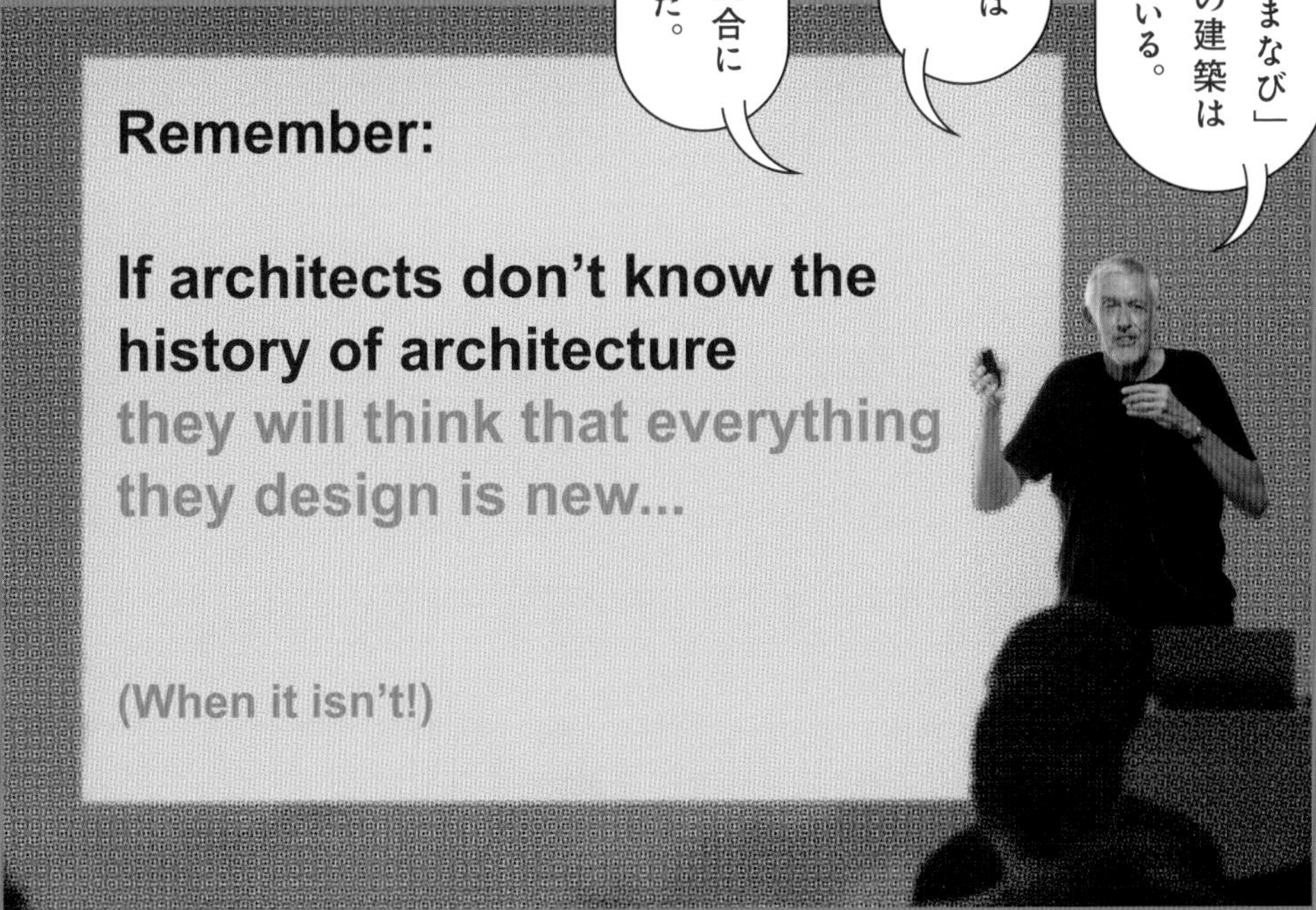
Remember:
If architects don't know the history of architecture
they will think that everything they design is new...
(When it isn't!)

The History of Architecture in two pages

八分間建築史講義

本文p.15~

Beginning of Architecture

ロージェとアイゼン『建築試論』の「原初の小屋」

ネプチューン神殿
紀元前五〇〇年

フォルトゥナの神殿
紀元前一五〇年

ニームの神殿
紀元前一〇年

ヴィラ・ロトンダ
一五六〇年

ベッドフォード・スクエア
一七八〇年

大英博物館
一八五〇年

クリスタル・パレス
一八五〇年

黒田記念館
一九二八年

ストンボロー邸
一九二九年

サヴォア邸
一九三一年

月着陸船
一九六九年

ポンピドゥー・センター
一九七二年

プルーイット・アイゴーの解体
一九七二年

クリスタル・パレスの計画と建設

本文 p.18～

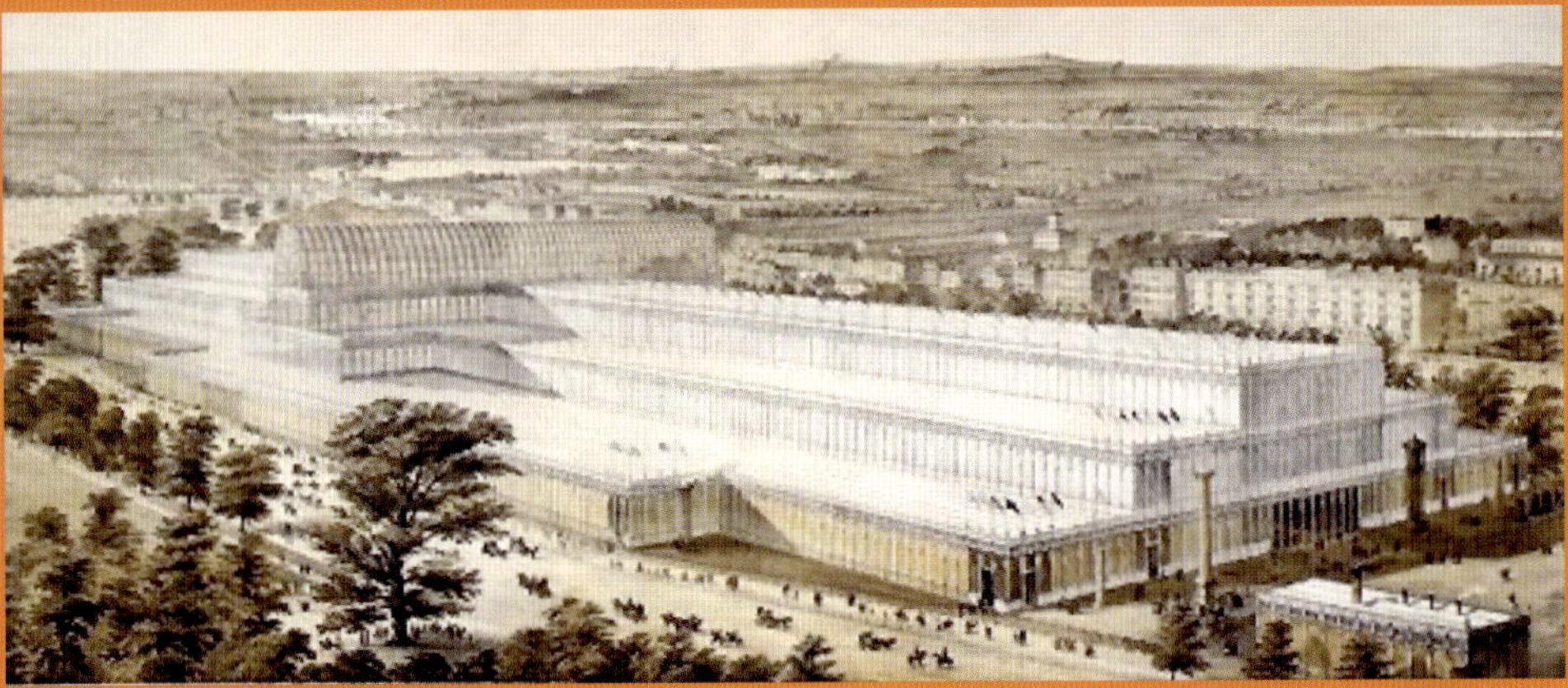

俯瞰

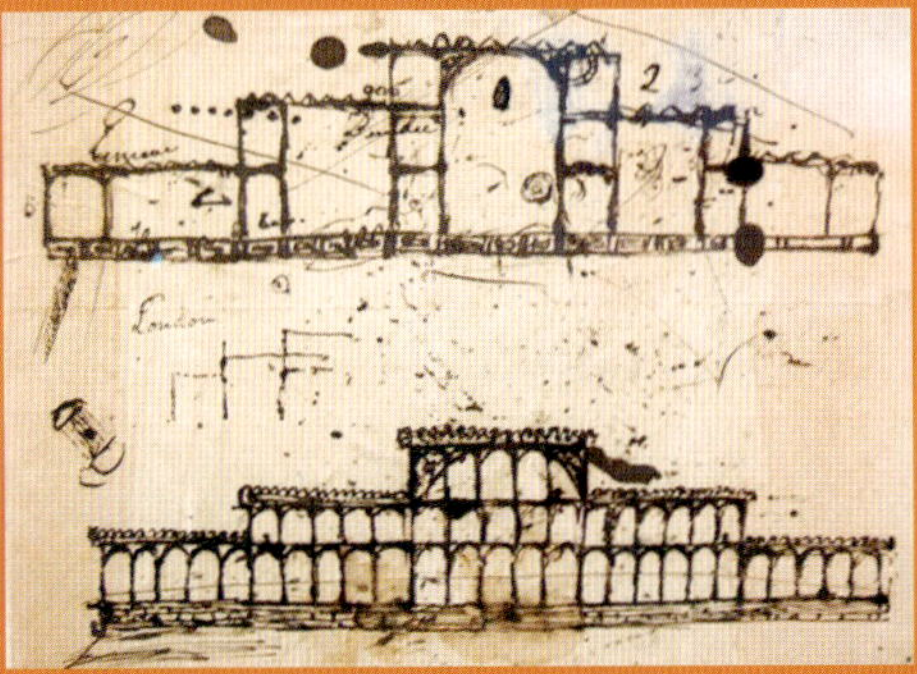

パクストンによって描かれたスケッチ

内観

ユニット化されたヴォールト

建設工事風景

トム・ヘネガン 近代建築10の講義

トム・ヘネガン［著］
八束はじめ、松下希和［訳］

東京大学出版会

10 STORIES about (modern) Architecture

Tom Heneghan
Translated by
Hajime Yatsuka and
Kiwa Matsushita

University of Tokyo Press

はじめに

トム・ヘネガン

この本は「近代建築の思想」というテーマで東京藝術大学において行われた一〇の講義をまとめたものである。この授業は、建築をまなぶ一年生に向けて、私が面白いと考え、そこから有益な教訓を学んだ建築家や建物、建築の思想やテーマを紹介するものだった。建築家が建築の歴史を知らないとしたら、彼らは自分がデザインしたものは何でも新しいと（そうではないのに）思い込んでしまうだろう。

ずいぶん前の事だけれども、アリソン・スミッソンとピーター・スミッソンが、夫妻のプロジェクトについて、少なくとも一年経ってからでないとレクチャーをしたくないと私にいったことを覚えている。ようやくそれくらい経ってから、自分たちがやったことを理解できるからなのだと。このエピソードは、本書の原著がなぜ『思索（スペキュレーションズ）』と付けられたのかを説明するものだ。素晴らしい建物の作者であっても自分自身の意図について理解しきっていないとしたら、それを説明する方はもっと慎重にならざるを得ない。

この本で紹介されるのは、素晴らしい精神が生み出したものだ。我々には、それを形作った思想をその一端なりとも解釈できたらと願うしかない。けれど、それはゲーム、建築というゲームなのだ。これはイギリスの建築家エドウィン・ラッチェンスのセリフで、建築は「至高のゲーム」だとも彼は言った。この本での「思索」とはつまりは私の解釈にすぎない。しかし建築物の作者たちも、それを批評したり分析したりする者たちも、さまざまな解釈とルールを相互に闘わせてゲームをしたいと熱望するものなのだ。

——ル・コルビュジエ

——スターリング

——ル・コルビュジエ　レオニドフ　メーリニコフ
マイヤー／コールハース

——ル・コルビュジエ　フラー　シャロー　インヴェルニッツィ

——NASA　アーキグラム　プライス　ハイテック

——ズントー　ゼンパー　ミース　レヴェレンツ

——マーカット

——ル・コルビュジエ　フェーン　サーリネン
カーン　安藤

——ハディッド　ウッツオン　ズントー　リベラ　リン

——磯崎　ミケランジェロ

1

第一講

近代建築とは何か？

――ル・コルビュジエ

1 月着陸船
（B. Aldrin による写真、1969年）

はじめに

この本の一〇の講義は五〇〇年に及ぶ期間を扱っている——けれども時系列に沿って並べられているわけではない。たとえば、ミケランジェロは、登場建築家の中で最も昔の人物だけれども、取り上げられるのは最後だ。そこで論じられているのは、概念と方法の上で、彼以後の建築の多くよりも「近代的」であるという可能性である。そして、ル・コルビュジエは、サヴォア邸——モダニズムの究極のイコン——のデザイン（一九二九年）で、二三〇〇年も前のアテネのパルテノンの形態からの影響を受けている。

しかし、そうなると、近代建築というのは何だったろうか——あるいはいまどんなものになっているのか、近代建築とはいつ始まって、なぜ始まったのか？　それに先立つものは何で、その後にきたものは何か？　そしてもう一つ問うとすれば、——建築史というのは、普通そのリーダーたちの作品の年代記として描かれるわけだから、——誰がモダニズムを始めたのか？　しかし、その答えは、込み入っている。

アーキグラムとその時代

「アーキグラム」というのは、一九六〇年代のイギリスの建築家グループの名前で、この本では第五講で取り上げることになるけれども、彼らが一緒に活動を始めた時期というのは、人工衛星や月への宇宙飛行とか、テレビで世界中の事柄がライブ配信されるとかの時代。今やけっこう当たり前になったにせよ、当時はとんでもないと思われた技術だった。アーキグラムは、こうした「近代的」な技術が伝統的な建築の概念を時代遅れにしたという論陣を張った。それまでの建築というのは、そこにあるというだけで、見かけはいいものだったにせよ、何かをしたというわけじゃなかった。そこにアーキグラムは、今や美学などは重要じゃない、といい出した。大事なのは、――「月着陸船」（**図1**）の場合と同じで――建物が何をするかだ、と。彼らがいうには、住居というものは、ユーザーの生活を高めるような「道具設備」としてデザインされるべきなんだ。それは、基本的に、一九二三年にル・コルビュジエが『建築をめざして』でしたのと同じ議論だった。コルビュジエは大洋横断船とか飛行機とか自動車の写真と並べて、こう書いている、「我々の時代は自分自身の建築を確定しようとしている。……これまでの四〇〇〇年の規則はもはや適切ではない。……建築とは何か、に関する考え方の革命が起きたのだ」と（**図2**）。

　新しい建築は――とアーキグラムもル・コルビュジエも両方がいうわけだけれども――時代の社会的、技術的な諸変化を反映し、表現しなければならない。それが重要だというのは、それ以前の建築家たちの課題は、社会と過去の文化――とくに古代のギリシャやローマの――とのつながりを、

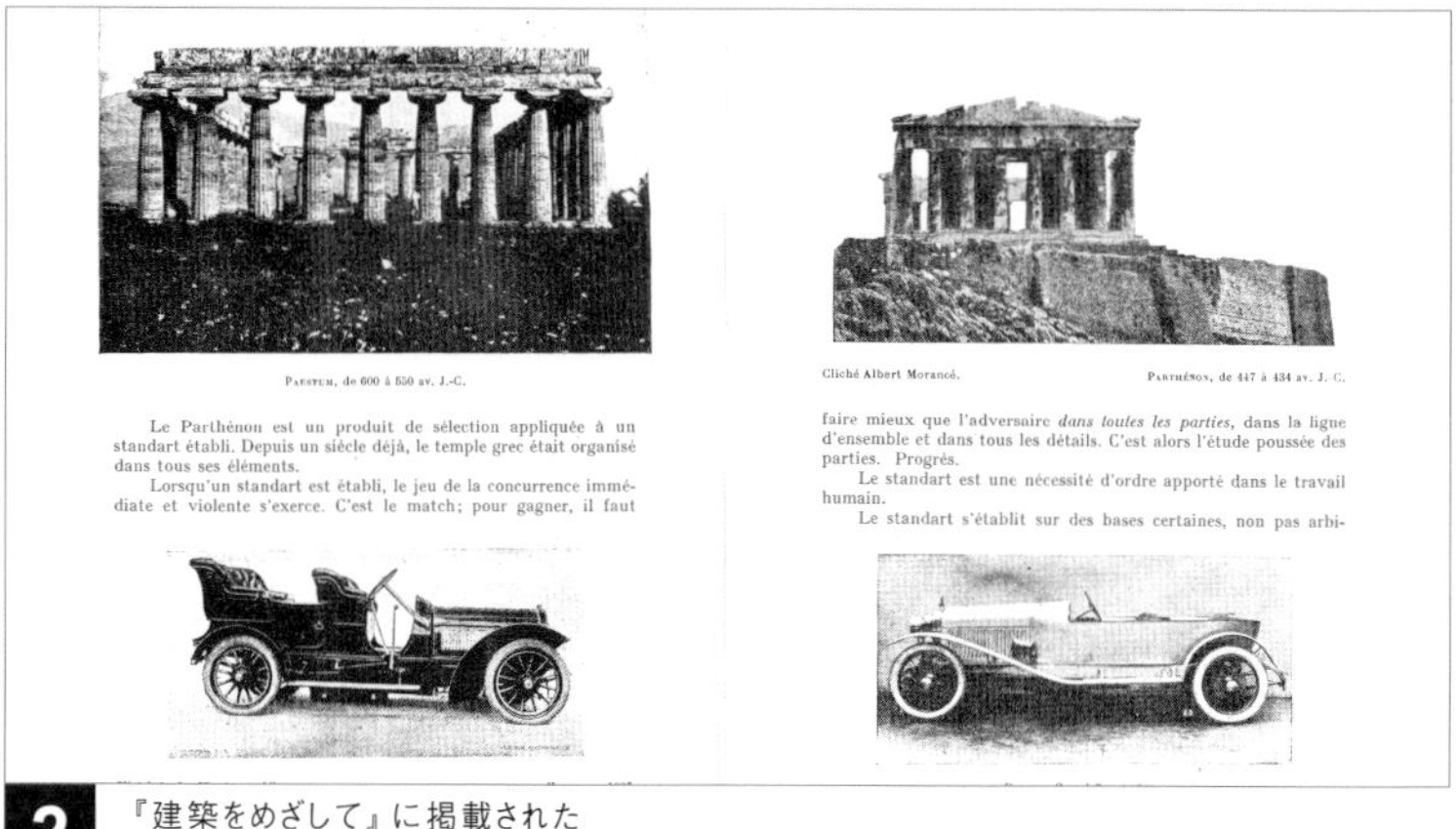

Paestum, de 600 à 550 av. J.-C.

Le Parthénon est un produit de sélection appliquée à un standart établi. Depuis un siècle déjà, le temple grec était organisé dans tous ses éléments.

Lorsqu'un standart est établi, le jeu de la concurrence immédiate et violente s'exerce. C'est le match; pour gagner, il faut

Cliché Albert Morancé.　Parthénon, de 447 à 434 av. J.-C.

faire mieux que l'adversaire *dans toutes les parties*, dans la ligne d'ensemble et dans tous les détails. C'est alors l'étude poussée des parties. Progrès.

Le standart est une nécessité d'ordre apporté dans le travail humain.

Le standart s'établit sur des bases certaines, non pas arbi-

2　『建築をめざして』に掲載された
ギリシャの古代神殿と近代のスポーツカー

その古典文化の物理的な残存物である遺跡にあった「古典のオーダー」を模したりして、表現することにあったわけだから。

皮肉なことだが、建築の革命を論じながらも、ル・コルビュジエはアンドレア・パラディオの古典的な建築からも学んでいた。唯一の師は「過去」の建築だった、と彼自身も書いている。歴史家コーリン・ロウは、「理想のヴィラの数学」という論文で、ル・コルビュジエがサヴォア邸（一九三一年、**図5**）の構成をパラディオのヴィラ・ロトンダ（一五六六―九〇年代、**図6**）から、スタイン邸（一九二八年、**図3**）のそれをヴィラ・フォスカリ（一五六〇年、**図4**）から導いている、と確信をもって証明している。

パラディオとル・コルビュジエ

互いに四〇〇年以上も時を隔てているけれども、パラディオとル・コルビュジエにはいろいろと共通点がある——とくに彼らが本を書いたという点だ。二人とも、著作を通して彼らの作品を広め、同業者たちを教育することを重要な

3　ル・コルビュジエ「スタイン邸」1928年

4　パラディオ「ヴィラ・フォスカリ」1560年

5 ル・コルビュジエ「サヴォア邸」1931年

6 パラディオ「ヴィラ・ロトンダ」1566年－90年代

責務と心得ていた。パラディオとル・コルビュジエの本は、建築書としては、最もよく売れ、最も広く翻訳され、最も大きな影響を及ぼすことになった。ル・コルビュジエの本は、基本的には、短い論争的なエッセイを集めたもので、その議論の核心は、建築家たちは、伝統的な古典建築の形態から自由になり、その時代の新しい機械——船、飛行機、自動車、穀物サイロ、発電機、電話交換局の建物などで、彼はその著書にそれらの挿図を載せた——から、生き生きとし、理に適った着想を得るのでなければならないというものだった。これらはすべてその時代の技術であり発見だが、実のところパラディオの本に図解された歴史的な神殿もそうだった。彼の時代は考古学への熱狂の時代であり、彼のドローイングは、古典のオーダーから新たなに発見された細部やプロポーションの権威ある記録で（図7）、彼自身や他の——パラディオと同時代および後代の——建築家たちは、それに基づいて自分のヴァージョンをつくり上げることができた。パラディオの出版物は、——そしてその度合いこそ少ないものの、ル・コルビュジエのそれもまた——

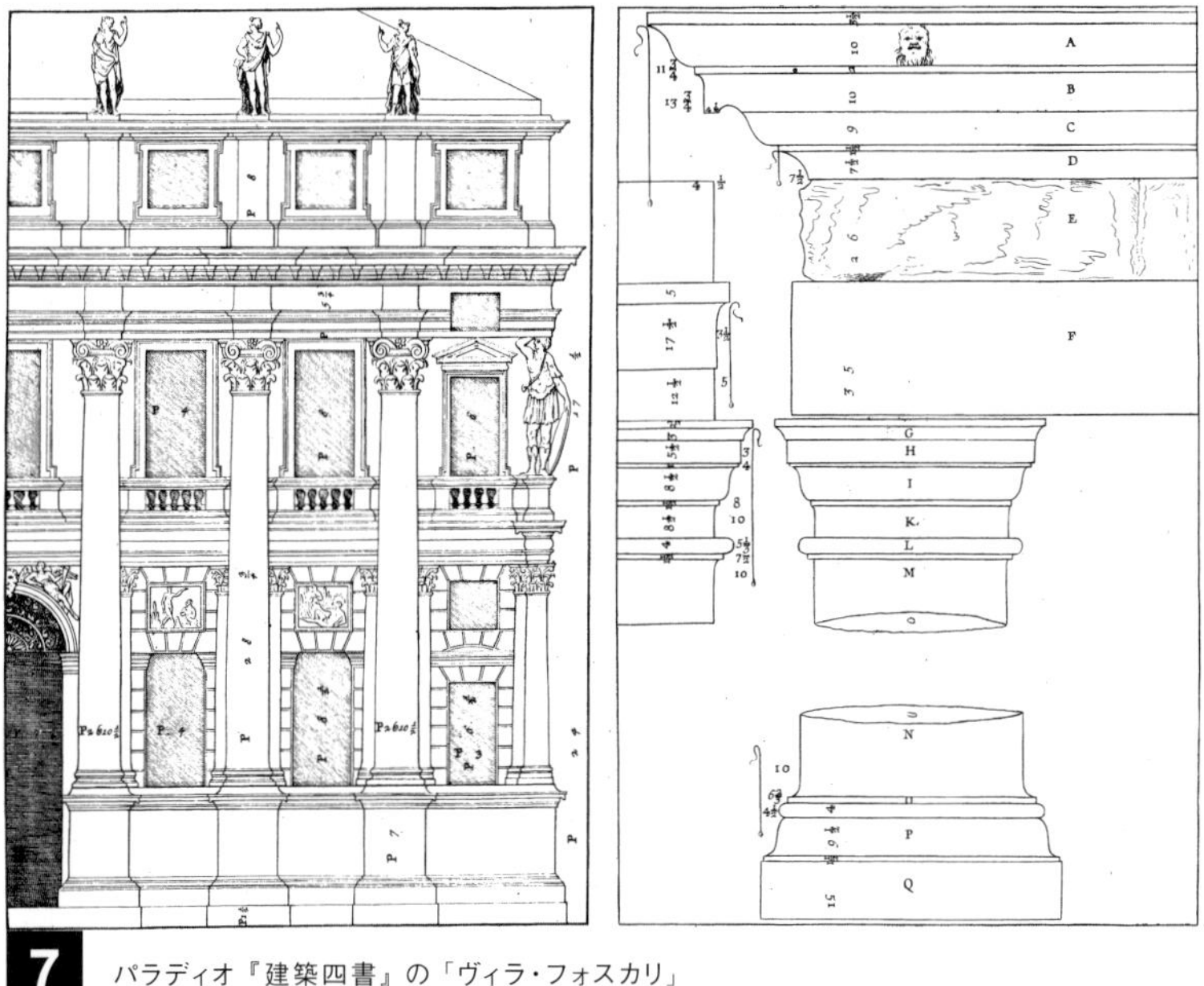

7　パラディオ『建築四書』の「ヴィラ・フォスカリ」

形にせよ議論にせよ、そこからコピーし得るような「パターン・ブック」だったが、明らかに彼ら自身の作品のためのプロパガンダでもあって、古今の巨匠たちの作品とともに図解されることで、その正統性を獲得していた。たとえば、パラディオの本では、ベルニーニの作品やローマのパンテオンが彼自身の建物と並んで図解されていたし、近代建築の未来に関するル・コルビュジエの本でも、アテネやハドリアヌスのヴィラ、サン・ピエトロ寺院が彼自身の住宅と並んで含まれていた。いい換えれば、パラディオもル・コルビュジエも、ともに、建築とは持続的に発展する文化で、前時代の建築からも、同時代の進歩からと同じように、学ぶべきものが多くあると見なしていた。

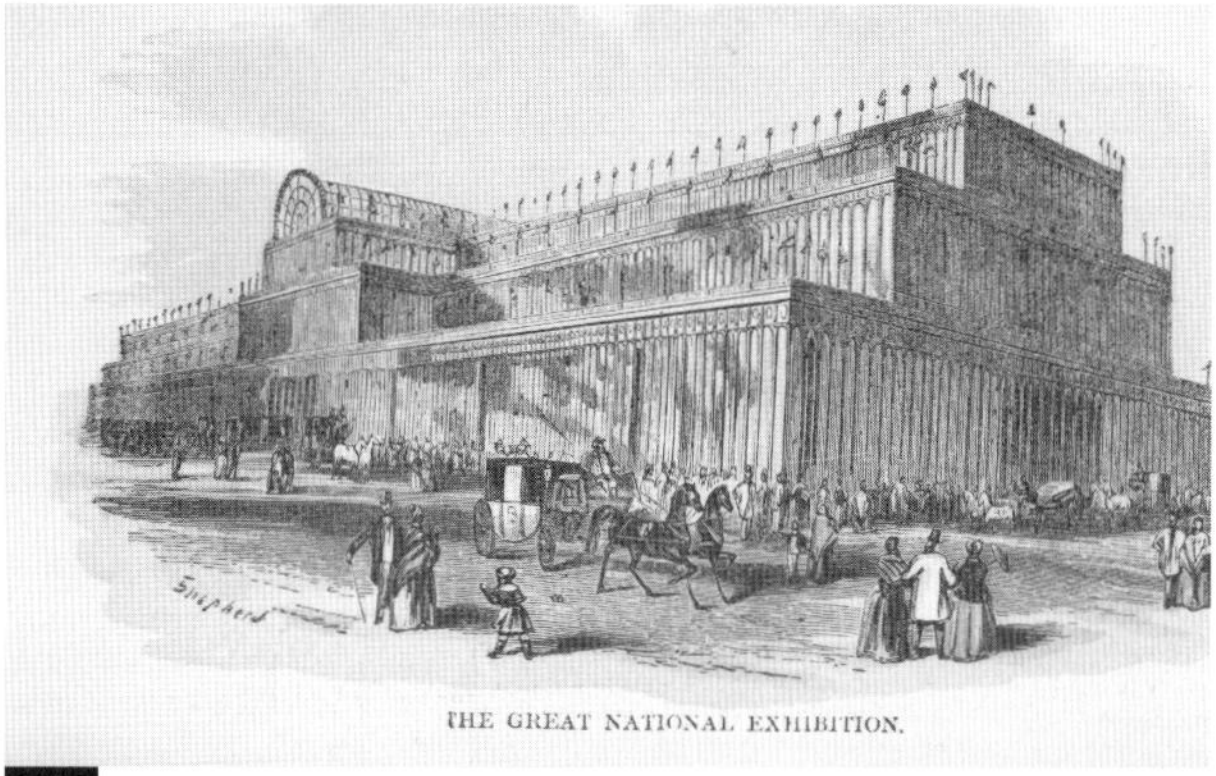

8 ジョセフ・パクストン「クリスタル・パレス」1851年

9 ロバート・スマーク「大英博物館」1851年

八分間建築史講義

建築の歴史を語るときでも、建築史の本でも、普通、遠い過去から時をたどってくる。けれども、僕のこの講義では、一八五一年から始めたい。つまりロンドンでクリスタル・パレス（図8）と大英博物館（図9）の完成が近づいた年から。それは時代の転換点だった。「伝統的な建築」から「近代的な建築」への転換の節目だ。そこから時代をさかのぼりながらどのようにしてこの節目が生じたのかを語ろう。それをここで「八分間建築史」と呼ぶ講義の中の講義で説明したい。五分間では全建築史を語るには短すぎる……けれど、一〇分間は長すぎる！　まず今から一七〇年前、一八五一年の大英博物館から始め、それから二三〇年前の一七八〇年に建てられたロンドンのベッドフォード・スクエア（図10）に行き、それから四五〇年前、パラディオのヴィラ・ロトンダに飛んで、二〇三五年前のニームの神殿（図11）、そして二一七五年前のフォルトゥナの神殿（図12）、さらに二五〇〇年前のネプチューン神殿（図13）へと戻っていこう。これらの建物の間には外見上も驚くほどの一貫性が

10 ロンドンのベッドフォード・スクエア

11 ニームの神殿、紀元前20年

12 フォルトゥナの神殿、紀元前150年

13 ネプチューン神殿、紀元前500年

あると分かる――どれもペディメントとコロネードという、古代の「古典建築」の根本的要素からなる構成なのだ。それは一七五三年にアーティスト、シャルル・アイゼンが描いた有名な版画にある神話の原初の小屋のイメージである。それは人間の手でつくられた最初の建物はどのようなものであったのかを示す――「零年」の建築なわけだ。それは、マルク・アントワーヌ・ロージェ――イエズス会士で建築哲学者に転じた人物――が、ヴェルサイユのルイ一四世の王の礼拝堂のような装飾過剰な建物ではなく、単純な建物に回帰したいと考えて書いた試論に付された挿図である。ロージェの著書（アイゼンのドローイング）では、建築の女神がイオニア式の構造物の廃墟の上に座して、定規を持ち、簡素なシェルター、つまり原初の建築を指差している。そしてその形態や要素は、後世の建物の形態や要素と基本的には同じなのだ。歴史はこれを「原初の小屋（プリミティブ・ハット）」（**図14**）と呼んでいる。しかし、ル・コルビュジエが警告しているように、「考古学の本におけるそのような小屋の画を見てみるがいい。……原初の人間というものはないのだ。あるのは原初の手段だけだ」。彼がいうには、昔の人間は、洗練された思想はもっていた。ただ洗練された建物をつくるための能力やテクノロジーに欠けていただけなのだ。

14
ロージェとアイゼン
『建築試論』の「原初の小屋」

近代建築はいつ始まったのか？

そうなると、問題になることとは、ずばりこれだ。つまり、近代建築はいつ（そしてなぜ）、生まれたのか？　そして、答えがパラディオのヴィラ・ロトンダ（一五六〇年代）とル・コルビュジエのサヴォア邸（一九三一年）の間のいずれかの日付けということになるのは譲れない。僕の考えでは、正確な時期は一八五一年の五月、イギリスのヴィクトリア女王が、ロンドンの中心部で世界中の事物がジョゼフ・パクストンのクリスタル・パレスの中に展示された大万国博覧会の開会式を執り行った日付けがそれだ（図15）。思うに、その日以降、建築におけるあらゆるものが変化した。パラディオの作品では、プロポーションからエレガンス、威厳そして巧緻が優先された。けれどもクリスタル・パレスで優先されたのはまったく違った事柄で、新しい材料と方法の持つ可能性が示されたのだ。巨大な建物で、長さ五六四メートル、奥行き一二四メートル、高さ三九メートルに及んだ。ポンピドー・センターと比べても長さで三倍、高さでは倍になる。この宮殿を建てるには建設の技術と戦略の新しい進歩がなくてはならなかった。これは、別の建物のプロジェクトを議論している会議の合間にパクストンが描いた小さなドローイングに見ることができる（図16）。他の人の話を聞きながら彼が描いた「悪戯書き」のようなものだ。ぐしゃぐしゃと描かれたちっぽけなスケッチで、スケールも示されているわけではない。けれど、それで十分。施工者に巨大な小屋を組み立てるに足りる情報を与えている。自立して同じ構造的なベイを反復して建物がつくられていることを示すスケッチだ。施工者は、比較的小さな鋳鉄の部材を使った同じベイを繰り替えしていき、それをガラス面で覆うだけでいい。ここには「工芸」もなければ、「アート」もない。パクストンはクリスタル・パレスが建築ではないといっていた。単純な構造システムによる単なる温室である。クリスタル・パレスは、「建て」られた、というよりも、一二〇〇ミリ×二五〇〇ミリのグリッド——当時のイギリスで製作可能な最大のガラス板のサイズ——の中で数千の鋳鉄のプレファブ部材が「寄せ集められた」のだ。グリッドはプランニングと要素のプレファブ化を簡単にし、変更も容易にした。元のデザインは屋根が平らだったのだが、着工の直前に、パクストンは、現場に立っていた高い木々をそのまま残せるように、バレル・ヴォールトの屋根を載せることにした。

この宮殿の劇的なオリジナリティを見るのに最もいいのは、大英博

15　ヴィクトリア女王の開会宣言、バレル・ヴォールトの屋根

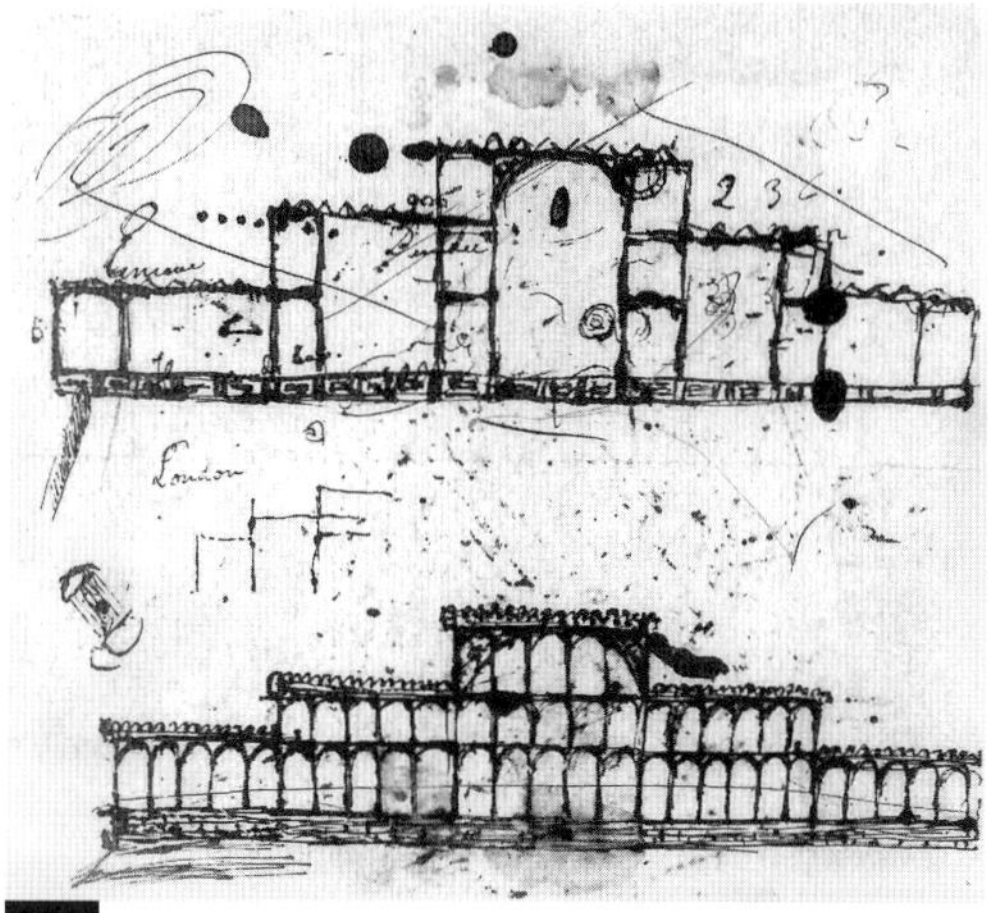

16　パクストンによる「クリスタル・パレス」の小さなドローイング

物館（図9）と比べてみることだ。両者とも一八五一年にロンドンの中心部に建てられている。どちらも展示のための建物だ。けれども、プログラムからいっても、形態からいっても、まったく正反対。パクストンのブリリアントな考案になる軽量のガラスの建物は、世界中から創造的な工業製品を集めてきた仮設のショーケースで、この領域でのイギリスの国力と産業革命での触媒としての役割を強調している。大英博物館――設計はロバート・スマーク卿――は、イギリスの多くの人類学や考古学、生物学、地理学上の学術探検の成果を、重く仰々しいイオニア式の石のファサードをもった歴史的形態に収容している。博物館の方とは違って、クリスタル・パレスは、美学とかシンボリズムにではなく、実用性に基づいているのである。

二つの建物を並べて比べてみると、このような公共建築が未来を向くべきか、それともギリシャかローマのような古代の建築の方を振り返るべきなのかという問題を提起する。けれども、おそらく二つの建物の最大の違いは、その建設にかかった時間にある。床面積七万五〇〇〇平方メートルの博物館は設計と施工で――いくつかの工期に分かれたにせよ――二八年を要したけれども、床面積九万二〇〇〇平方メートルのクリスタル・パレスはたった八ヶ月でできあがったのだ。会期の六ヶ月後の一八五一年一〇月に博覧会が終了すると、建物は容易に解体され、少々拡張されて、南ロンドンの公園の中に建て直された。ル・コルビュジエは後年ここを訪れて、「このスペクタクルには目を奪われた」と報告している。それは、彼がいうには、芸術と科学を統合した「新しい時代の紋章」だ。「算術計算によって」「我々の仕事は構造的にもより効率がよく、コストの低廉化を可能にし、——我々の作品を科学の普遍的な法則へと結びつけるだろう」。

廃れた伝統建築

というわけで、我々は建築の始まりにまで戻ってきた。それで、我々が見てきた建築——いろいろな国や場所や時間の——が、西欧の古い建築を参照していたということが分かった。たとえば、日本でいえば、日本銀行本店（一八九六年、**図17**）——大英博物館やクリスタル・パレスのほとんど五〇年後——の建物がある。そして上野には一九二八年の黒田記念館（**図18**）がある。どちらも西欧古典建築のとてもよい例である——ペディメントがあり、イオニア式やコリント式の柱やピラスターがある。けれども、重要なことは、黒田記念館の竣工の日付けだ、つまり一九二八年で、これはル・コルビュジエのサヴォア邸の設計が開始されたのと同じ年だ。この二つの建物はほぼ同じ年に世界の異なった場所でつくられたまったく異なった建物なのだ。なぜか？　ル・コルビュジエだって、駆け出しのころには古典様式の建物を建てている、たとえば一九一二年にスイスの郷里の街につくったメゾン・ブランシュという両親の家がそれだ。しかしより円熟したコルビュジエは、新しい時代が始まりつつあって、建築家は機械——一九二三年の本の挿図で挙げた船とか飛行

18　岡田信一郎「黒田記念館」1928年

17　辰野金吾「日本銀行本店」1896年

機とか発電機とか産業用サイロとか——から霊感を得なくては、と確信するようになった。彼はまたツァー（皇帝）を追放したロシア革命からも影響を受けた。長年の圧政の後に、ツァーとその建築の過剰さは、何ももたない人々をひどく挑発して、革命軍の格好の標的になった。それを完膚なきまで叩くならば、労働者の勝利の象徴になったはずだ。ロシアでは、建築は新しい産業社会を創造するための根本的な力になった。それは人々の共通の野心を表現したし、彼らの新しい平等性を表現した。かつて富裕で権力をもった人々の家を飾ったような装飾は廃れた。ロシアでも西欧でもモダニズムは装飾を拒否した。

古典のオーダーとコンポジションとプロポーション

一九二九年のブエノス・アイレスでの一連の講演で、ル・コルビュジエは古代の建築と近代世界の違いについて語っている。彼は大きな紙の上に古典のオーダーであるドリス、イオニア、そしてコリントの柱を描いた。そしてその上に赤いクレヨンで「これは建築ではない。これはスタイルでしかない」という宣言を書き殴った。もともと古典のオーダーが構想された時には、その柱もペディメントもエンタブラッチャーも意味や創意に息づいていた、と彼は論じた。しかし、それらが今の建物に使われても、もはやその形態に妥当性はないのだ、と。それらは、彼の言葉によれば、「もはや死体でしかない」。近代以前の建築家たちは、彼らの時代の文化と古代の文化の連続性

19 ラストレッリ「冬宮殿」1754－62年

を示すために古典建築を複製した。しかし、「近代」においては、建築家たちは、彼ら自身の優先すべきものを確立した、とル・コルビュジエはいう。建築とは何か、に関する革命が起こったのだ、と。歴史を理解する者は、過去にそうであったものと今そうであるもの、そして将来そうであるだろうものの間の連続性を見いだす術を知っているだろう。そして、アメデ・オザンファン——「ピューリズム」の芸術運動をル・コルビュジエと共同で興した——が論じたように、「どの革命にも、奥底には、おのおのは隠されたものではあるけれども、常数というべき形態である古典主義があるのだ」。いい換えれば、古典と近代の考え方および形態も共存が可能であり、古典主義の厳密な規範はモダニズムの抽象と釣り合うものなのだ。

初源的形態

皮肉なことだが、ル・コルビュジエは、一九二三年の『建築をめざして』での熱狂的に革命的な論調にもかかわらず、一貫して彼が歴史的建築からいかに多くを学んだかを力説してきた。「過去」は、彼がいうには、彼の唯一の教師であり、そこから古典のプロポーションこそはあらゆる優れた建築の根本的な条件であることを学んだ。「ピラミッド、バビロンの塔、サマルカンドの市門、パルテノン、コロセウム、パンテオン、ポン・デュ・ガール、アヤ・ソフィア、イスタンブールのモスク、ピサの斜塔、ブルネレスキやミケランジェロのキューポラ、ポン・ロワイヤル、アンヴァリッド（廃兵院)」、彼がいうには、これらのすべては、初源的形態に基づいており、それゆえに、「すべて建築に数えられる」ものなのだ。しかし、装飾だらけのオルセーの駅やグラン・パレは初源的形態に基づいていないから、結果的に「建築に数えられるものではない」(『建築をめざして』)。だから、建築家たる者、その作品を「建築に数えられる」ものたらんとするなら、その建築を「初源的なヴォリューム」(図20)——つまり球や円錐や円筒など——から構成しなくてはならない。そして、ドアや窓の位置はこれらの形態を損なわないように配置されなくてはならない。「建物の外皮は、通常、窓や扉のような開口をもつ壁であり、こうした開口は外皮を分割し、基本形態の純正さを損なう。そうではなく、開口は形態を強調するような形でデザインされねばならない」。

「基本タイプ」

『建築をめざして』の最初の方のページには意外な図版がある(図21)。それはありふれたパイプの図で、一ページにたった一つで、タイトルには「ブライアー・パイプ(訳注、ヒースの木の根でつくられたパイプ)」とだけある。ごく伝統的なタイプのもので、このような革新的な考えを満載した本に収められたのは不思議に思える。しかし、こうした「普通さ」が、この図版が収録され、しかも主要な位置を与えられた理由なのだ。この手のパイプは何世紀にも亘って使われてきた。そのデザインは、ル・コルビュジエが彼の静物画にしばしば使ったようなギターとかボトルとか本とかお皿とかと同じ

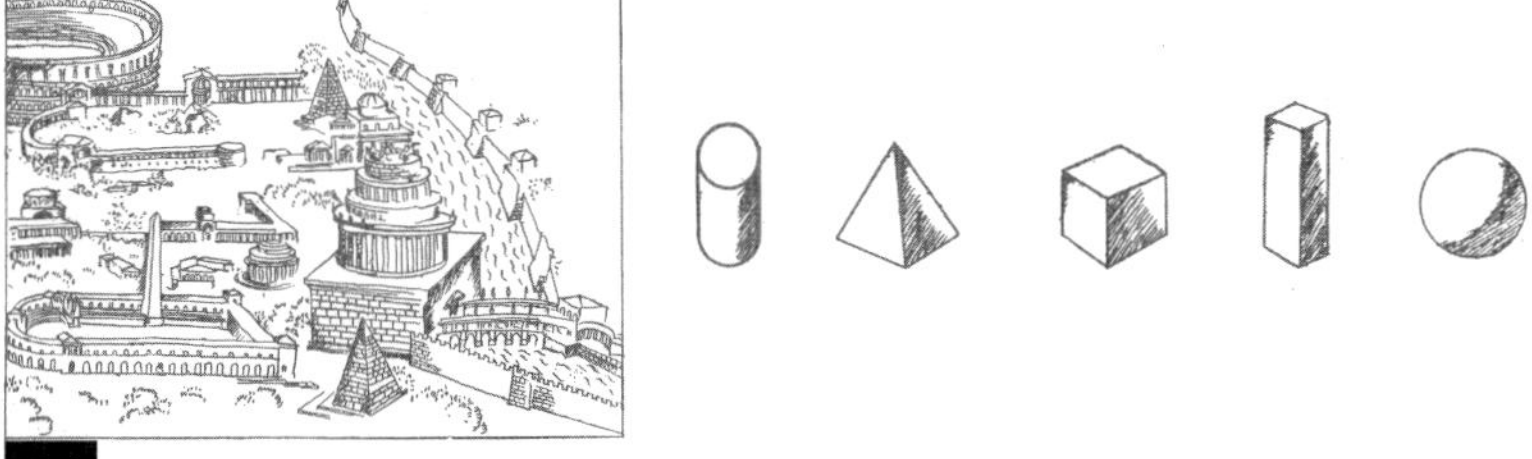

20 ル・コルビュジエ『建築をめざして』のなかの「初源的ヴォリューム」

ように、ゆっくりと発展してきた——それは機能にせよ形態にせよほぼ完成の域に達している。将来的にはデザイナーたちがもっと完璧なものにすることがあるかもしれないが、当分の間は、これらが「基本タイプ」となっている。彼はパエストゥム（紀元前六〇〇年、図22）の画像を挙げて、それがアテネのパルテノン（紀元前四〇〇年、図23）の八柱式のファサードとは違って見える九柱式だということになるまで、「基本タイプ」になったという。それからは八柱式が新しい「基本タイプ」になり、これがル・コルビュジエのサヴォワ邸の主要な参照源になったというわけだ。

建築をめざして

ル・コルビュジエの一九二三年の本の原書版は、〝*Vers Une Architecture*〟（建築をめざして）と題されていた。しかしそうなると、タイトルの意味はあまりはっきりしない。つまり、この本はどういう建築に向かわせようとしているのか、ということが。一九二七年に出されたこの本の英訳はこの問題に答えている、つまり〝*Towards a New Architecture*〟（新建築をめざして）。しかし、それはただ「新しさ」だけに焦点を合わせているわけではなかった。彼の船や飛行機や他の機械類の写真は、技術的な「時代精神」を説明するというだけではなく、古代の例の諸々、——アクロポリス（紀元前四五〇年）、セスティウスのピラミッド（紀元前

21　ル・コルビュジエ『建築をめざして』のなかのブライヤーのパイプ

一二年)、パンテオン(一二〇年)、ハドリアヌスのヴィラ(一二八年)、アヤ・ソフィアのモスク(五三七年)、コスメディンのサンタ・マリアのバシリカ(一一二三年)、ノートル・ダム大聖堂(一二六〇年)、ミケランジェロのカンピドリオ(一五四〇年、第10講)、そしてサン・ピエトロ大聖堂(一六一五年)などが含まれることによって均衡が取られている。だから、そうなってみると、フランス語版のタイトルはより適切なものだったと思える。つまり、新旧の問題ではなく、単なる形態でもなく、概念としての建築の創造の「作法」へと読者を導くのだから。しかし、建築家のジェイコブ・ブリルハートがいうように、「ル・

22 パエストゥム

23 八柱式のアテネのパルテノン

コルビュジエは基本的に、歴史と伝統に基づいた未来主義者なのだ」。彼の著作は、要するに、複合的でかつ矛盾に満ちてもいるのだ。

機械

機械は博覧会の主要な要素である——パクストンは建設の過程を早めるためのクレーン、滑車、トローリーなどを発明した。重い水圧プレス機、蒸気エンジン、ポンプや自動の綿紡績機なども博覧会場では常に動いていた。世評はこの博覧会が機械の未来を垣間見せたと称賛した。『イラストレーティッド・ロンドン・ニュース』誌は、博覧会を「近代の意味を知らせる非公式のフォーラム」と記した。実際、この「大博覧会」は、ル・コルビュジエが——七〇年後に——『建築をめざして』で述べることになる思想に先駆けていた。そこで、彼は、機械に期待される純粋な機能性は建築においてもまた期待されるべきだと論じた。我々は住宅を「住むための機械」として考えなくてはならないとし——多分冗談半分で——、肘かけ椅子を「座るための機械」と考えなくてはならないといった。そして、パルテノン——若いころに詳細に研究し、畏敬の念を抱いていた——を、「情動のための機械」と書いた。

同じように、哲学者ルードヴィッヒ・ヴィトゲンシュタインが姉のためにデザインした住宅（一九二九年、**図24**）は、純粋に目的機能性を追求したという意味でモダニスト的な仕事だ。どのパートも機能的でなければならない、とヴィトゲンシュタインは主張している。不必要なものがあってはならない。そしてあらゆる部分は最も要素的な形に還元されなくてはならない。したがって部屋はシェードなしの裸電球で照らされなければならず、床と壁は平滑で、カーテンは――埃を吸い寄せるので――不可とされる。その代わりに、どの窓も一五〇キログラムのガラス板をはめられ、滑車で床の中のスロットに降ろされるようになっている。ヴィトゲンシュタインはこの住宅の照明スイッチおよびドア・ハンドルのデザイン（図25）に一年を費やし、曲面の暖房器具を部屋の隅に納めるためにさらに数年を要した。そして、家がようやく竣工に近くなると、彼は部屋のプロポーションが少しおかしいことに気づき、住宅のプロポーションが正しく三対一、三対二、二対一になるように天井を三センチ下げさせた。ヴィトゲンシュタインは、この無装飾の住宅の中で、要素のスケールとプロポーションの正確さこそがすべてであることに執念を燃やしたのだ。

ル・コルビュジエがその著書に用いた機械の写真――船、飛行機、自動車や穀物サイロ――は、彼が、四〇年後の七〇年代、八〇年代のハイテック建築家たちによって行われる「テクノロジーの――建築への――転用」、つまりネオプレンのガスケットによる

24 ヴィトゲンシュタインによる「ストンボロー邸」1929年

舷窓や航空産業によるハニカム・ウォール構造、造船業からのファイバーグラスのパネルやジョイント等々への彼の関心を示すものである。彼は、一九二五年のパリ、国際装飾産業博覧会のために建てた「エスプリ・ヌーヴォー」館について、「我々のパヴィリオンでは企業によって工場でつくられ、大量生産された標準品のみを収めている。それらは本当に今日のオブジェなのだ」と書いた。

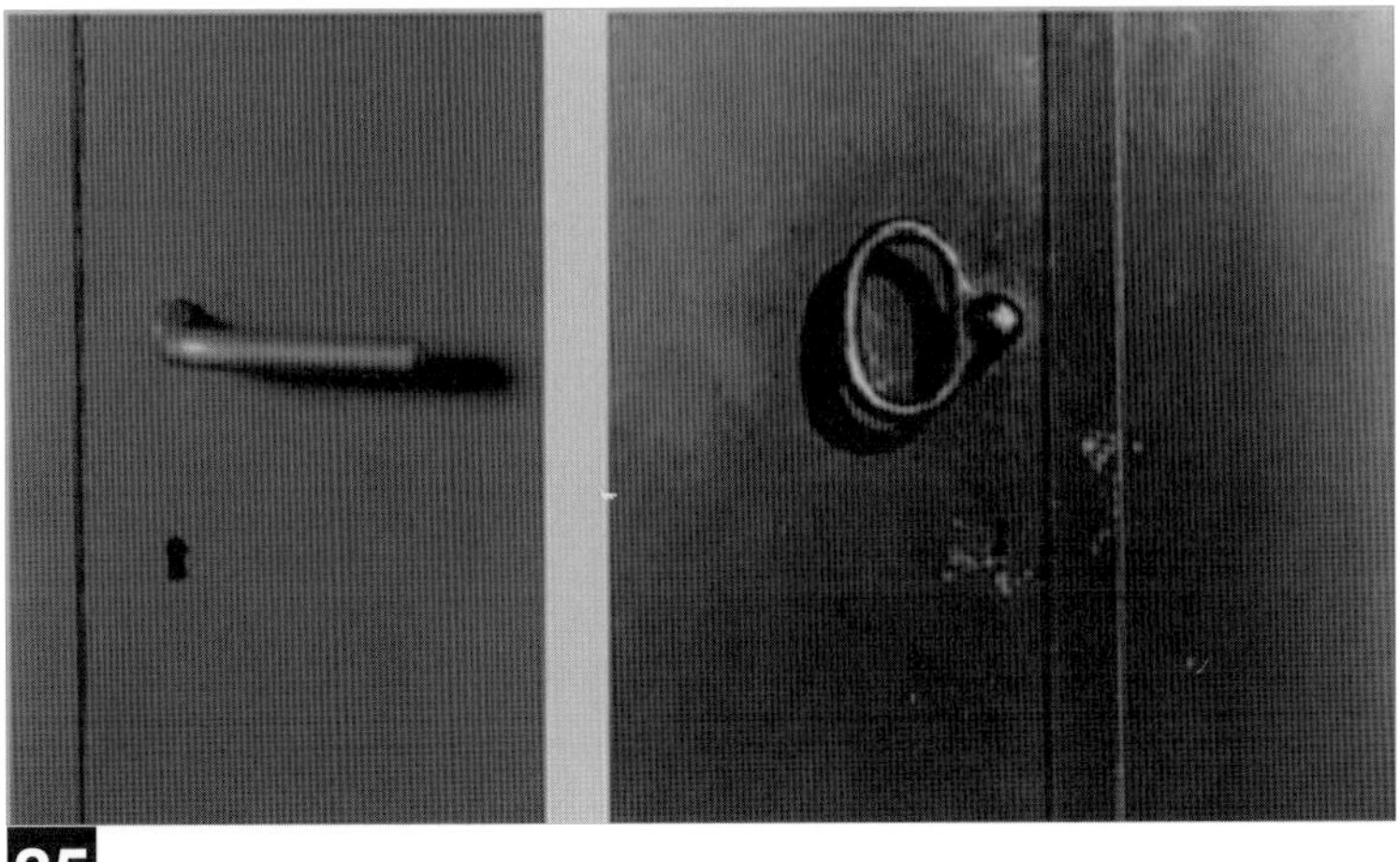

25 ストンボロー邸のドアハンドル

第二講

2 先例と発明 ――スターリング

ヒーロー

今回の講義では、僕のヒーローだったジェームズ・スターリングの作品――と人となり――について述べたい（本文中ほどの口絵も参照）。彼の作品で、僕が好きじゃないものはたくさんある。けれども、本当の建築をどうつくるかについて考えようとするなら、スターリングの作品についての広範な知識をもつことが肝要であるというのが僕の持論である。ジェームズ・スターリングの作品や戦略を知悉していないなら、建築家となる教育を十分に受けたとはいえない、とぐらい言いたい。僕の若いころには、友人たちや僕は、スターリングの新作の噂をビートルズの新しいアルバムに対してと同じようなスリルをもって待ち構えていた。僕らは、彼の大胆さに興奮し、頭に血が昇ったし、彼の建物の学識に賛嘆した。

ダービー・シヴィック・センターでの「ビッグ・ジム」

僕たちは皆、彼を「ビッグ・ジム」と呼んでいた。背が高く、頑丈で、太りすぎで、声が大きく、粗野な人だった。彼は意図的に人を怒らせるようなデザインをした。たとえば、一九七〇年のダービーのシヴィック・センターのコンペの応募案がそれだ（**図1**）。僕は学校に入ったばかりだったけれども、同級生や僕が彼のデザインから受けたショックを、昨日のことのように覚えている。彼は、明らかに審査委員がそれを好むかどうかなどは気にしていなかった。よく覚えているけれども、僕は口をあんぐりと開けながら審査評を読んだ。それは彼のデザインを「ブリリアント」と評していたけれど、予算規模や敷地範囲を超えているし、要綱のあらゆる要求を満たしていないとも指摘していた。要するに、予算オーバーで、大きすぎて敷地に収まらず、クライアントが望んだすべての施設を収めていない、というわけだ。だから、彼が勝つ可能性はなかった。全然ね！　けれども、デザインは本当にブリリアントだったし、今となっては、誰もが覚えている案はこれだけだ。実際、コンペを勝ったのが誰だったのか、どんなデザインだったのか、僕には記憶もない。スターリングはこの凄いデザ

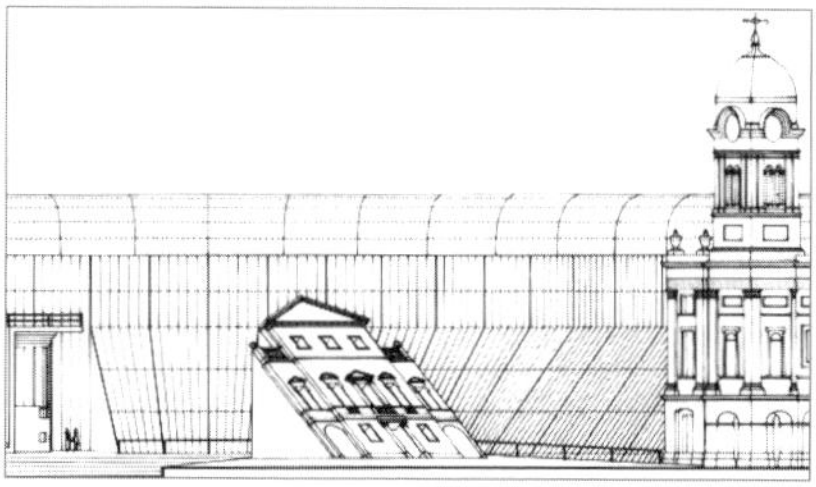

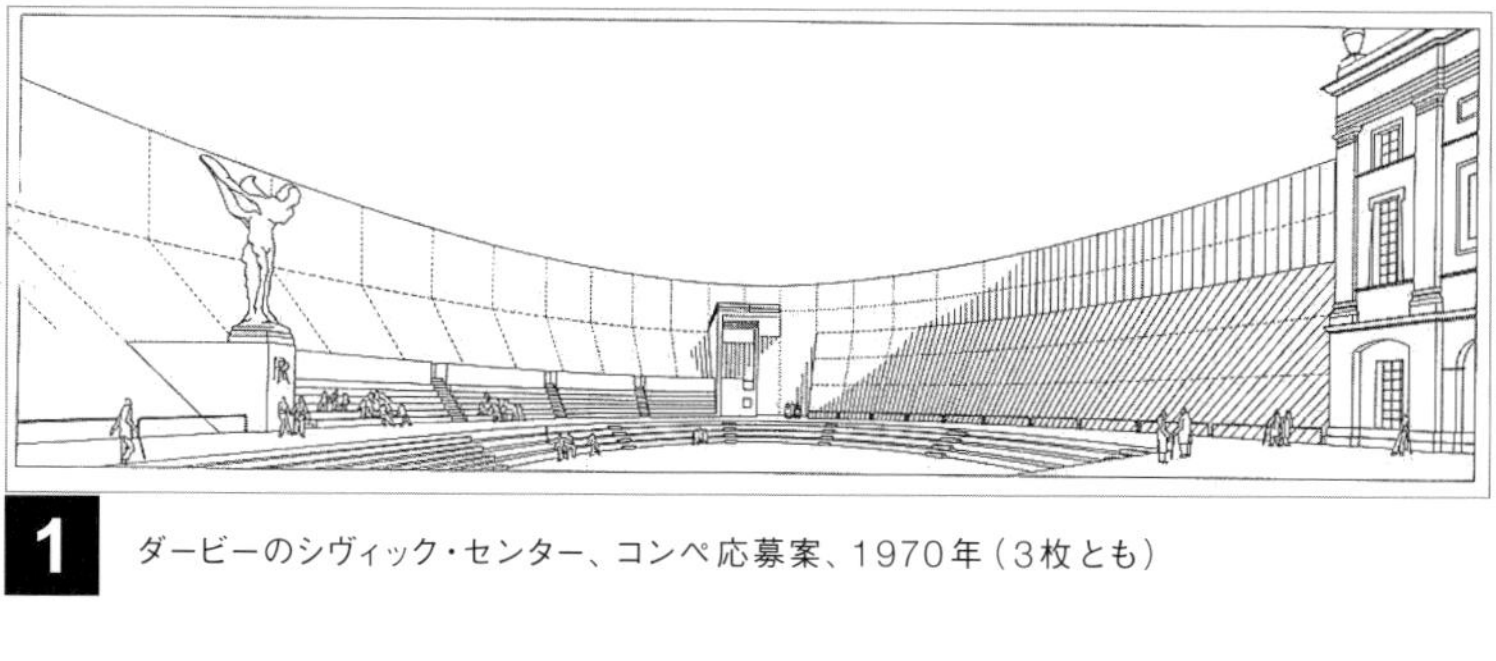

1　ダービーのシヴィック・センター、コンペ応募案、1970年（3枚とも）

インを自分のためにしたのだ。彼はチャレンジすることに喜びを覚える人だったから。このコンペの目的は、ダービーという、イギリス中部の、爆撃でひどい戦災を受けた、どうということもない街のための市民センターとコマーシャル・センターをつくることだった。古い会議場の外壁の一面だけが戦禍を逃れたので、この古典様式のファサードを残して再利用することが要求されていた。

スターリングの提案は、ガラスの屋根をもつ曲線状のショッピング・アーケードがアンフィシアター（半円形の広場）の周りを囲い、アンフィシアターのステージを四五度に傾けた旧会議場のファサードで覆うというものだった。そして、公共の大空間を見渡すかたちで、ロールス・ロイスの前面につけられている羽の生えた女性像、「スピリット・オブ・エクスタシー」の像を大きく引き伸ばしたものを置いた（図1下）。当時この像はすべてがダービーの工場で製造されていたので、スターリングはそれを市の新しいシンボルにしようと提案したのだ。曲面のショッピング街は皆に賞賛されたが、今思うに、これはスターリングのドローイングがモノクロームだったからではないかと。つまり皆建設されたら建物はドローイングのようになるだろうと思っていたわけだけれども、今からすると、もしこれで建てていたならば、スターリングは多くの後期の作品、たとえば、ベルリンの科学博物館や、とりわけシュトゥットガルトの新州立美術館（図33）のような、派手派手しくぶつかり合うような色を使ったのではないかという気もする。彼はある批評家たちにはその時期の最大の色彩家であると

2 「ピープルズ・パレス」グラスゴー、1898年

いわれたりもしたが、他の人々には建築における色彩の使い方を何もわかっていないとも酷評されたのだ。

二つの街

スターリングはスコットランドのグラスゴーの生まれで、彼がまだ赤ん坊のころに一家はリヴァプールに移ったけれども、祖母がグラスゴーに留まっていたために、しばしば行き来があった。ヨーロッパおよびアメリカとの交易品の多くは、グラスゴーとリヴァプールのドックを経由していたので、二つの市は国際的な重要拠点だった。この取引がもたらした富とともに、市の指導者たちは街の美化と公益施設の改善を図った。グラスゴー——大体寒くて雨の多い街だけれども——では、天候の不順な折に訪れる温室や展示場「ピープルズ・パレス」(図2)が建てられた。リヴァプールではロンドンの大英博物館ライブラリーの円形平面を模したピクトン・リーディング・ルーム(一八七九年、図3)という美しい公立図書館が建てられ、都心部にはリヴァプール大学(図4)が建てられ、スターリングはここの建築学科の学生となった。これは当時のイギリスで建てられつつあった「赤煉瓦」の大学の最初のもので、オックスフォードとかケンブリッジのような「白い石」の古い大学より、もっと科学と技術に重点を置いた学校だった。赤煉瓦が相応しかったというのは、それが街の富を生み出す元となった工場やドックの建物と同じ素材であり、またそうした地区の労働者住宅の普通

3 コーネリアス・シャーロック「ピクトン・リーディング・ルーム」1879(竣工1906)年

4 アルフレッド・ウォーターハウス「リヴァプール大学ヴィクトリア館」1892年

の街区をつくり上げた素材だったからだ。

リヴァプール・ドック

リヴァプールのドックは第二次世界大戦で多くが破壊されたが、その盛期においては極めて異例な建物を集めていた。そのほとんどをデザインしたのは、ジェシー・ハートレイという名の傑出したエンジニアで、彼は——建築家ではなかったから——建築の作法や規則には関心がなかった。彼のスタンリー煙草ドック（**図5**）はお城のように見えたし、他の建物はヴェニスを思わせるものだった。そして、六角形平面のゴシック・スタイ

6 ジェシー・ハートレイの時計塔、1848年

5 A.G.ライスター「スタンリー煙草ドック」1901年

7 ジェシー・ハートレイとフィリップ・ハードウィック「ロイヤル・アルバート・ドック」1847年

ルでつくられ、ドック地区の周囲に時刻を知らしめる時計塔もあった（図6）。ハートレイは、彼がデザインしたいように設計した。多くの点で、彼とスターリングはとても似通っている。二人とも、自分に絶大な自信があり、広範な建築的知識を備えていた。晩年には、スターリングは自宅の書庫に二〇〇〇冊の建築書籍をもっていた。本以上に、彼は現場で多くを学んだ――とりわけリヴァプールでの学生時代の七年間にこのドック地区を繰り返し訪れることで。毎年、彼はドックの管理事務所に申請し、公式の許可を得て、ドックのあらゆる部分の写真を撮り、スケッチをしている。スターリングにとって、リヴァプールのドック（図7）の建物群は建築思想の源だった。

着想――誰からでも、どこからでも、どの時代からも、どの規模からでも

後に、彼がロンドンでグラスゴーの同郷人――ジェームズ・ゴーウォン――と共同事務所をつくってからも、二人は、彼らの関心を引いた建物や場所を訪れるために一緒に旅をした。イギリスの近代建築を見に行くことは稀だった――彼らには、ヨーロッパ・モダニズムの白い建物がイギリスの弱い日差しや湿った気候に合っているとは思えなかったのだ。彼らの第一の興味は、煉瓦の壁、黒い瓦の屋根でできたイギリスのヴァナキュラーな建物だった。二〇一五年に亡くなる前、ゴーウォンは、彼らがスタンリー煙草ドック（図5）とか、ナンニー城（一三七三年頃、図8）、レストーメル城（一二五〇年頃、図9）、聖エネドック教会（図10）などを訪れたとはっきりとした記憶を語っている。

8　ナンニー城、1373年頃

9　レストーメル城、1250年頃

こうした場所への彼らの興味が彼らの建物にも反映していることは明らかだ。たとえば、一九四七年ごろにスターリングがリヴァプールで見出しただろう煙草会社のドックの八角形の塔と城砦のような壁や門という特徴的な形態は、彼の記憶庫に吸収されて四〇年後にベルリンのサイエンス・センター（一九八八年、図11）の建物に再登場するのだ。それはまた、建設されずに終わったルイス・カーンのドミニカ修道院（図12）のプロジェクトの記憶にも結びついている――カーンとスターリングの建物の平面形は偶然というにはあまりに類似している。

スターリングは着想を誰からでも、どこからでも、どの時代からも、どの規模からも得る心構えでいた。南イングランドのエネドック教会の敷地のレイアウトがスターリングとゴーウォンによるケンブリッジのチャーチヒル・カレッジの学生寮のデザイン（一九五八年）に影響したことは間違いない（図13）。正方形の塀が教会の境内を囲い

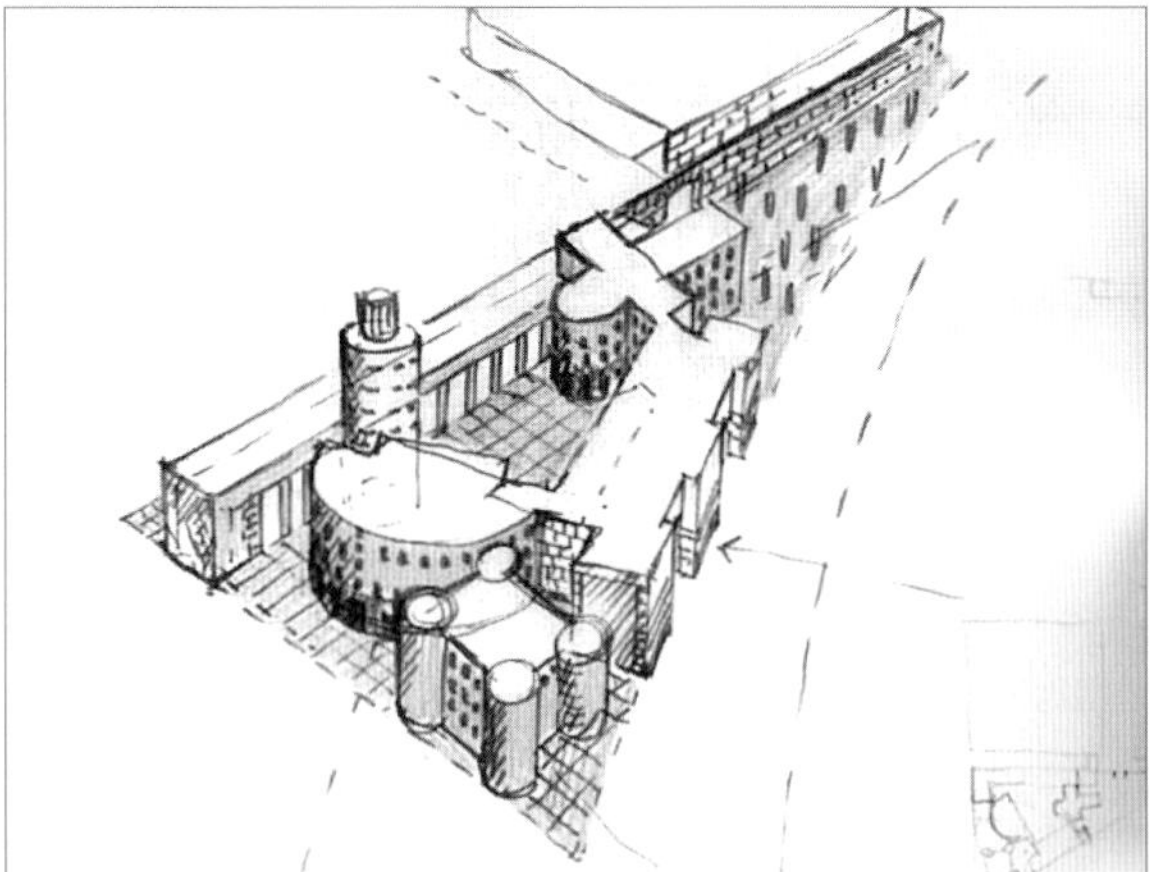

11 スターリング「ベルリン・サイエンス・センター」1988年

12 ルイス・カーン「ドミニカ修道院」1965–68年

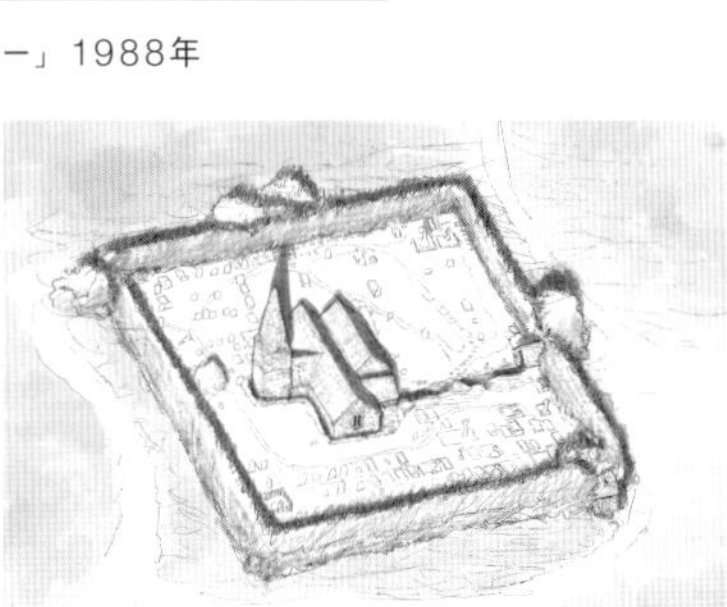

10 聖エネドック教会、1864年

込み、それは周囲の囲われていない野原の中の島のように配され、その中心に主建築たる建物――教会――が聳えている。ただし、規模はずっと大きくて――一五〇平方メートル――囲壁も、塀ではなく学生たちの居室である。

怒れる若者たち

スターリング――と彼の作品――の攻撃的な性格は、コンテクストの中で理解しなければならない。「ビッグ・ジム」はタフガイぶりで国際的に知られていた――「悪名高い」といえるかもしれない。彼はでかくて、強くて、非妥協的で、強面《こわもて》の男だった。ずっとそんなだったわけではなくて、若いころは痩せていた。けれども、そのタフネスはずっと変わらない。大戦の時には彼はパラシュートのエリート連隊に召集され、ノルマンディ上陸作戦、Dデーでのスターリングと彼の連隊の英雄的振る舞いは「マジすごいもの」だった。彼らは上陸作戦の早い時間に――グライダーで――侵攻した最初のイギリスの部隊だった。彼らは数時間後に浜から上陸することになっていた陸上部隊が使うはずの重要な橋を奪取し、抑えることを命じられていた。極めて重装備のドイツ軍に囲まれていたにもかかわらず、スターリングの連隊は、このほとんど不可能な使命を完遂した。失敗していたら、ノルマンディ上陸作戦の全体が

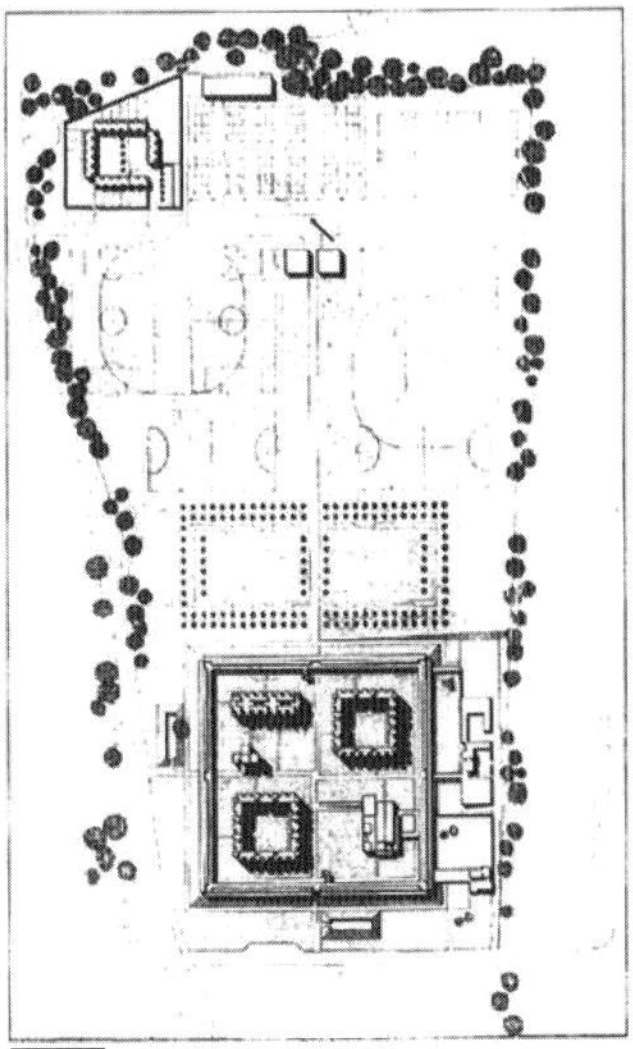

13　スターリングとジェームズ・ゴーウォン「チャーチル・カレッジ」のコンペ案、1958年

危機に陥っていたことだろう。

戦争が終わると、多くの俳優、劇作家、アーティストその他の創造的な人々は、彼らがそのために戦ったイギリスの戦後の変革に深く関わった。イギリスを「近代化」し、より前を向いた国にしたいと考えた彼らは、――男女を問わず――「怒れる若者たち」といわれた。スターリングがパートナーのゴーウォン（図14）と写っている初期の写真にはその怒りがはっきりと見えている――その怒りの一部は、彼らが互いを嫌っていたことからきていたとしても。そして、彼らを有名にした最初の建物であるレスター大学の工学部（一九六三年、図15）では、建物ですら、講義室が互いに逆方向に片持ち梁で出っ張っていることや鋭角的な壁の扱いのために、怒っているように見える。ゴーウォンは、後に、彼らの意図は、女性の両眼が別方向に向いているかに見えるピカソの「女の肖像」（一九三八年）に見られる不穏なフィーリングを達成しようとするものだった、と説明している。

レスター大学

煉瓦の色は、その粘土をどこから採取しているかで決まる。レスター地区――イングランド中部――の粘土だと赤い煉瓦となるのだが、レスター大学の初期の古典主義様式の建物を設計した名もなき建築家は、くすんだ灰褐色の煉瓦を南イングランドから運ばせて使った。最初の建物は精神病

14 スターリング（左）とゴーウォン（右）
「チャーチル・カレッジ」のコンペのころ

院として使われたから、地味でソフトな灰褐色煉瓦のイメージは、適切だったかもしれない。しかし、突然一九六三年になって、メイン・コートヤードの角に赤い形態が現れたのだ(口絵参照)。スターリングとゴーウォンの工学部棟は、キャンパスのどの建物とも似ておらず、すべてをひっくり返してしまった。それはまるで機械だった。塔にはゼミ室が収納され、上に給水タンク

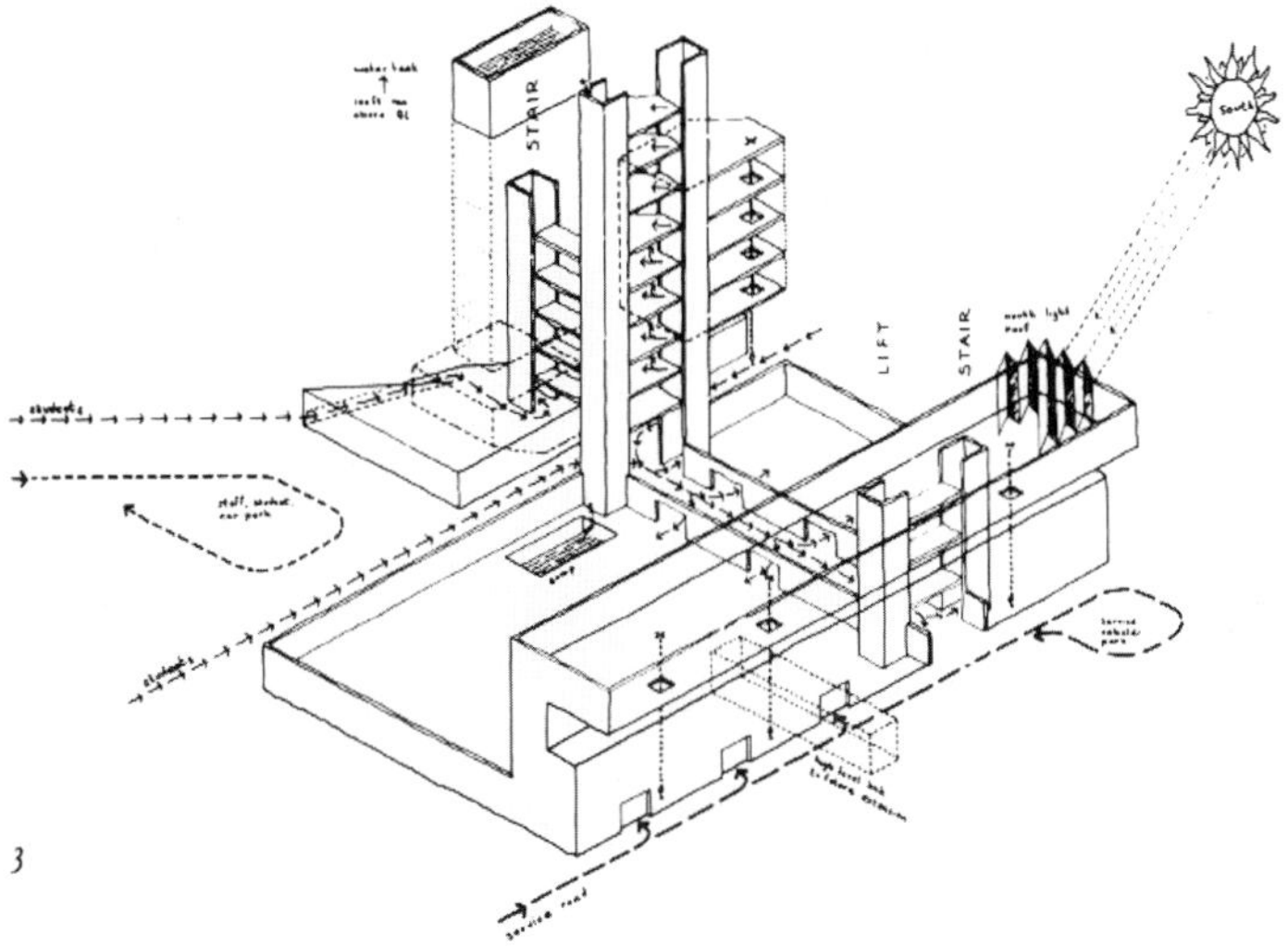

3

15 スターリングとゴーウォン「レスター大学工学部棟」
1963年（2点とも）

が乗せられ、空洞の上に漂うように置かれた低い方の塔には実験室が配された。そして講義室が二つ、互いにそっぽを向くようにキャンチレバーで突き出していた。そして、すべてを結びつけていたのは、大きな実験棟で、可変的な南光を避けながら北からの一定したレヴェルの間接光のみを通すような東西向きの乳白ガラスの鋸状の屋根で覆われていた。美しいドローイングがすべてを語り尽くしてあまりがない。給水タンクはできるだけ高くもち上げられて実験用に強い水圧を与えているし、新しい設備を搬入するための高いドアや、学生たちが建物中を動き回るルートを示している。建物がどのように働くかを示すドローイングだ、工学用のドローイングのように。

スターリング自身がこの工房部分を撮った大変面白い写真がある(図16)。そこに写っているのは、イギリスの建築家エルドレッド・エヴァンス所有のとても古いロールス・ロイスで、この写真は、色々なレヴェルでスターリングの典型的な挑発的ジョークになっている。まず、この古い乗り物がそこに停まっているのは、イギリスの工学的ハイテクノロジーの例としてだが、第二には、一九二〇―三〇年代のル・コルビュジエが自分の最新の建物の写真に自身のヴォワザンのワゴン・カーを一緒に写していた習慣へのパロディとしてでもあった。そして、パロディは、この写真が掲載されたスターリングの一九七五年の作品集が、ル・コルビュジエの作品集

16 工房前に停まっているロールス・ロイス

――八巻本の「ホワイトブック」――のパロディ「ブラックブック」としてサイズやレイアウトがなされたことによって一層込み入ったものとなった。これらすべての冗談は、スターリングがル・コルビュジエと並び立つもので、おそらくは後継者を自ら任じていたことを含意していた。

スターリングとゴーウォンが不仲だったので、レスターのプロジェクトは責任分担を二つに分割することになった。建物全体は一緒に設計し続けたが、実質的にスターリングはタワー部と講義室部分を、ゴーウォンは工房とその半透明のガラス屋根を担当した。しかし、重要な影響は、当時スターリングとゴーウォンが教えていたロンドンのアーキテクチュラル・アソシエーション・スクールの若い学生だったエドワード・レイノルズから来ている。レイノルズは数年後に非常に若くして亡くなったが、一九五六年の彼が四年生の時のプロジェクトが彼らの工学部の建物に大きな影響を与えたことは、スターリングもゴーウォンも認めている。彼らの建物のように、レイノルズの倉庫のガラスの屋根も多面体で、北側光のみを通すようにデザインされていた(図17、18)。

またリヨン・イスラエル・アンド・エリス――スターリングとゴーウォンが出会い、二年間そこで働いた事務所――のロンドンのPCL科学の建物(一九六三年)もまた、スターリングとゴーウォンの建物に類似した素材

18　レスター大学の工房の屋根

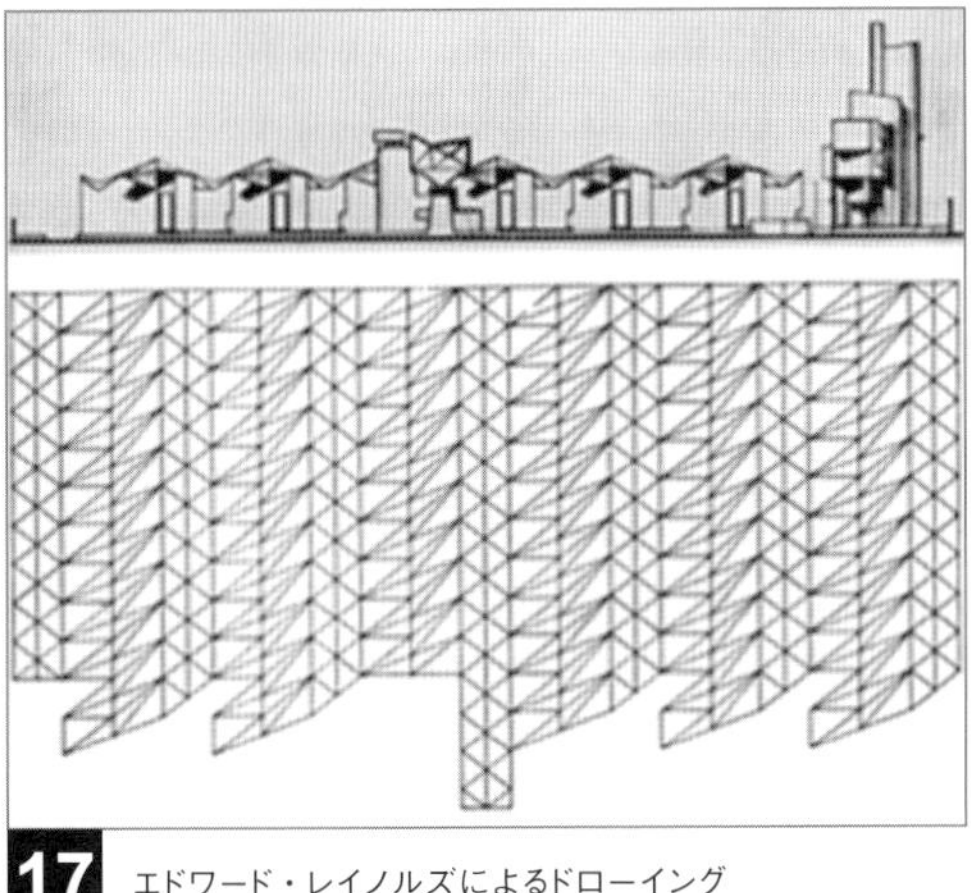

17　エドワード・レイノルズによるドローイング

感と形態および、エントランスの上にキャンチレバーで張り出たコンクリートの講義室のような影響があったことが認められなければならない。

しかし、スターリングの建築への一番の影響源はイギリスの日常的なヴァナキュラーの建物だった。工学部棟の建物には、鋸状のガラス屋根や赤煉瓦など、イングランドの北部工業地帯の視覚言語が反映されている――工学部棟は赤煉瓦と赤煉瓦タイルでコンクリートの構造を包んだものなので、スターリングがこうした煉瓦を使ったのは、自分の建物とその周辺のレスターの街の赤煉瓦の文脈との関係性をつくり出そうとしたのだというのは論理的な推測かもしれない。しかし、工学部棟の赤煉瓦はレスターの煉瓦ではなかったのだ。スターリングとゴーウォンが使ったのはイングランド北部から運んできた「工業用煉瓦」だった。スターリングとゴーウォンは、工学部棟を街と関連づけようとしたのではなく、イギリス工業の過去そして、当時――リヴァプールやレスターのような――「新しい」大学で展開されつつあったその未来と結びつけようとしたのだ。

イギリスの階級社会というコンテクストでは、このような概念は革命的な――もちろん、「怒れる若者」の――考えとみることができる。実際、赤いレスターの建物が我々に思い起こさせるのは、ロシアのエル・リシツキーの有名な革命的芸術作品「赤い楔で白を撃て」（図19）であり、――工学部棟の攻撃的な形態と色彩は伝統的な大学の白い石壁の保守主義を撃とうとしていると考えることもでき

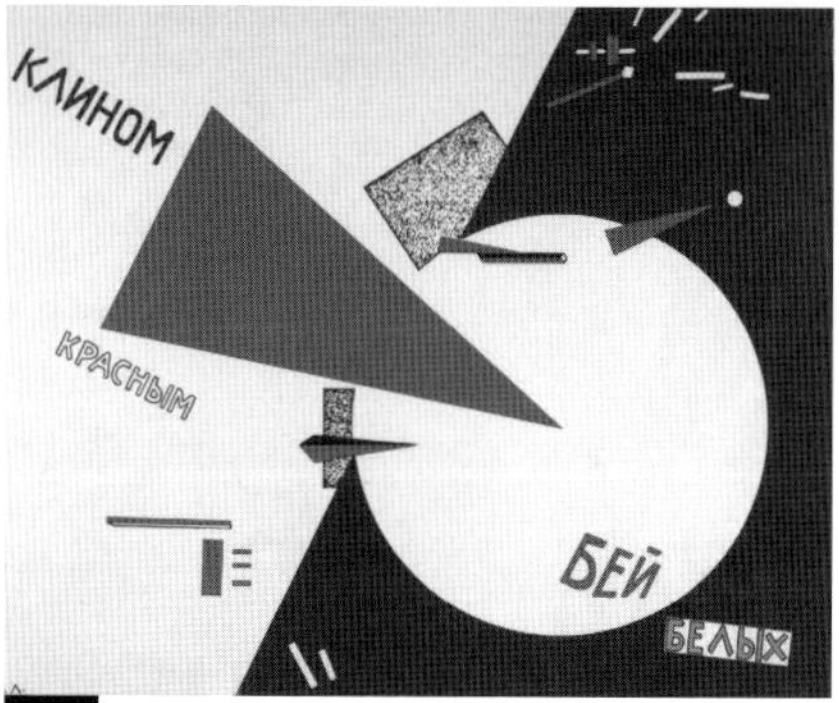

19 エル・リシツキー「赤い楔で白を撃て」1919年

20 ヤーコブ・チェルニホフ「建築ファンタジー」

る。また、ヤーコブ・チェルニホフの想像上の構成主義的な建物のドローイング（図20）とこの工学部棟、あるいはレスターの講義室のキャンチレバーにメーリニコフのルサコフ・クラブ（一九二九年、第三講参照）との類似性を見ることもできる。しかし、僕の感覚では、スターリングの建物へのより明確な影響源は、メーリニコフの一九二二年のタバコ館（マフォルカ、図21）で、そのぐしゃっと潰れたような形態もそうだが、螺旋階段も、授業に遅刻したレスター大の学生が講義室の後ろから忍び込むようにつくられたといわれたそれに似ている。

赤煉瓦の美学

おそらく偶然の一致だが、スターリングの次の二つの仕事はイギリスの最も伝統的な大学——オックスフォードとケンブリッジ——からの

22　スターリング「ケンブリッジ大学シーリー歴史図書館」1968年

23　シーリー歴史図書館館内部

21　メーリニコフの「マフォルカタバコ館」1922年

依頼だった。どちらの場合でも、スターリングは、これら二つの大学の尊大さへの挑戦を狙って、レスター大学の赤煉瓦とガラス・フレームの美学をもち込んだ。ケンブリッジの歴史図書館は、扇型をしてガラスの屋根のかかった中央の読書室を抱えた巨大な開いた本のように見えた（図

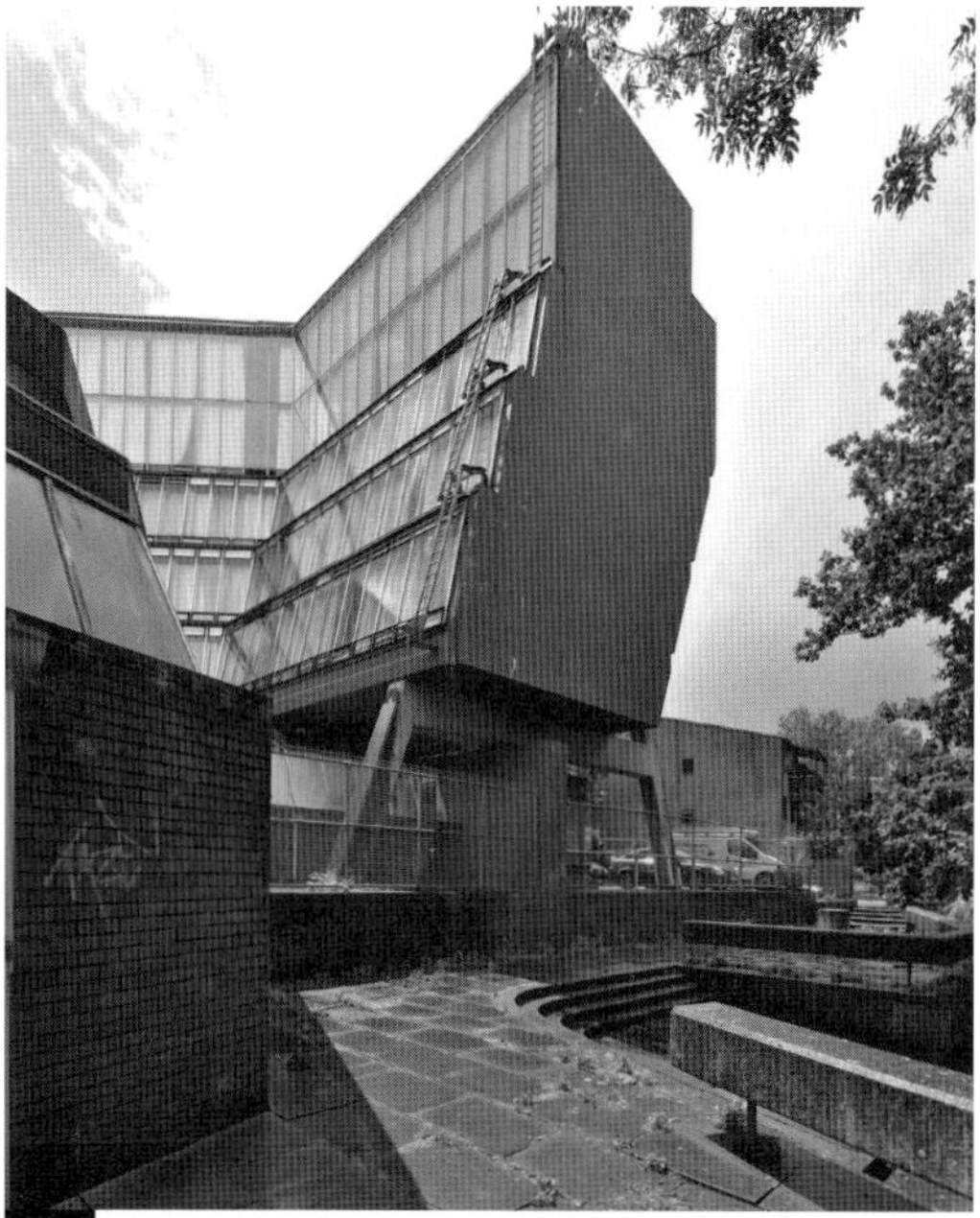

24 スターリング「フローリー・ビルディング」1971年

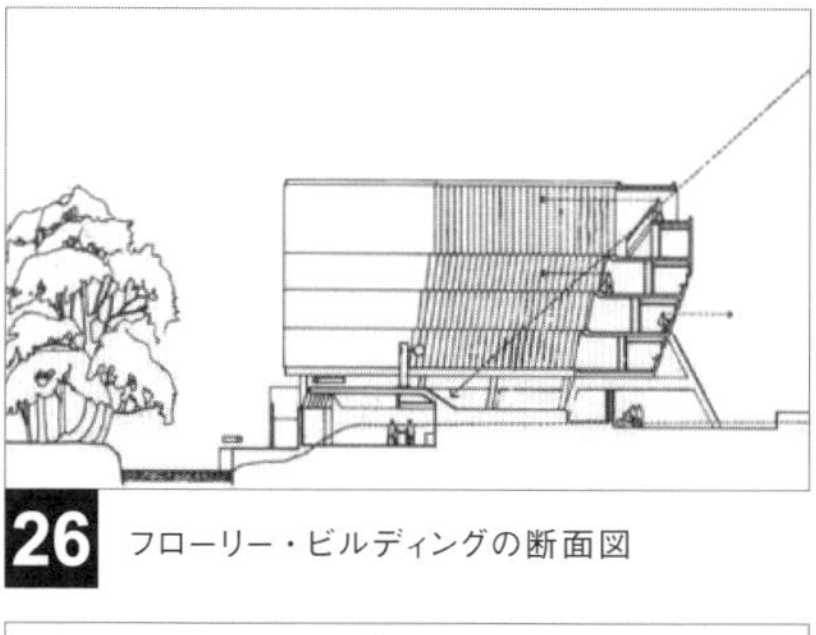

26 フローリー・ビルディングの断面図

27 建造中の船の光景

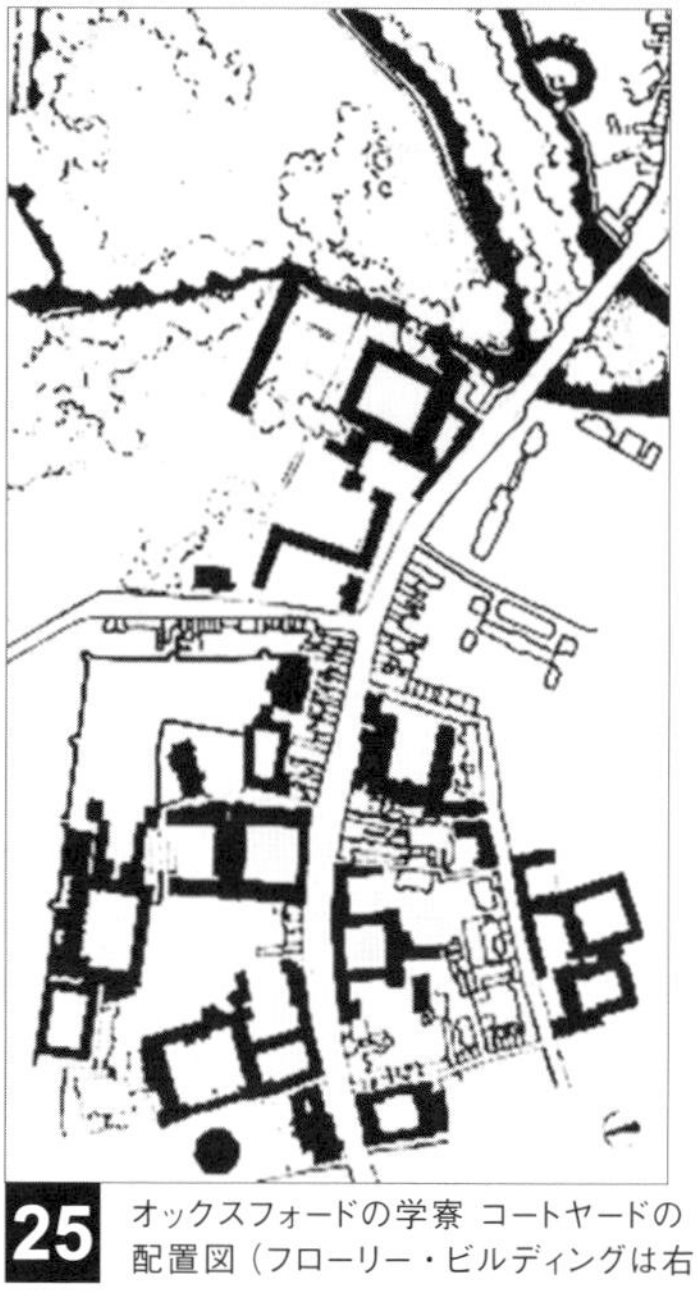

25 オックスフォードの学寮 コートヤードの配置図（フローリー・ビルディングは右上）

22、23)。当時、ケンブリッジの学生たちは多くの高価な本をもち出してしまっていたが、図書館ではセキュリティのための増員をする余裕はなかった。スターリングの案が採用されたのは、彼の扇型の平面で放射状に配される書架が全部の本を監視することを可能にしたためでもあった。それはスターリングからすれば、馴染みの解法——つまり平面形はリヴァプールのピクトン・リーディング・ルームの円形を複製したようなものであり、扇型の傾斜ガラス屋根は、グラスゴーのピープルズ・パレス(図2)の反響でもあるからだ。

スターリングの若く興味深い——挑戦的だとしても——建築家としての名声を確かなものにした三つの赤煉瓦の建物の最後のものは、学生寮「フローリー・ビルディング」(図24)で、これは歴史的なオックスフォード・カレッジのコートヤードの矩形平面を参照してはいるものの、樹列が連なる川べりのピクチャレスクな風景に向けて開放されている(図25)。けれども、この川は建物の北側なので、直接光は南側上面の醜い公共駐車場の方からだけ入ってくる。スターリングはU字型をした六層の個室の壁面を後ろ向きに「傾け」ることで、各個室が南からの日光を受け入れながら、中央のコートヤードも日光と景観を共に享受できるようにした(図26)。

スターリングはこの建物の特異な形態に親しみを感じていたようで、傾いた壁のスロープとカーブは、グラスゴーの工場街で建設中の曲面の船体やその記憶を喚起させる(図27)。そしてコンクリートの「頬杖」状の柱——これは工学部棟にも現れるもの

28 ケンブリッジ大学トリニティーカレッジの正門、1599-1608年

29 典型的な回廊の例

だが――は、彼にグラスゴーやリヴァプールの船渠で船体を支えている頬杖を思い出させるものだったろう（図30、31）。

フローリー・ビルディングは、バラバラの形態のコラージュだったが、スターリングは、「抽象的」であると同時に「表象的」でありたいと考えた。オックスフォードやケンブリッジの大学の歴史ある学寮は、典型的には、正方形の広場をほとんど同

30 フローリー・ビルディングの階段室とエレヴェーター・シャフト

31 フローリー・ビルディングの駐車場

じような要素で囲み、城のようなゲート・タワー（図28）が芝で覆われたコートヤードの入り口にあり――コートヤードの周りの屋根付きの回廊（クロイスター）（図29）で学生たちが逍遥し、休息をする。そしてコートヤードの庭園の中央には、噴水とかカレッジの創設者の彫像とかが置かれた。これらの要素はすべてスターリングのデザインにもあって、そのように読みとれるものとなっている。階段室とエレヴェーター・シャフトは、おおよそではあるが、ゲート・タワーの形態をとっているし（図30）、その下のU字型の学寮部分（図31）は、影のある回廊と見なせる。そして、大学の創設者の彫像があるような位置には回転するアートワークが置かれているのだが、それはまた地下に設けられたカフェの厨房の換気設備でもある（図32）。

スターリングのレスター、ケンブリッジ、オックスフォードの建物は、一般的にセット――「赤煉瓦三部作」――として語られ、後期のよりコンテクスチュアルな作品とは形態、素材、意味において大変異なると考えられている。しかし、スターリングはそれほどの違いを認めていない。彼は自分の建物がとりわけ「モダン」的であるとか「ポストモダン」的とかいわれるのを好まず、彼の建築を〝both and〟の建築だとしている。つまり表象的であると同時に抽象的で、モニュメンタルであると同時にインフォーマル、伝

32 フローリー・ビルディングのコートヤード

統的であると同時にハイテックだというわけだ。彼のプロジェクトは、すべて、彼の学識や解釈、参照した建築に結びつけられている。しかし、スターリングは決して参照源を明らかにはしない——彼が友人たちに対して謎解きを仕かけて、彼らの間違えた分析にほくそ笑んでいたことは間違いない。セント・アンドリュース大学を船のようで、エア・コンのダクトは大砲のようだ、としたチャールズ・ジェンクスに対して、スターリングは、「親愛なるチャールズ、これは戦艦とは違うよ」と書いたハガキをこの歴史家に送りつけた。

シュトゥットガルド新州立美術館

スターリングの学識性とか記憶や参照の重要性が最も明らかにされているのは、彼のあらゆる建物の中で最大かつ最も高く評価されているドイツ、シュトゥットガルト新州立美術館である(図33)。そこでは、彼は世界中で彼が見てきた建物を暗に取り込むことで新し

33 スターリング「新州立美術館」
シュトゥットガルト、1984年

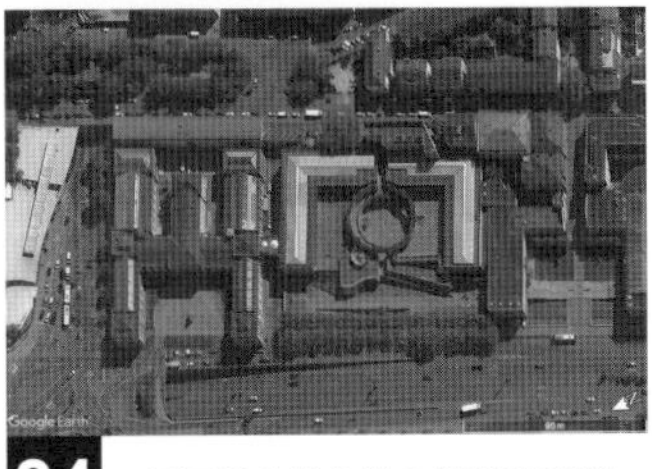

34 新旧州立博物館の地理的配置

35 新州立美術館のエントランス・ポルティコ

い意味を創造しようとしている。スターリングは何も明示はしていないが、我々にクイズで挑戦している。彼によれば、「新州立美術館には多くの発見されるべき曖昧さや暗示がある」。

新州立美術館はシュトゥットガルトの文化地区の急な傾斜地に、一四〇年前の旧美術館に隣接して、建てられている（図34）。新館には旧館の倍の面積が要求され、新旧両館への共通のエントランスになりつつ、旧館を引き立てる配慮が要求された。新しい正面ファサードの中央に設けられたガラスと鉄のポルティコがエントランス性を強調している（図35）。だが、このポルティコの目的には両義的なところがあり、その傾斜ガラス屋根はシェルターとしては高すぎで、形態としても、何らかの明白な意味をもつものとしては単純すぎる。それはこの建物の中央軸に位置されているが、モニュメントのパロディのようにも見える。このポルティコからは、斜路と階段が広い上部のプラットフォームへと導き、そこからギャラリーへの入り口があるが、そこはまた公共の道が、このギャラリーの前を横切って円形の彫刻庭園の曲面に至り、さらに丘の上部の住居地区へと出て行くルートとなっている。このルートでギャラリーへの訪問者の動線と、街の日常的な生活の一部であるこの敷地を横切る人々の動線とが交錯する。したかって横断路は、形の上でもコンセプトの上でも、この建物のコアとなっており、スターリングは、この部分に関する多くの先行案のスケッチを残

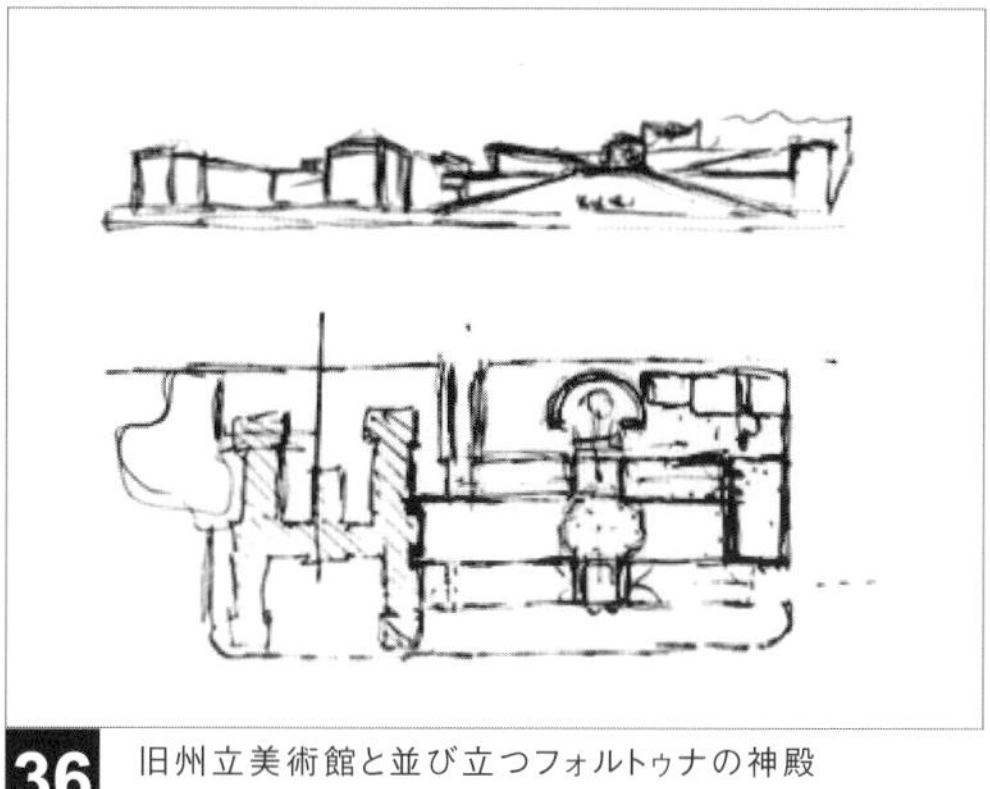

36 旧州立美術館と並び立つフォルトゥナの神殿のスケッチ

37 新州立美術館のコーニス（軒）部分

している。彼がイタリアのパレストリーナの二〇〇〇〇年前のフォルトゥナ〔訳注、運命の女神〕の神殿の遺跡をスタディしていたことは疑いを容れないが（図36）、そこでは横断路がエクセドラ〔訳注、半円形の空間〕へと導いており、彼はパレストリーナの神殿を旧州立美術館の隣に置いたスケッチ群を残して、それらを共にマッス（量塊）としたならばどう見えるかを描いている。そして、新館の最終案では、スターリングは極めて異なったタイプの建築イメージと、異なった時代のアイデアを重ね合わせた。建物の内外につけられたコーニスは、歴史的なエジプト様式——旧館のギャラリーのエジプト風コーニスの模倣として——を採用しているし（図37）、ロマネスク様式のスリット窓もあり、換気カバーはポンピドゥ・センターのダクトを思い起こさせ、ドアの上の鉄とガラスのキャノピーは、ロシア構成主義の作品に似ている。こうした折衷主義の採用の理由を理解するには、ベルリンに一八三〇年に建てられたカール・フリードリッヒ・シンケルのアルテス・ムゼウム（旧美術館）の建物（図38）のことを考えてみる必要がある。この建物は公共に開かれて建てられた最初の美術館であると考えられている。いい換えれば、美術館の「原初の小家（プリミティブ・ハット）」（第一講参照）なのだ。それ以前には、美術作品は、大きな館や宮殿の縦連なりの部屋に飾られており、シンケルのアルテス・ムゼウムのデザインもそうしたプランの伝統に基づいているが、それに対して、ローマのパンテオンを思わせるドームのかかった中央空間と古代アテネのストア〔訳注、柱廊〕——古代のギリシャ人はそこで散策し、出会い、議論し、講演

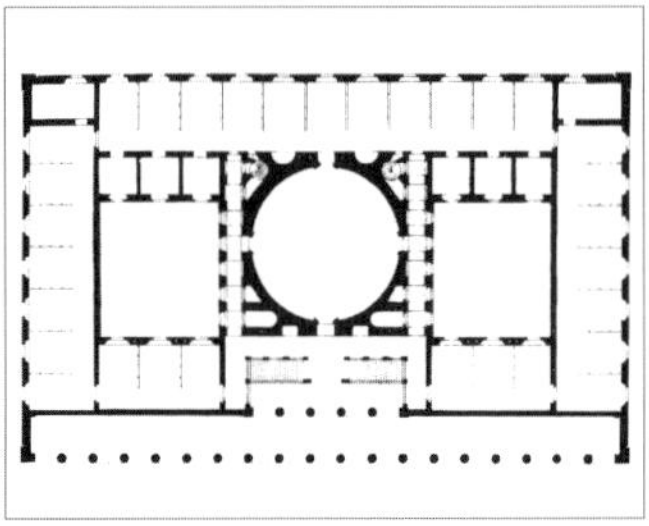

38 カール・フリードリッヒ・シンケル「アルテス・ムゼウム」1830年、立面と平面

を行ったりした――に由来する長いコロネードを建物の正面につけ加えている。しかし、シンケルのストアは、極めて特殊なストアに由来している――それは、アテネの人々の偉大な勝利や成功を示すための絵画を陳列する「絵画のストア」（図39）に範を取っているのだ。シンケルの「モダン」版ストアでは、彼の絵で――戦災で失われた――ベルリンの人々の偉大な芸術的成功が示された。そして、スターリングは新州立美術館で、シンケルの「美術における偉大な瞬間」の壁画の代わりに、「建築における偉大な瞬間」を提案した――ピラネージ、ポンピドゥ、ハイ・テック、構成主義、ロマネスク、ローマ、モダニスト、エジプトといった具合に。しかし、スターリングが新州立美術館で用いた長い建築様式のリストには欠けているものがある。ギャラリー構内へのメイン・エントランスを――丘の底の部分から――徴す小さなガラスと鉄のパヴィリオンについては説明されぬままなのだ。この粗削りな構築物は「様式」として定義しえず、その粗さは、美術館のような重要な建物の街路側の「顔」としては意表をつくものである。しかし、パヴィリオンのデザインは意図的にプリミティブなのかもしれない。この建物を見た時の建築家ロバート・スターンの、プリミティブであることは様式の欠如ではなく、様式なのだ、という説は正しい指摘であったかもしれないのだ。彼は、シュトゥットガルドのパヴィリオンを神話上の「プリミティブ・ハット」を表象化した建築、つまりあらゆる建築の起源であると感じたのだろう。もしスターンが正しかったとすれば、この極めて単純な鉄とガラスの構造物は、スターリングの

39　絵画のストア

あらゆるコンポジションの中でも最も重要な要素であり、まさに、それこそがこのギャラリーを訪問する人々が見る最初にして最後のものである、ということになる。

トスカナ・コラムと「構成主義」風トラス

もう一つの謎は、企画展ギャラリーと中央の屋根なしのコートヤードをつなげている奇妙なポルティコで、それはロトンダ［訳注、円形広場］の床面にめり込んで見える（図40）。スターリングのこの建物の駐車場の換気設備のジョーク――外壁の石のピースが外れて落ちている（外壁に貼られているのは薄いピースだが、外れているのは厚い石）という――は、よく知られているが（図41）、僕が思うには、スターリングは、この小さなポルティコのデザインで、ピラネージによるローマのカンポ・ヴァッチーノの廃墟の有名な版画（一七七五年頃）を重ね合わせて（図42）、ジョークの効果の増幅を目論んでいる。ピラネージの図像に見られる凱旋門は地面に沈んでいるわけではないが、ローマの街が何世紀にもわたって建設と再建をしょっちゅう繰り返し、フォーラムの地面に瓦礫が堆積していった

40 新州立博物館のめり込んだポルティコ

42 ジョバンニ・バティスタ。ピラネージ「ローマの廃墟」1756-1778年

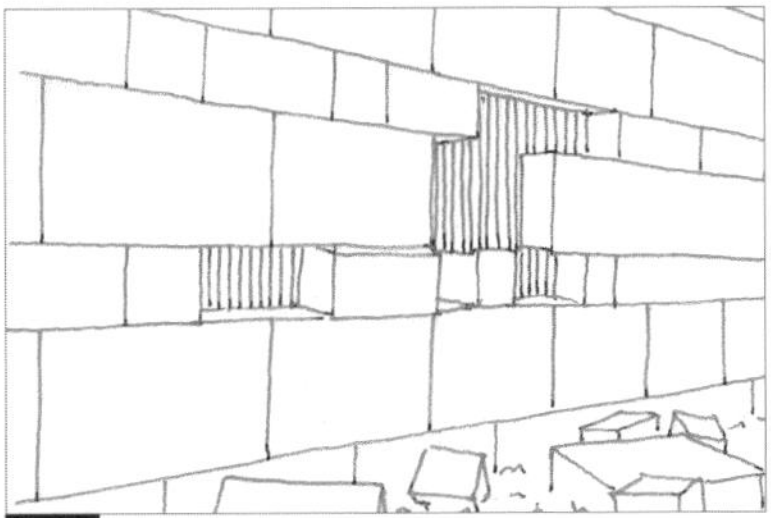

41 新州立博物館のめり込んだポルティコの組み図

ためにそう見えるのだ――実際、ローマには、積層の増大のために地面が上がり、段を上がってではなく下がって入る教会がいくつかある。

この円形広場にある小さなポルティコの二つのコラムは、通例ドリス様式――つまり既に極めて簡素な古典様式の中でもとりわけ単純なヴァージョン――といわれる。しかし、これらのコラムはドリス式ではない。ドリス式だとフルート（訳注、縦溝）があるがこれらのコラムにはそれがない。これらは――強いていえば――「トスカナ」式のコラム――あらゆるコラムのタイプの中でも最も初期的で基礎的なそれ――に基づいているのだ。そこで発せられるべき本質的な問いは、こうしたコラムをどこで見たことがあったのか、というものだ。我々が以前にそれを見たのは、まさに、リヴァプールのドック――スターリングが七年間にもわたってスタディをし、スケッチし、写真を撮るための許可申請をしていた例の場所――においてであった（図43）。さらに、同じような問いを、ギャラリーのさまざまな入り口扉の上にかかっている「構成主義」風の三角のガラスと鉄のキャノピー（図44）に関しても、立てることができる。これもまたどこかで見たものなのだ。つまり、これらは、形といい色彩といい、今なお見られる、リヴァプールの倉庫街の壁につけられてた古いトラス形のクレーンを思い出させないではおかない（図45）。そして、この倉庫街は、スターリングのイギリスでの最後のプロジェクト――リヴァプールのドック建物の一部の重要な国立美術館への改装――となった場所なのだ。

43 アルバートドックのトスカナ式コラム

44 クレーンのようなキャノピー

33 スターリング「新州立美術館」
シュトゥットガルト、1984年

45 アルバート・ドックの壁面に取り付けられたクレーン

第三講

革命

――ル・コルビュジエ　レオニドフ

メーリニコフ　マイヤー／コールハース

3

あらゆるものは、即自的かつ対自的に存在する

困窮したロシアの農奴たちが近代建築をつくり出したのだといえないこともない。一九一七年に、ロシアの労働者階級はツァー・ニコライ二世――この世紀の独裁者であった――に対して蜂起し、国の支配を手中に収めた。農奴はそれまで奴隷として扱われ、毎日無制限に働かされた。それはツァーが一八九七年に労働時間を一一時間半に制限するまで続いたが、この措置をツァーは善意によるものと考えたに違いない。

この当時、富裕層は気ままに贅沢な生活を送っていた。アーティスト、カジミール・マレーヴィチの初期の絵画（図1）は、彼らの生活を描いている――船遊びをしたり泳いだり、田舎を散歩したり、ガーデン・パーティを楽しんだりというわけだ。これらの無批判的で伝統的な絵画は、当時のマレーヴィチが金持ちの世界に属していたことを示しているが、彼は結局アーティストたちの「革命的キャンペーン」の指導者の一人になった。そして一九一五年には、政治革命の勃発の接近とともに、マレーヴィチは――ペトログラード［訳注、旧サンクト・ペテルブルグ、後にレニングラード、現在は元の名称に戻った］

1 カジミール・マレーヴィチ「街路にて」1903年

2 マレーヴィチの「0.10展」
（画面右上の隅にあるのが「黒の正方形」）1915年

のアパートで――彼の純粋に抽象的な芸術作品を展示したのだが、その中の二枚の絵画は美術に革命を起こした。我々はモダニストの絵画に馴染みがありすぎるので、マレーヴィチの「黒の正方形」（図2）や「黒の円」はもはやショッキングに見えない。しかし、それまでは、どこの誰も、何ものをも示していない芸術作品をつくったことはなかったのだ。「黒の正方形」の絵画は、白の背景に黒の穴が空いているわけではない――黒い背景に白の縁取りが見えているわけでもない――それが示しているのはそれ自体――つまりキャンバスと縁取り、として色の違いでしかない。絵画（painting）であって「絵（picture）」ではない。新しい芸術は、マレーヴィチによれば、「即自的かつ対自的」に存在する。それが示しているのは、さらに彼の言葉では、抽象絵画が再現絵画に対してもつ優位性である。その「至高性（supremacy）」は、彼によると、自明なものだから、この新しい絵画の方法は慣習的な美術を廃棄してしまうだろう。

「黒の正方形」は、「絵画の零度」だった――同じようにマレーヴィチの「アルヒテクトン」（図3）も、――スケールとか、プログラムも、構造もないことで、意図的に「意味のない」形態をつくり出したのだから――「建築の零度」だった。それは、意味の欠落において、ペトログラードの冬宮殿――ツァーの居城――の対極をなすものだった。冬宮は、その規模と装飾の派手さ加減において、ツァー権力の最も放埓な表現であり、それゆえに戦闘が始まった際に革命軍の最初の標的となった。冬宮殿の奪取に

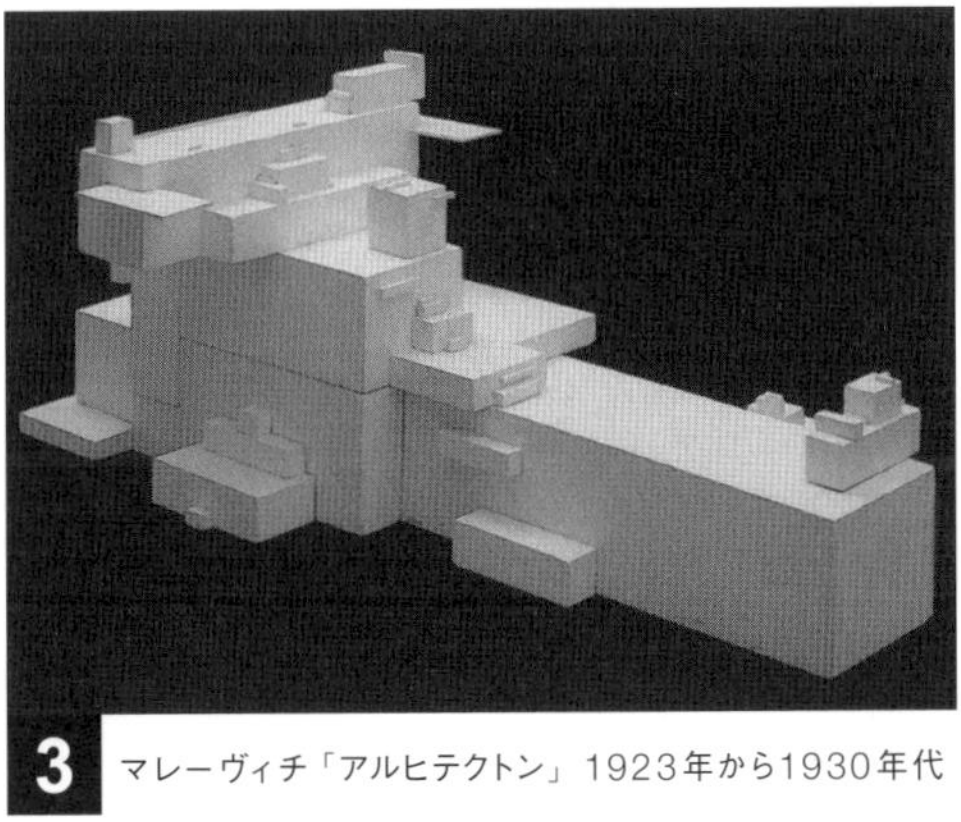

3　マレーヴィチ「アルヒテクトン」1923年から1930年代

は猛烈な戦闘が予想されたが、守備隊の兵が裏口を閉め忘れたために、そこから攻撃側の兵が侵入し、容易に奪取された。しかし労働者の攻撃の成功のプロパガンダとしての価値は極めて大きかったので、一九二〇年に誇張されたかたちでの奪取のデモンストレーションが十万の観衆を得て上演され、一九二七年には偉大な映画監督セルゲイ・エイゼンシュテインの革命映画『十月』（図4）として再度取り上げられた。

革命後のロシア

一九一五年の秋、マレーヴィチが彼のペトログラードの荒廃したアパートで彼の新しい「シュプレマティスト」作品の展覧会（図2）を開いたのと時を同じくして、ウラディーミル・タトリンは同じ街で自作の展覧会を開いた。そして、この会のタイトルがその後ロシアの革命的芸術運動のすべての名前となった。彼の作品は「構成主義（Constructivism）」と呼ばれたのだ。というのは、それらは慣習的な絵画とは違って、彼が工場で廃棄された瓶などから集めた粗末な素材を集めたもの――コンストラクション――だったからだ。これはアーティストの画架の上でつくられ、普通の画廊に展示できるようなものではなかった――彼の「コーナーレリーフ」はコーナーにかかって張られるもので、壁の上に平たくかけられるようなものではなかった。そ

4 セルゲイ・エイゼンシュテイン『世界を震撼させた十月』1927年より。画面奥が冬宮殿

してその鉄線の張力は、芸術作品の目に見えない部分だったけれども、重要なものだった——その見えないダイナミクスは、新しい革命後の社会の潜在的なエネルギーを表現していたのだ。

上に書いたように、革命後のロシアはそれ自体が巨大なデザインのプロジェクトだった——ソ連の創造を含めそのすべての局面にわたって。その建築、そのグラフィック、その劇場のデザイン、その衣服、その音楽、その「イベント」、その住宅と都市にまで。あらゆる創造的なアクティビティが革命のプロパガンダに流れ込んだ。そしてすべての産物が新しい社会のショーケースとなった。アレクサンドル・ロトチェンコとヴァルヴァラ・ステパーノヴァは労働者のための衣服をデザインした（**図5**）。それは実用本位のデザインであって、グローブをはめながらも着脱のできるような大きなボタンや、革で縁取りされて過酷な使用に耐えるポケットがつけられた。そして、衣服の一式は特定の労働タイプに合わせてデザインされた——たとえば、アーティストの衣服はスケッチブックを入れられるような大きなポケットがつけられていた。工場や労働者の寄宿舎での集団作業のために、ステパーノヴァは四角い、ユニセックスのスポーツウェアをデザインした。それは、着ている者が走ったり、ジャンプしたり、

5　ヴァルヴァラ・ステパーノヴァの衣服デザイン画、雑誌『レフ』、1923年

伸縮運動などするときにアクセントを与えるような目立った幾何学的パターンをもっていたが、そこにはマレーヴィチの「シュプレマティスト」絵画のダイナミックな幾何学がこだましていた。

ポスターや街頭宣伝のスピーカー、劇場の出し物などが革命の成功を告知し、明るい色の「アジ-プロ（アジテーション-プロパガンダ）」列車が国中を走り回り、政治的な余興であるとか、モスクワで何が起こっているかというニュースを、最も僻地に住んでいる農夫たちにも届けた（図6）。何百、時には何千もの出演者による「マス・スペクタクル」もあった。「闘争とソヴィエトの勝利」（図7）と題するパフォーマンスは一九二一年に提案されたもので、アレクサンドル・ヴェスニンとリューボフ・ポポーヴァのデザインが予定されたが、これはモスクワの広場で七〇メートル幅のステージを有し、大きなヘリウム・ガスの気球からプロパガンダ・スローガンを吊るしたケーブルが張られた。一九二二年

6 ボルシェビキのアジ-プロ列車、1923年

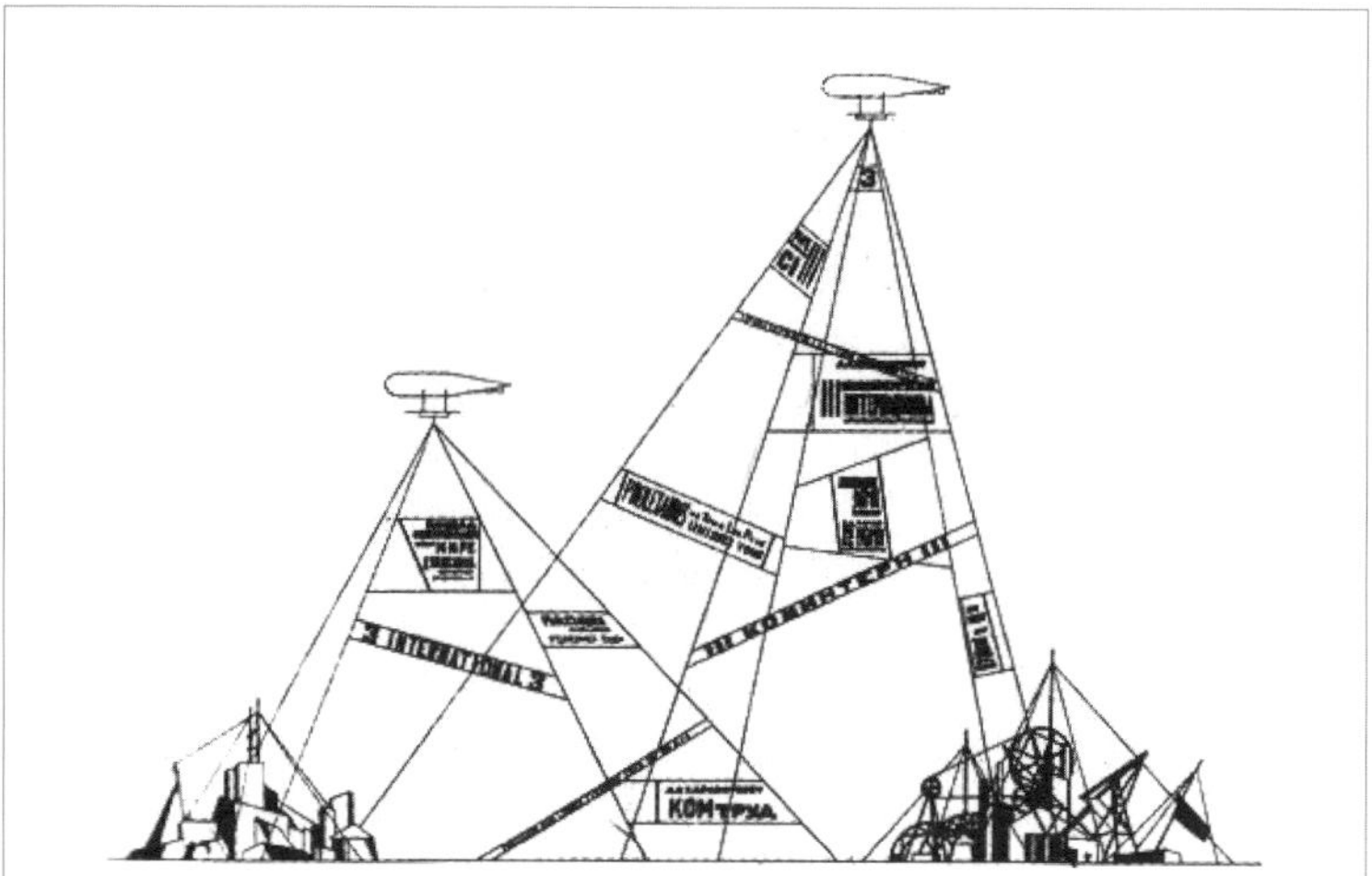

7 ヴェスニンとポポヴァ『闘争とソヴィエトの勝利』のためのセット、1921年

にはアルセーヌィ・アヴラーモイによる「工業のホルンの交響曲」と題した叙事的なスケールのパフォーマンスが、工業都市バクーで上演された。このイベントでは、町の全部がステージで、アヴラーモイの作曲した音楽が、街頭を駆け回る戦車や工場の蒸気の笛、行進する歩兵たち、霧笛、サイレン、軍隊の合唱、湾に停泊していた戦艦の艦砲射撃などで奏でられた。これらすべての真ん中に建てられた塔の上に作曲者が立ち、小銃で指揮を執った（図8）。

革命前後の建築の違いは、ヴェスニン三兄弟——レオニド、ヴィクトル、アレクサンドル——の仕事に最も顕著に表れている。彼らは一九二〇年以前にも新古典主義様式において極めて有能かつ成功した建築家だった。彼らの革命後の仕事はまったく異なっていて、彼らが依拠したのは歴史的というより工業的な建築形態だった。とりわけ特筆すべきは、一九二四年の「レニングラード・プラウダ」新聞社のモスクワ文

8　アルセーヌィ・アヴラーモイのパフォーマンス「工業のホルンの交響曲」モスクワ、1922年

9　ヴェスニン兄弟「レニングラード・プラウダ」新聞社のコンペ案、1924年

社のコンペ応募作である（図9）。彼らのドローイングを見ると、ガラスのカーテンウォールのスカイスクレーパーのようにも見えるが、実際のところではわずか六層の極めて小さな塔——平面形も六×六メートル——だったのだ。しかし、それはユニークな、常に動いているような形態のダイナミックな構成だった。つまり角に設けられたガラス張りのエレベータが上下し、ニュースの見出しの輪転板のようなものがあり、デジタル時計がつき、屋上にはサーチライトに高い赤い旗が掲げられ、道を行き交う歩行者には内部の印刷のプロセスが見れるようになっている。

革命前のモスクワとサンクト・ペテルブルクは、多くがヨーロッパの新古典主義の建築言語で建てられた大変美しい街だった。しかし、革命後の建物、とりわけ一九二八年前後に建てられた労働者クラブ（図10）は、労働者が慣れ親しみ、それを

10 イリヤ・ゴロゾフ「ズエフ労働者クラブ」1928年

11 シャトゥーラの火力発電所、1925年

自らのものと感じ得るような工業建築の言語で建てられている。レオン・トロツキー――革命の指導者の一人――は、モスクワの新しいシャトゥーラの発電所（一九二五年、**図11**）を「機能的かつ経済的な効率性において美しい」と語った。トロツキーにとって、発電所は「美」を定義し、冬宮の奢侈な美学と直接に対峙するものだった。ヤコブ・チェルニホフが一九三三年に「一〇一の建築的ファンタジー」として出版したドローイングも同じだ（**図12**）。彼は自分のデザインを工場に働くべく歩みを進める労働者を想像して彼の言語で叙述した。彼の前方に見えるのは、「黒い煙突、建物、クランク軸、シリンダーなどで、……私は手を上げる、あなたのことを歌にする。私の鉄の友よ！……私はお祭りに行くようにして工場に赴く!!」。想像上の労働者は、もはやボスのために働くのではない。その代わりに労働者と彼の同僚たちは、今や彼らの新しい社会のために働いている――お互いのために働いているのだ。工場への毎日の道すがら、彼らは歌う！

社会のコンデンサー

ロシアで建築における巨大な変革が起きているのと同時期に、パリのル・コルビュジエは主として住宅建築をつくっていた。スタイン邸（一九二八年）とかサヴォア邸（一九三一年）とか富裕なクライアントのためのものだ。彼

12 チェルニホフ「101の建築的ファンタジー」1933年

のペサックの集合住宅（一九二四年）は低所得者層のためにデザインされたものだし、救世軍の難民院（一九二九年）は貧困層のためだったが、これらの建物は規模も数も小さなものだった。それに対して、ロシアの革命後の建築はしばしば大きなもので、一九二八年にル・コルビュジエがツェントロソユーズ［訳注、全ロシア労働組合中央評議会］の本部（図13）――モスクワ都心部の大きな公共建築――のコンペに勝ち、初めてロシアを訪れた時、彼のロシアの展開への関わりは深いものになるだろうと思われたに違いない。彼の到着の日――一九二八年一〇月一三日――に『プラウダ』紙の一面に次のような文が載った、「モスクワにル・コルビュジエ がやってきた。今日のヨーロッパの進歩した建築思想の最も輝かしい代表者である」と。ロシアの若い世代の建築家たちは、長年ル・コルビュジエの作品を身近に学んできた。一九二三年に構成主義運動の創始者でもあるモイセイ・ギンスブルクはル・コルビュジエの著書『建築を目指して』の部分訳を公刊して、

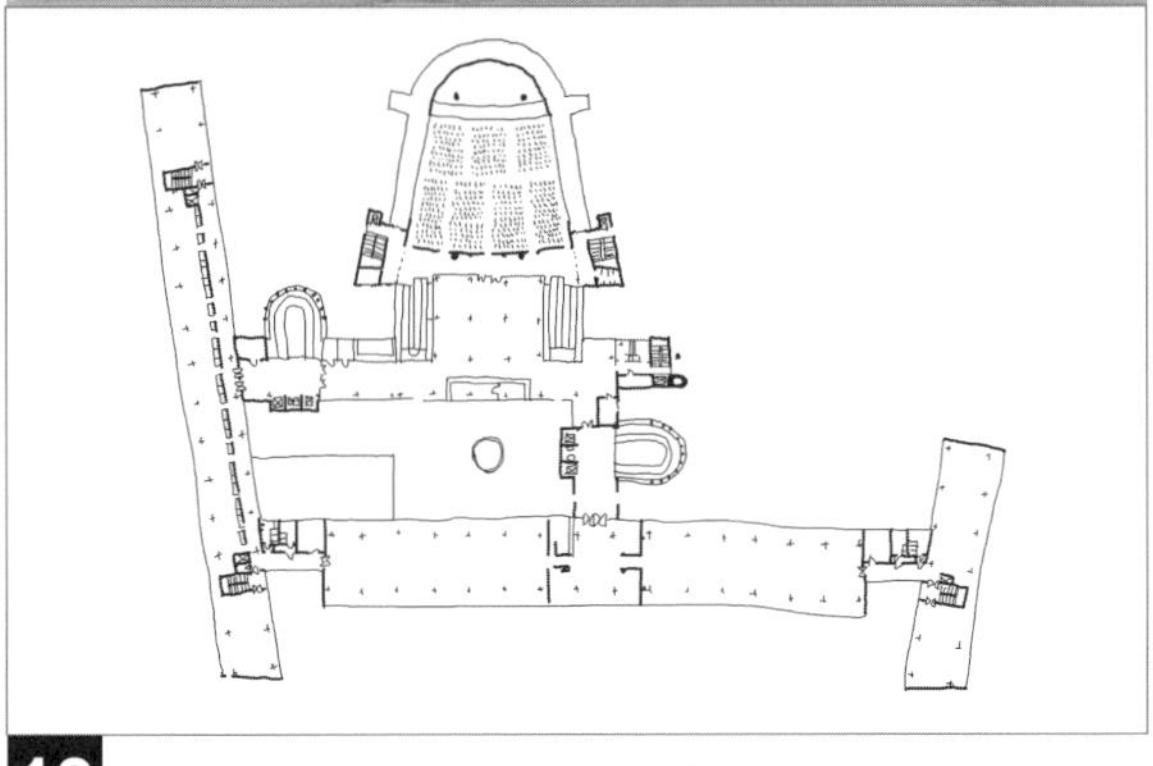

13 コルビュジエとピエール・ジャンヌレ「ツェントロソユーズ」

二四年には自分自身の『様式と時代』を公刊したが、これはル・コルビュジエのテクストと非常に近いものだった。しかし、ギンスブルクと彼のロシア人の同僚たちは、彼らがル・コルビュジエに影響されたと同じくらいにル・コルビュジエに対しても影響を与えた。一九二八年のモスクワ訪問の折に、ル・コルビュジエは竣工されたばかりのナルコムフィン（図14、15）――ギンスブルクの設計による財務人民委員会［訳注、財務省に当たる］の職員の宿舎――を訪問した。ピロティといい、陸屋根や白い外壁など、それは明らかにル・コルビュジエの建築言語によっているが、その野心には当時のル・コルビュジエを上回るものがあった。それは社会のためのまったく新しいタイプのビルディング・タイプ、すなわち社会のコンデンサーとして構想された。この長いメイン・ブロックには五階にわたってさまざまな度合いの共同性をもった住戸が配され、住民はそれらから選択することができる。別棟の小さい方のブロックには、厨房や託児所、洗濯場などの共同設備も設けられている。

レーニンは、本当の共産主義とは、孤立した「核家族」が一つの「大きな社会主義家庭」に統合されるまでは始まらない、と論じた。各住戸はスプリット・フロアー（図15）をもち――モスクワの夏季の熱を排出するために有効な自然換気をもたらす――、二階および四階どちらのレベルの廊下からアクセスでき

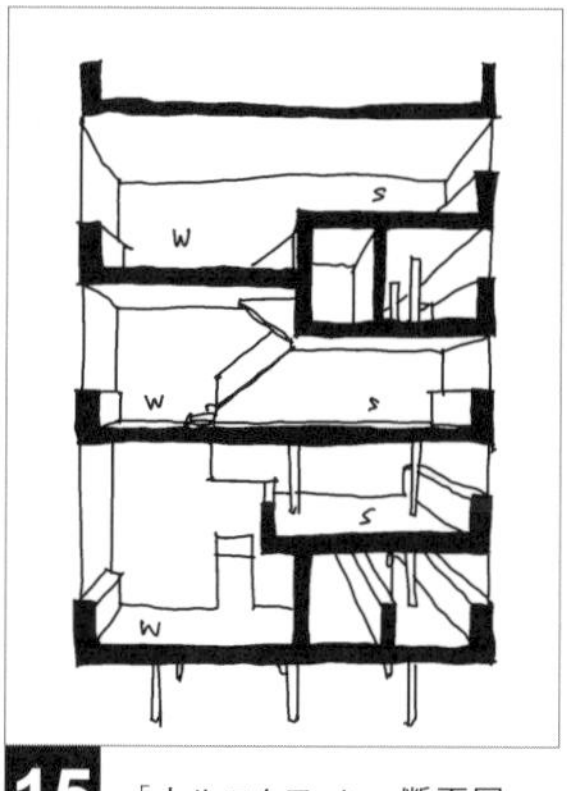

15　「ナルコムフィン」断面図

14　モイセイ・ギンスブルク「ナルコムフィン」
1928–1930年

る。このアクセスのやり方は、ル・コルビュジエの一九五二年のマルセイユのユニテ・ダビタシオン（図16）で用いられたものと似ている。そこではアクセス・デッキは建物の端ではなく真ん中に設けられている。しかし、彼の訪ソ時に、彼はイワノフとラヴィンスキーが一九二七年にデザインしたプロトタイプ・ハウジングのプロジェクト（図17）を見たのかもしれない。それはよく「ル・コルビュジエ型の断面」と呼ばれているものを二〇年ほども先駆けているのだ。

プロパガンダとしての建築

イワン・ニコラーエフの繊維学院学生寮（一九三一年、図18、19）はさらに大きな社会のコンデンサーだった――長さ二〇〇メートルで八階に及ぶ――二〇〇〇人の若い寮生たちが一〇〇〇の小さな寝室を共有し、共同生活――食事や入浴、運動そして学習――を営んでいた。革命後には合法的な労働時間は一一時間半から八時間に減らされた――三時間半は、学生たちの体育にせよ学習せよ自己向上に振り向けられるわけだ。学院における典型的な日には、学生は学生寮に戻り、食堂で食事を摂り、運動をするか、トップライトのある図書館で学習をする。それから彼らは作業着をロッカーの中に入れ、シャワーを浴びると小さな寝室で床に就く。朝にはこれが逆になる――寝間着をロッカーに入れ、シャワーを浴び、清潔になった

16 コルビュジエ「ユニテ・ダビタシオン」1952年

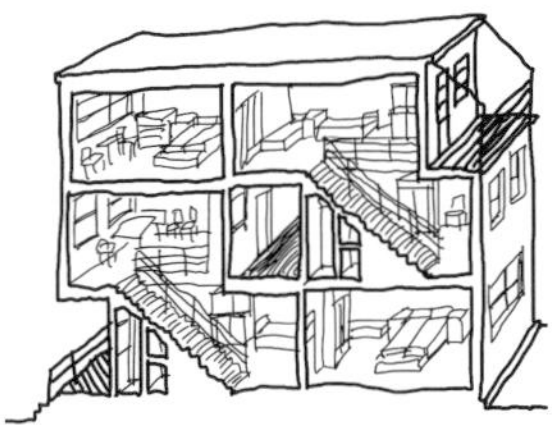

17 イワノフ＆ラヴィンスキー「OSAのためのハウジング・プロジェクトのコンペ案」、1927年

作業着を受け取る。最大限の効率性で行われるシステマティックな操作である。寮生は一瞬たりとも無駄をしないように奨励される。たとえば、すべてのフロアは斜路で結ばれているが、それは、図書館で学習していた者は斜路なら歩きながらも読書を続けられる、階段ではそうはいかない――と考えられたのだ。

革命の政治的指導者たちにとっては、新しい新建築のダイナミックな形態は革命の

18　イワン・ニコラーエフ「繊維学院学生寮」1929−1930年

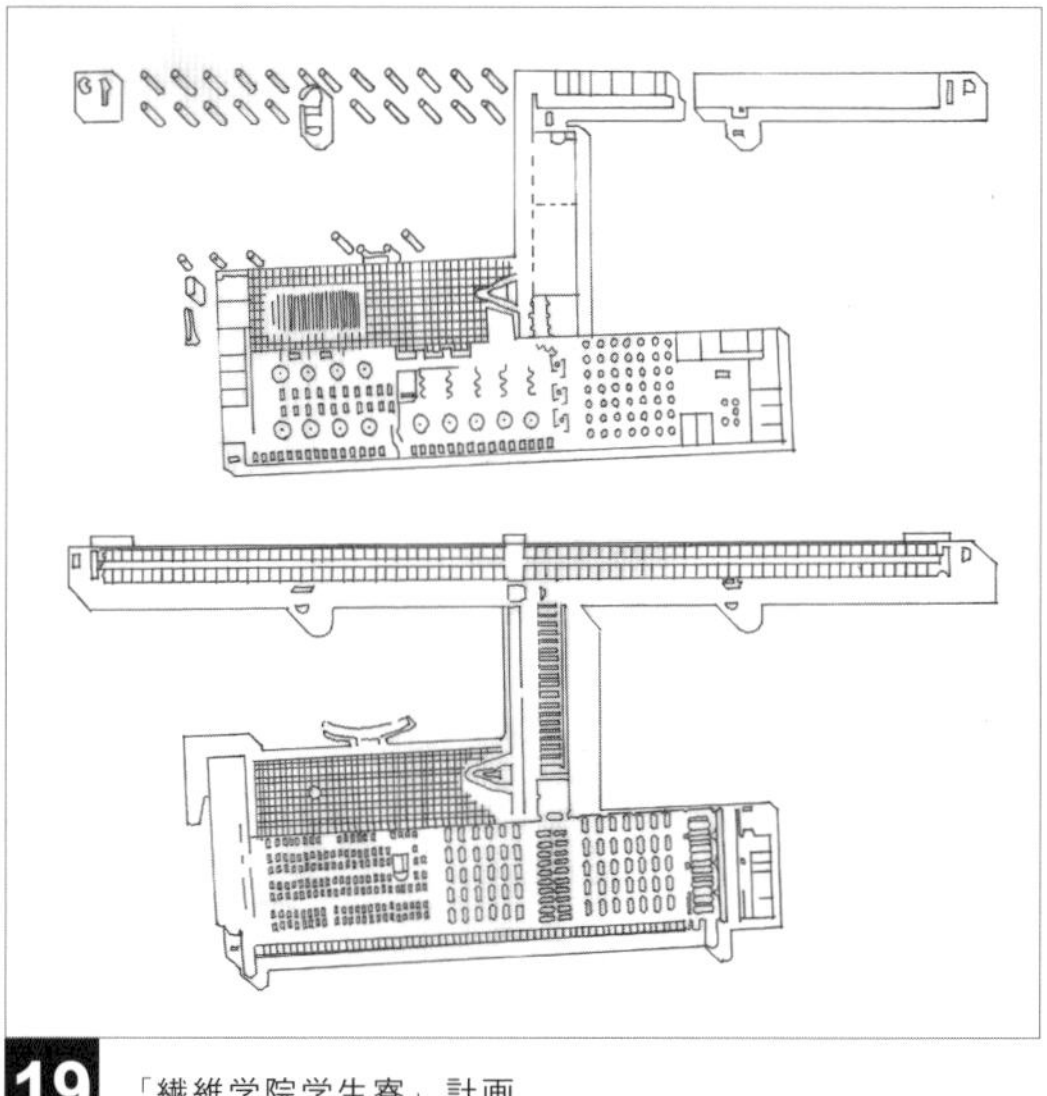

19　「繊維学院学生寮」計画

進歩の強力なシンボルだった。多くの構造物は、いまだかつて見たことのないような規模とタイプのものだった――たとえばモスクワの指令を広大な国のすみずみまで届かせるような高さ一六〇メートルのラジオ電波塔（図20）がそれだ。それを建設するための鉄が不足していたために、輝かしい才能の技術者ウラディーミル・シューホフは、一九二〇年代に極めてほっそりした網状のスチールのリブによる新しい構造分析と構法を考え出した。彼のモスクワの塔はいまだに建っている。しかし、アーティストのウラディーミル・タトリンによって提案された塔（一九二一年）はさらに大きかった（図21）。それは四〇〇メートルを超える、――タトリンがパリを訪問した時に見たエッフェル塔よりも高い――スチールの二重螺旋の塔で、革命の勝利のモニュメントであると同時に新しい世界共産主義政府の本部として考えられた。それは動くパーツをもつマッシブな建築機械であった。メインのフレームは四つの二重ガラス張りの幾何学形態を囲い込んでいたが、それらは異なる周期で回転すると想定された。一番低い位置にあるのは、講演や会議、立法の会議などをする立方体で、一年で一回転するとされる。立方体の上にはそれより少し小さい四角錐があり、行政執行の諸

20 ウラディーミル・シューホフ「ラジオ電波塔」1920年

21 タトリン「第三インターナショナル記念塔」の模型、1921年

活動の場で、一ヶ月に一度回転する。さらに上には円筒形のヴォリュームで、ここには電信、ラジオ、ラウドスピーカーなどによって新しい公示やマニフェストなどを発信する情報センターが収められることになっていて一日に一回転する。そして最上部にはラジオの装置を収容するドームがある。また、円筒の上には巨大な戸外映画スクリーンを設置し、さらにプロジェクターから雲に向かってメッセージを投影することも可能とされた。建物の全体はその外観を絶えず――少しずつ――変化させる。しかし基本形は変わることがない――それが二三・五度傾いているのは地軸のそれに倣っており、共産主義の教義を地球全体に遍く知らしめるというこの建物の役割を象徴化している。

近代装飾・工業美術博覧会

一九二五年の四月から一〇月まで、パリで近代装飾・工業美術博覧会が、その七ヶ月の会期中に二〇の国からの一万五〇〇〇の展示品と一六〇〇万人の入場者を得て開催された。博覧会の焦点は、スカイスクレーパーとか大洋汽船とか映画館のその後博覧会のタイトルに由来して「アール・デコ」と呼ばれる、お約束の様式となるはずだった。しかし、各国のパビリオンは全体的に歴史的様式を参照するものが多かった――たとえば日本館は古都京都から運んできたようだったし、英国館は多色彩のゴシックのカテドラルのミニチュアのようだった。しかし、二つのパビリオンは各々そのオリジナリティと純正な近代性によって際立っていた——ル・コルビュジエの「エスプリ・ヌーヴォー」館（図22）——モジュール化されて、機械で大量生産される集合住宅のユニットの試作品——とコンスタンチン・メーリニコフのソヴィエト館（図23）で、後者は博覧会中最も印象的なパビリオンとしてグランプリを獲得した。それは、実際のところ、展示空間としてはほとんど使えなかったが、そのダイナミックで尖った赤い屋根面は、まさにロシアにおいて実行されていた実験とリスクへの熱狂を表現していた。メーリニコフのパビリオンへの熱狂——他の国の時代錯誤的なパビリオンに比べた時の——やムッソリーニやヒトラーの登場および世界経済の一九二九年の破産への関心が、仕事を求めソ連訪問へと建築家を駆り立てた。

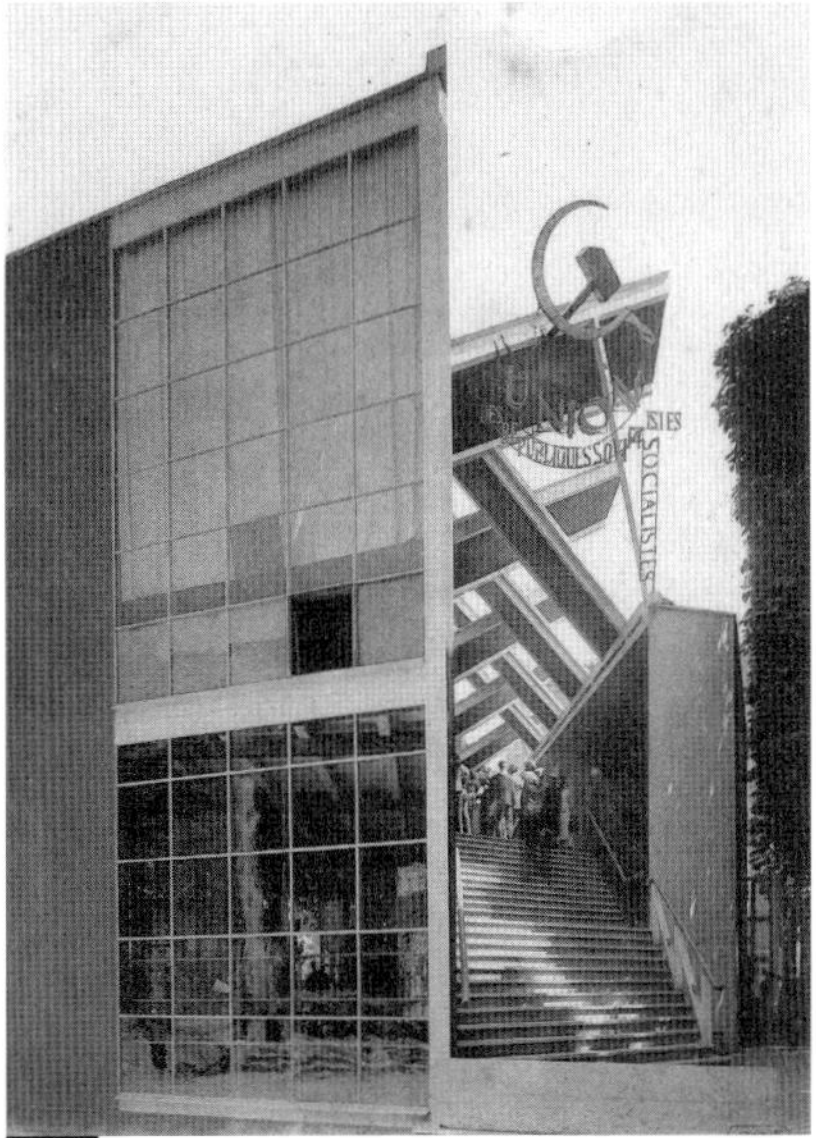

23 コンスタンチン・メーリニコフ、アール・デコ博における「ソヴィエト館」、1925年

22 コルビュジエ、アール・デコ博における「エスプリ・ヌーヴォー」館、1925年

一九二〇年代から三〇年代にかけて、ハンネス・マイヤー、エルンスト・マイ、そしてフランク・ロイド・ライトはすべて仕事を求めてロシアに赴いた。しかし、実質的な委託を得たのは、モスクワのツェントロソユーズのコンペを勝ったル・コルビュジエだけだった。

建築とは戦略と組織だ

セルゲイ・シェスタコフは一九二五年の新モスクワ計画（図24）で、街の規模と人口を倍増させることを提案した。それは旧都市を中心にして、商業、住居、工業、そして緑地と環状のゾーンを重ねていき、この都市環を外側に付加していくことで、将来の拡大を無限に可能にするような提案であった。イワン・レオニドフの一九三〇年のマグニトゴルスク製鉄所の新都市のコンペ（図25、26）の案は、放射状ではなく線状の都市という戦略が取られた。彼らの新都市は、まっすぐに二五キロメートルに及ぶ直線で工場と国立の農場をつなごうというものだった。そして将来にはいくらでも延伸可能となる。二本の平行に走る道路の間で、都市は各々異なった機能的「テーマ」をもつ三つの線状土地区分に分割される——東の区分はスポーツ施設と博物館、西の区分は公園と余暇、真ん中の区分は学校、商店、そして住居ユニットが配され、そこでは住民は朝の運動と共同の学習のための二層吹き抜け空間をシェアする。基本的な戦略としての線状のグリッドは、都市の建設にはあらゆる部分が——スタジアムの規

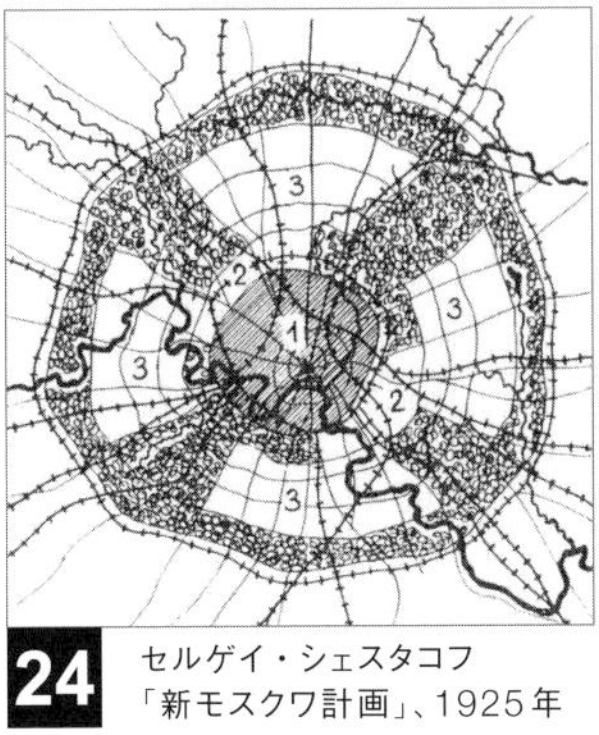

24 セルゲイ・シェスタコフ「新モスクワ計画」、1925年

模から便所、浴室の規模に至るまでの――標準化されるので、ほとんど自動的に仕様を与えられ建設されるから、建築家やデザイナーの仕事を要しないということを意味した。この極端なシステム化は、新しいソヴィエト社会の合理性の表現と見られるものだった。つまり、工場や都市は機械のように機能することを求められる――だが、標準化がないと処理は難しくなる――たとえば、マグニトゴルスクの敷地は、急峻な傾斜地で、その上に二五キロの純粋グリッドを引くことは不可能だった。

レオニドフは一九三〇年の「文化宮殿」のコンペ（図27）のプロジェクトにおいても同じような戦略を使った。そこでは、グリッド・パターンが、敷地を四つの同じ大きさ

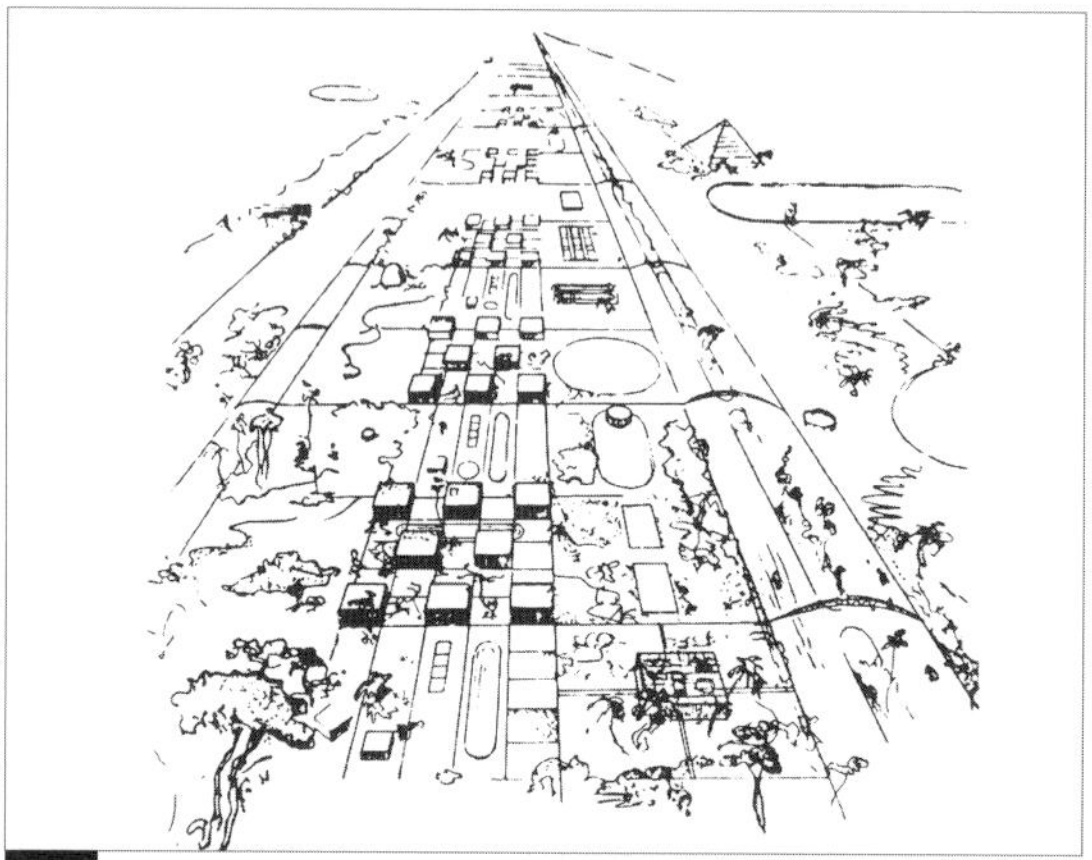

25 イワン・レオニドフ「マグニトゴルスク計画コンペ案」1930年

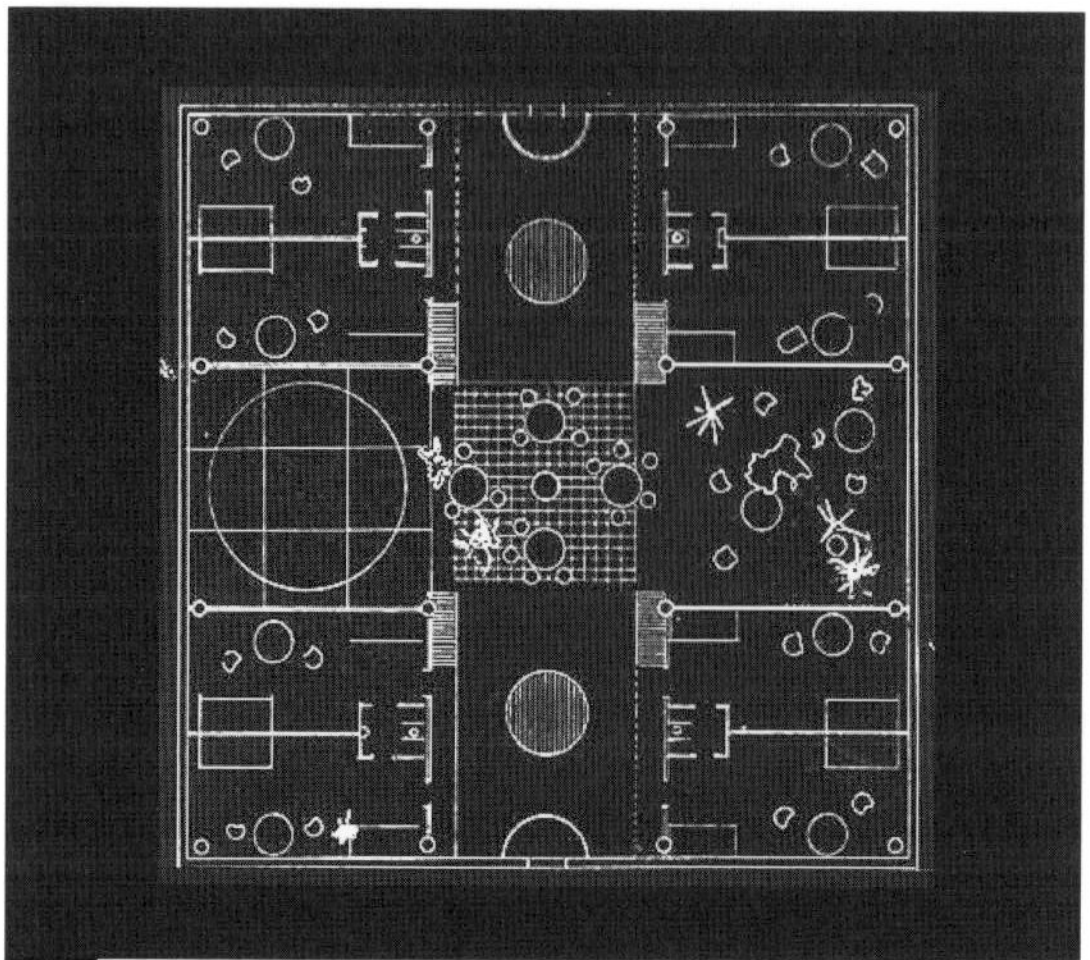

26 マグニトゴルスクの部分

の正方形に分割した。それは四つの主要な機能をもつセクション——身体文化のためのセクション、デモンストレーションのフィールド、マス・アクティビティのエリア、科学および歴史研究のための場所——を定義する。しかしドローイングでは意図的に曖昧にされている。レオニドフによって黒い紙の上に白いインクで描かれた線は、サッカーのフィールドの芝生の上の白線のような地面に描かれた白線であるとも見えるが、あるいは白線はガラスの屋根とガラスの壁の境を記すものだったのかもしれない。一九二八年の「新しい社会タイプのクラブ」のデザインでは、白線は巨大な二五〇〇平方メートルの広場のガラスの屋根を示し、その周りに多目的ホール、図書館、科学の研究室、エア・スポーツ（グライダー、バルーン、飛行機）のフィールド、公園そしてスタジアムなどが配されている。一九二九年の「コロンブス・モニュメント」のデザインでは、白線はガラスの壁に取って代わる強力なエア・ジェット（エア・スクリーン）の線を示していた。

そのあらゆるプロジェクトにおいて、レオニドフはプログラムを絶対的な単純さにまで還元する——彼のデザインの芸術性はそのデザイン戦略の明確さからきている。同じことはスイスの建築家ハンネス・マイヤー——一九二八年にバウハウスの創設者であったワルター・グロピウスに次いで第二代の校長を務めた——にもいえる。ヨーロッパの経済および都市の——第一次大戦で廃墟と化した——状況に恐怖を覚え、ロシア革命の共同

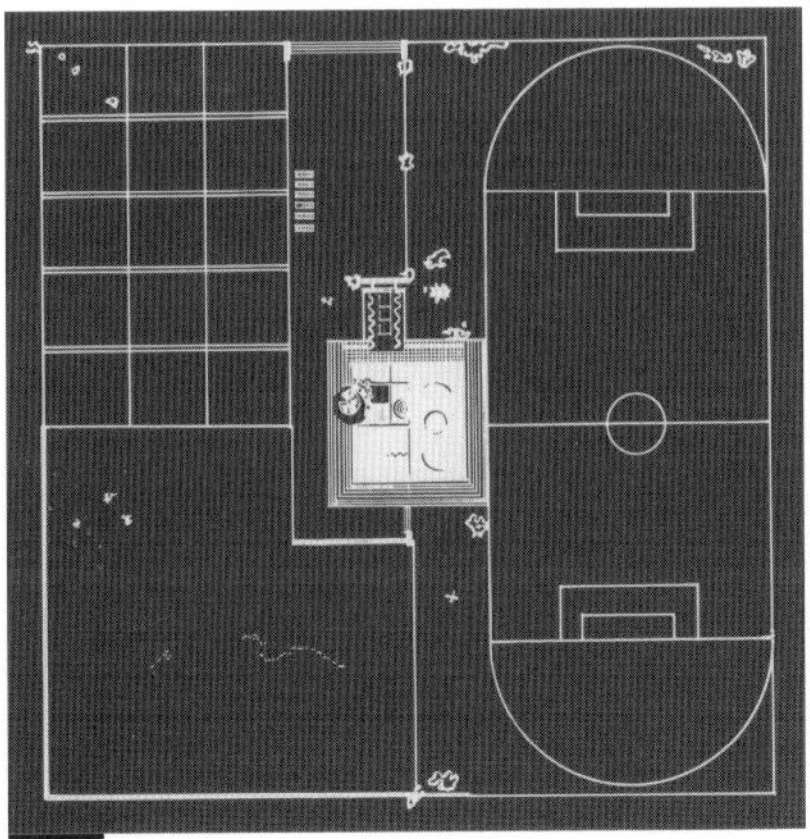

27 レオニドフ モスクワの「文化宮殿」コンペ案、1930年

主義イデオロギーに感化されたマイヤーは、建築家が直面している主要な課題は、人々の生活条件を改善することにある——魅力的な建築形態をデザインすることではなく——と主張した。建築は美学とは関わるものではない、それは「ただの組織化——社会的な、技術的な、経済的な、そして物理的な組織化」——なのだと。彼のコンペ優勝案である——建設はされずに終わったが——一九二六年のバーゼルのペーテル女子学校のデザイン（図28）では、あらゆる部分がその機能性および効率性において分析された。マイヤーは各クラスの学生一人当たりに必要な床面積、必要な日照を得るにはどの程度の窓の面積が必要で、どのくらいの新鮮な空気を取り入れるべきか等々を計算した。そして、彼は、地表面が駐車場に取られるこの都心部の敷地では、子どもたちに必要な遊びのエリアが不足してしまうと考えた。マイヤーと彼の協働者ハンス・ヴィトヴァーはこれに対して、駐車場の上に「浮かぶ」二層のプレイ・デッキをつくることで応えようとした。それは五階建ての校舎のブロックの頂点から四本だけのケーブルによって吊るされるというものだった。マイヤーはこのプロジェクトをただ機能性——その経済的および技術的な効率性——によってのみ基づいたものだとしたが、それが、彼の友人だったエル・リシツキーの作品——とりわけ一九二四年のレーニンの死の年にそのメモリアルのためにデザインされた彼の演説台や、五〇メートルの高さの鉄骨の柱脚に支えられ、モスクワの八つの主要な交差点の上に浮くようにデザインされた三次元の雲のような官庁の建物、一九二五年の「雲の鋸弓」——「水平のス

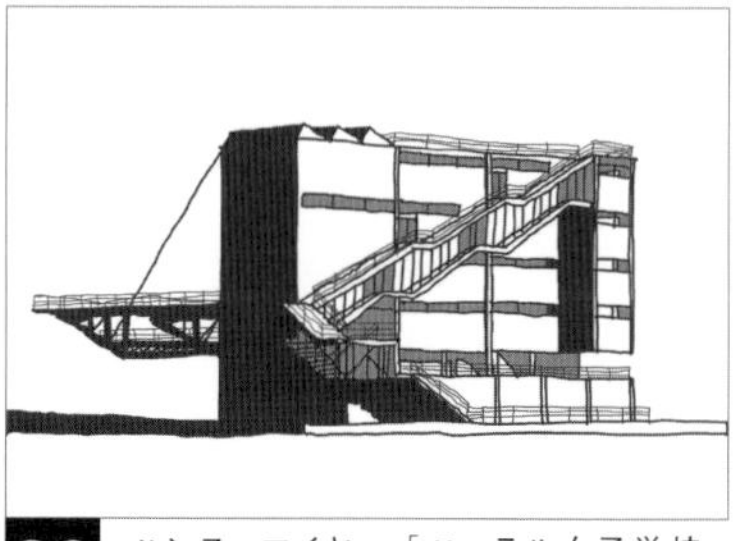

28 ハンス・マイヤー「ペーテル女子学校」1926 年

29 エル・リシツキー「雲の鋸弓」1925 年

カイスクレーパー」とも呼ばれた（図29）――と同質のダイナミックな構造表現を開拓していることは明らかだった。

ツェントロソユーズとソヴィエト・パレスのコンペティション

ツェントロソユーズは主要な政府の建物で日々三五〇〇の人々が出入りする。この人数の大きさは、ル・コルビュジエがいう小さな都市としてその内部を計画するように導いた。内部の、三・五メートル幅の、廊下というより「街路」、階段というよりは斜路は、ちょうどそのころ竣工したサヴォア邸の斜路から想を得たのかもしれない。ル・コルビュジエにとって、そのような大きな作品をロシア――その時代最も先端にいた地――で建てるという機会はまったく特別なものだった。彼は「私は、この仕事に建築に関して学んだすべてのものを持ちこもう。私のもつ全知識を〔この国とその〕新しい精神に貢献させるということは大きな喜びだ」と書いた。彼の興奮は明らかだが、それは――一九三一年にロシア政府が彼をソヴィエト・パレスのコンペに招待した際にも繰り返された（図31）。それは広いオーディトリウムを持つ巨大な建物だった。それは新生ロシアで最も重要な建物となるはずだった。そしてコンペの勝者はル・コルビュジエになりそうだった。そして、実際、デザインは傑作だった――考え方といい、形態といい、技術といい、途方もなく独創的な構成で、一万五〇〇〇席の議場の屋根がコンクリートのパラボラ型のアーチから鋼製のケーブルで吊るされるというものだった。彼が七〇人の審査員を前にしてデザインを説明している写真では、彼は自信満々だった。写真では、彼の助手たちが模型の覆いを取り去ろうとしている際に彼はコントラバスを弾いている（図30）、とはいえ、ル・コルビュジエがコントラバスを弾けたという記録はない。彼の目的は、たぶん、この建築の実験的な性格を強調するために、音響上の抽象性を審査委員に印象づけることを狙いとしていたのだろう。しかし、結果は上首尾ではなかった。彼のデザインは審査員たちの選ぶところとはならなかった。それどころかいかなる賞にも該当しなかった。代わりに選ばれたのは、ボリス・イオファンとシシューコ、ヘルフライヒによる、その上に革命の父ウラディーミル・レーニンの鉄骨でフレームをつくられた一〇〇メートルの像を載せた、四一五メートルのタワーだった（図32）。工事は一九三七年に開始されたが、独ソ戦が始まると兵器のために鉄を供出する必要があったために、中止に追い込まれた。塔の基礎のみが建設されたが、それは世界最大のプールに転用された。

一九三二年にアナウンスされたソヴィエト・パレスのコンペの結果は、ル・コルビュジエのロシアとの関係に終止符を打った。そして、一九二八年以来パリのル・コルビュジエのオフィスで働いていた若い建築家ニコライ・コリはモスクワに戻り、ツェントロソユーズの現場監理に従事した。それは一九三六年に竣工した。一九二八年、彼の最初のソヴィエト訪問の際に、ル・コルビュジエはプロレ

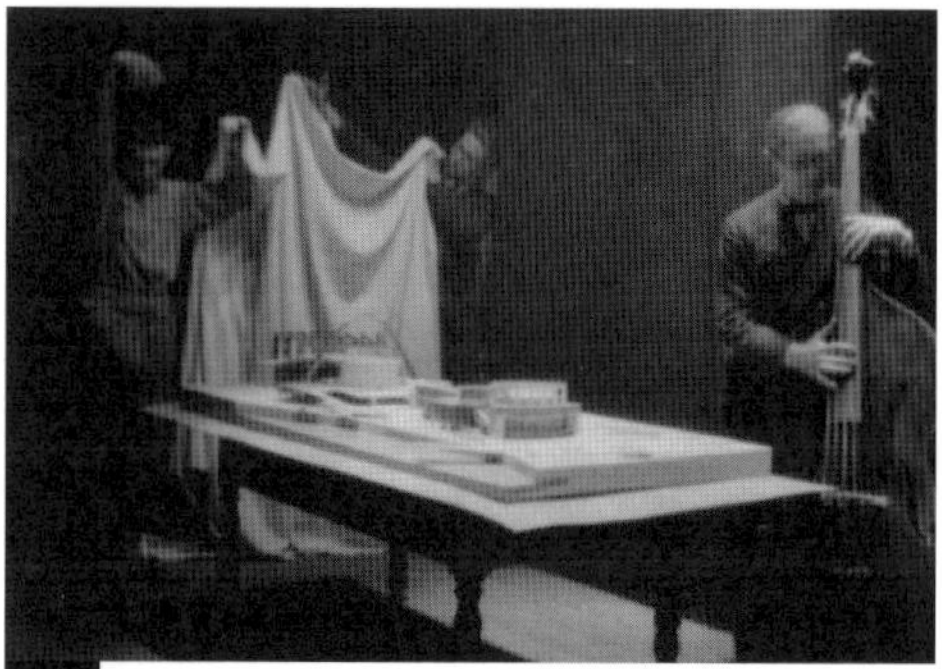

30 ル・コルビュジエによるソヴィエト・パレス案のお披露目

タリアートの粗末な木造の家を見せられ、農夫たちが近代建築を受け止める準備はできていないことを痛感させられた。彼の作品への拒絶は、したがって、避けることのできないものだ、と彼は感じた。民主主義の国である新しいロシアでは、人がつくる環境を決めるのは、人民の趣味の最も低いレベルなのだ。しかし、ル・コルビュジエへの拒否は度がすぎた。ル・コルビュジエは、スターリンに手紙を書いて、彼のデザインではなく重々しい新古典主義的なモニュメントをとったことは、革命本来の理想と大志への裏切りである、といった——が、もちろん不首尾に終わった。批評家たちは、——スターリンの気分を損ねることを恐れて——ル・コルビュジエのデザインの構造に表現されたダイナミズムを、工場街のようだと言った。そして『イズヴェスチヤ』紙は、「ル・コルビュジエ主義」なる言葉を乱用した——目眩しであり、

31　コルビュジエ「ソヴィエト・パレス」コンペ、1931年

32　ボリス・イオファン「ソヴィエト・パレス」コンペ案、1931年

個人主義の過剰であると。ル・コルビュジエの友人であり、仕事を継続した者たち――とりわけギンスブルクとヴェスニン兄弟――は、その前衛主義には口を閉じるか、教育に撤退した。

構成主義の影響

構成主義の建築家の中にはロシアの外で建物をつくった人々もいたが、ロシア国内ではこの運動は比較的短命に終わった。約一八年――一九一七年から一九三五年までである。

しかし、それにもかかわらず、この運動の影響は極めて大きかった。ジェームズ・スターリングのレスター大学工学部の迫り出した講義室は、――少なくとも部分的には、――メーリニコフの一九二七年のルサコフ労働者クラブ（図33）から影響されたと考えられる。そして、チェルニホフのドローイングは

33 コンスタンチン・メーリニコフ「ルサコフ労働者クラブ」1928年

34 オスカー・ニチケ「宣伝局」計画、1936年

スターリングのシュトゥットガルドの美術館の諸部分に影響している。ヴェスニン兄弟のプラウダの建物は、一九三六年のオスカー・ニチケの宣伝局のプロジェクト（図34）に、そして翻ってニチケの建物はピアノ&ロジャースのポンピドゥー・センターのデザインに影響を与えている。建物の表面を登り降りするポンピドゥー・センターのエスカレーターはハンネス・マイヤーのペーテルス学校のデザインの階段群に関連性がある。レム・コールハースがレオニドフの超論理的な作品に払っている敬意は、OMAの「デ・ロッテルダム」（図35）の建物に、あるいはより以前のシアトルの図書館（図36）などの、レオニドフ流の純然たる機能ダイアグラムから生成している形態に見られる。そして、マレーヴィチの作品や思想は、バーナード・チュミやザハ・ハディドや磯崎新にも強い影響を与えている。ハディドの初期一九八三年の香港ピーク・レジャークラブ（図37）は、マレーヴィチのアルヒテクトンに基づいているし、――彼女の二〇〇三年のシンシナティの美術館もまたそうであるかもしれない。またバーナード・チュミのラ・ヴィレット公園の積層性やダイナミックな交差線もマレーヴィチの「シュプレマティスト」絵画から由来していることは明らかだ。

たぶん、最も意味のあるコメントを挙げておこう。一九七〇年の大阪万博の絶望的なパビリオン群の凡庸さにうんざりした磯崎新は、マレーヴィ

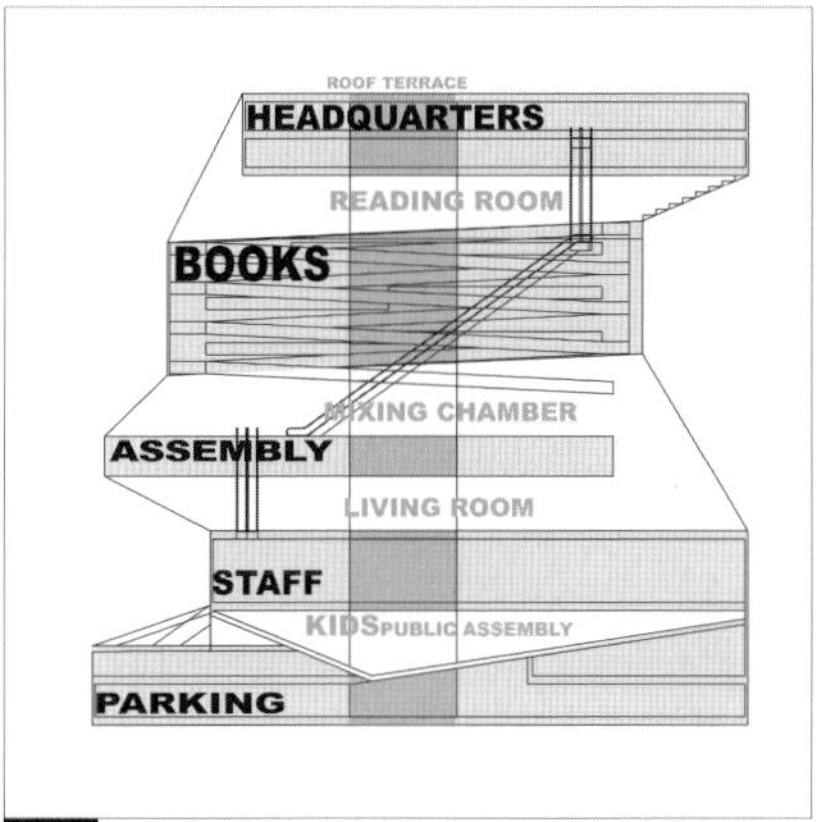

36 OMA「シアトル中央図書館」のダイアグラム、1999-2004年

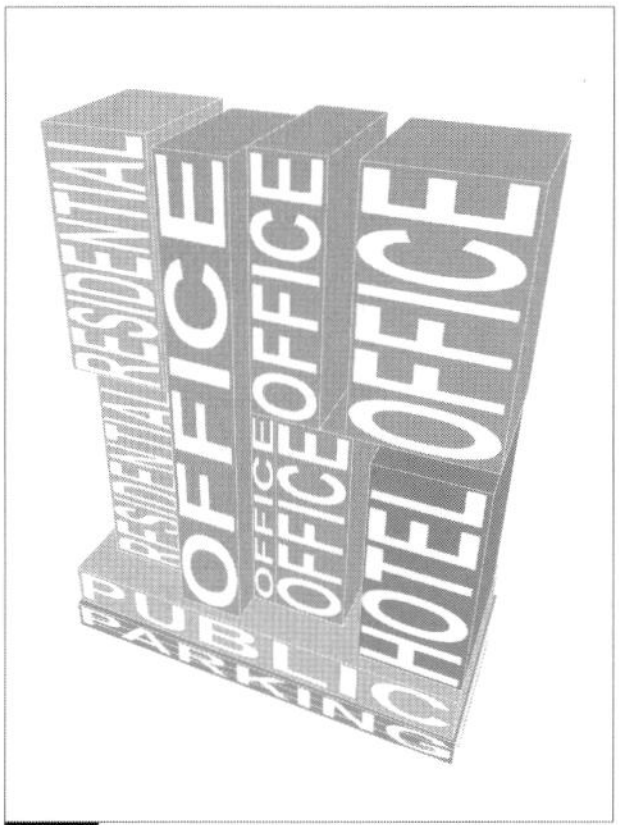

35 OMA「デ・ロッテルダム」のダイアグラム、2013年

チの「黒の正方形」とそのイメージの影響に思いを馳せて、「万博では、私は建築はもう一度ゼロから始めなくてはならないと感じていた」と言った。彼が言ったのは、我々が「マレーヴィチを学ばなくてはならない」ということだ。

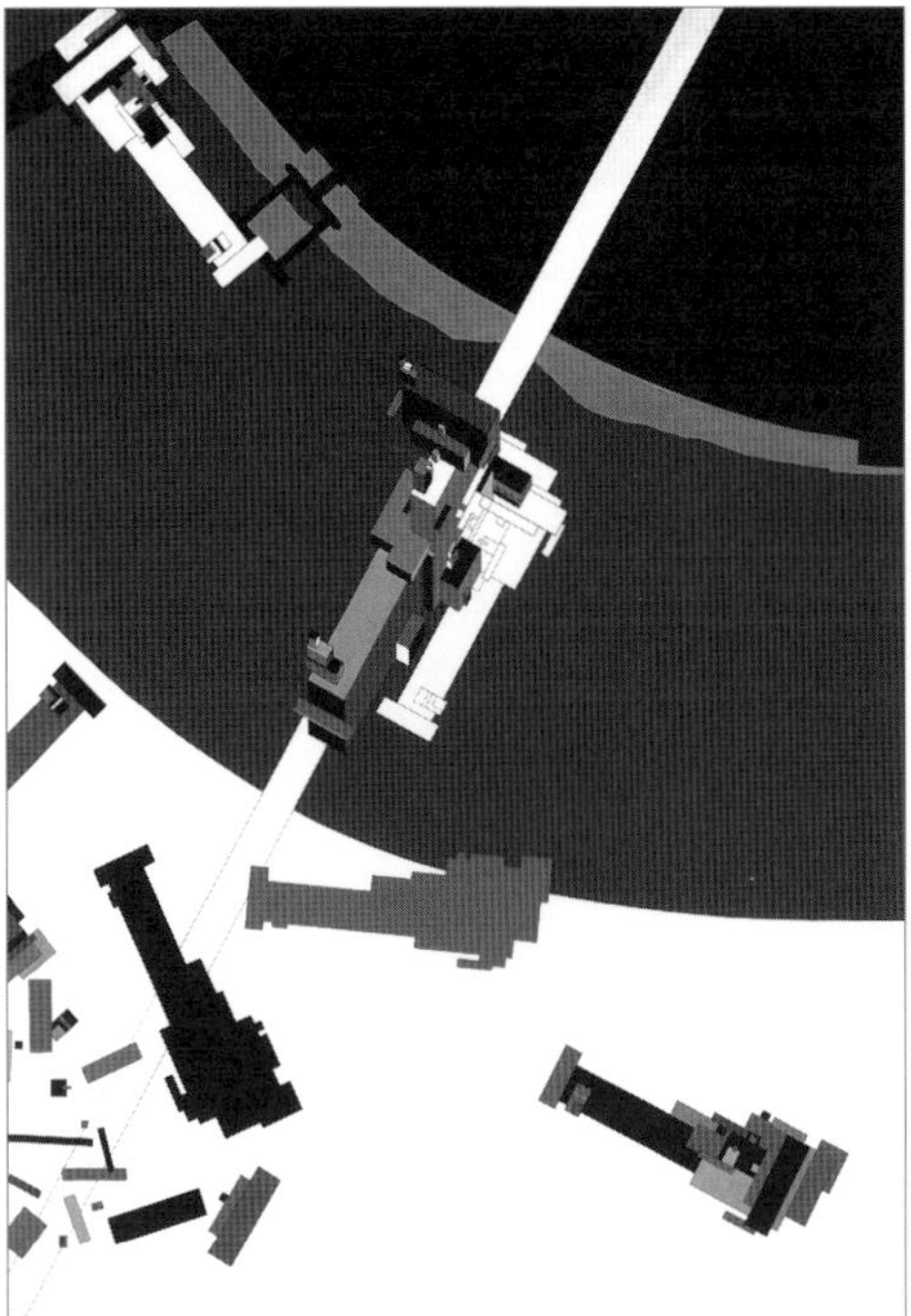

37 ザハ・ハディド「マレーヴィチのテクトニク」1977年。香港ピーク・レジャークラブは第九講を参照。

第四講

時代精神と技術・1

——ル・コルビュジエ　フラー

シャロー　インヴェルニッツィ

4

普通の市民のためのファンファーレ

今回の講義を、一九四二年にアーロン・コープランドが作曲した楽曲のことから始めたい。「ファンファーレ」は王様とか法王とか皇帝とか大統領など重要な人が到着する際に奏される短い曲だが、コープランドはこの曲を、アメリカ、フランス、そしてロシアなどで、一七七五年、一八四八年、一九一七年に独裁者たちに抗して立ち上がった普通の人々(図1)のビジョンや生活のための祝祭曲、「市民のためのファンファーレ」として書いた。彼ら一人一人は無力だが、集まって世界を変えたのだ。「時代精神」──ドイツ語の〝Zeitgeist〟──とは、人々の自由と変革への希求に関わるものだ。つまり自分たちの未来を決定する自由と、過去に背を向ける自由。ル・コルビュジエは一九二三年のマニフェストを「建築をめざして」と題し、同じビジョンを投げかけた。「過去四〇〇〇年の建築は、」とル・コルビュジエはいう。「もはや有効ではない」。我々の建築言語と思想を古代の先人たちの仕事から継承するのではなく、我々は「今や日一日一日と我々自身の建築を……決定していく。……偉大な日々が始まった。……そこに新精神がある」。

偉大な時代が始まった──建築とは何かという概念に関する革命

ル・コルビュジエが書いたように、四〇〇〇年間、古代ギリシャとローマの建物が範例と考えられ、なにがしか重要と考えられる建物のデザインは、古典のオーダー

1 1917年ロシア革命の市民

――ドリス、イオニア、コリント――の形態とプロポーションに基づいてきた（第二講）。しかし、最初の講義で見たように、一八五一年にクリスタル・パレスのデザイン（第一講参照）――建築作品というよりは構造システムだったのだが――がすべてを変えた。ル・コルビュジエがその形態の優雅さのゆえに熱狂的に賞賛したアテネのパルテノンは、その重要性を減じた。なぜなら新しい建築においては、建物の性能がその形態よりも重要だからだ。レオン・トロツキー――ロシア革命の指導者の一人――が発電所（一九二五年、第三講、図11）をその機能性と経済性のゆえに「美しい」と語り、歴史家のレイナー・バンハムがサンタモニカ――サンディエゴ間の多層のハイウェー・インターチェンジ（**図2**）を「芸術作品……動的体験……であり、人類の偉大な作品の一つ」といったとき、質の基準の変化は明確になった。ル・コルビュジエが書いたように、「建築とは何かという概念に関する革命」があったのだ。住宅は、「住むための機械」であり、機械のような効率性と経済性をもって機能しなければならない、と彼は書いた。パルテノンの代わりに、彼の新しい参照点になったのは、飛行機や船舶、自動車やタービン、産業用の穀物エレベーター、サイロ、そして電話交換機など、すべてテクノロジーの発達の例――とりわけコミュニケーションと移動に関するテクノロジーの発達のそれ――である。

　ル・コルビュジエは、彼の住宅作品が竣工するたびに自分自身の自動車――かなり贅沢なヴォワザンC7サルーン（**図3**）――を前景に置いて撮影するのを習いとして

2　サンタモニカ - サンディエゴ間の立体交差

3　ヴォワザン C7 とル・コルビュジエ

いた。彼はデトロイトのフォードの工場のアセンブリー・ラインでの組み立てが生産コストの五〇%を削減し、したがって購買価格の引き下げも実現したことを意識しており、住宅の大量生産が同じような効果をもたらすことを期待していた。「自動車が道具であるように、住宅も道具なのだ——大量生産の住宅なら誰にでも手の届くものとなる」。

偉大な解放者

ル・コルビュジエが彼の車と一緒に写っていたり、それが彼の最新の住宅の正面に留まってる図は数多く目にするし(図4、5)、彼が自動車やスピードに魅せられていたことも知られているので、実は彼は運転が下手だったと知ると驚いてしまう。あるいはまた、——彼が「機械」を新時代の図像(イコン)的な要素として語っているにもかかわらず——自分の「自動車-機械」のメンテナンスをしなかったということも。ル・コルビュジエを訪ねて彼の車に同乗したチェコの建築家カレル・ホンチキは、「塗装は剥げたり掠れたりで、窓は破れ、我々の靴の下にはそのガラスの断片が散乱しているという具合だった」と述べている。その旅は、ギアボックスがギリギリ、ギシギシ悲鳴をあげるような運転で恐ろしいものだったらしい。しかし、運転手としては酷かったとしても、ル・コルビュジエは自動車がもつ「偉大な解放者」としての可能性については非常によく心得ていた。彼は自動車の所有の自由が普通の市民に与えるで

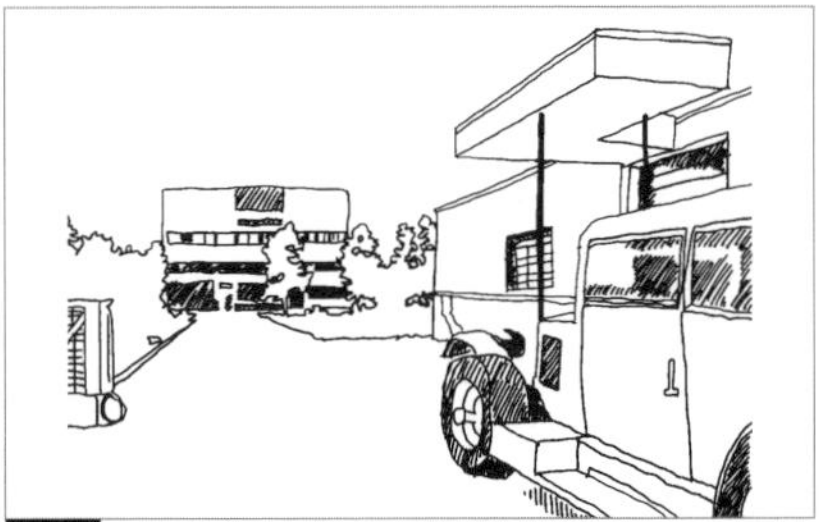

4 ル・コルビュジエの「スタイン邸」と自動車

5 ル・コルビュジエの「リプシッツ-ミーチャニノフ邸」と自動車

あろう自由を理解していたし、一九三六年の「最小限自動車」のデザインは、乗り物として大量生産の最小限住宅――ドム・イノ、モノル、シトロアン、そしてイムーブル・ヴィラ――のための多くのアイデアに相当するものだった。彼の「最小限自動車」（図6）では、エンジンは後部に置かれ、前部は急速に切り落とされた形で運転手の視界をよくしてあった。前には三つのシートが、後ろにはサイドウェー（荷置きスペース）が置かれ、全部を開くとベッドになる。そして、――驚くべきことに――この自動車の形は、ル・コルビュジエが住宅をデザインするときに使ったのと同じ古典的なプロポーションと基準線に基づいていた。この自動車の実際のモデルがつくられることはなかったけれども、ル・コルビュジエはそれがフォルクスワーゲンの初期のバージョンに影響を与えたと主張している――彼はその主張をアドルフ・ヒトラーに対しても行ったのだ。

『建築をめざして』で、ル・コルビュジエは、建築美学の発展をパエストゥム（紀元前六〇〇―三五〇年）の基本形と遥かに洗練されたパルテノン（紀元前四四七―四三四年）とを比べて例示している。そしてテクノロジーの発展を、一九〇三年の不恰好なハンバー車と一九二一年のドゥラージュのスポーツカーで例示しているが、二つの自動車のメカニズムはさして変わらないのに、ドゥラージュはハンバーより格段にエレガントに見える（第一講、図2）。一九五九年まではオースチンのミニ（図7）が生産されており、これはまさに革命的で、大量生産だが、前輪駆動のデザインで、

7　オースチン・ミニの広告、1959年

6　ル・コルビュジエのデザインによる自動車、1936年

エンジンが脇の方につけてあるので車の長さが最小限に抑えられた。車の床の八〇%が人と荷物のために使え、そのライバルであったフォルクスワーゲン・ビートルやフィアット500、シトロエン2CVがそうであるように、都市であろうと田園であろうと快適に走れる安価なマシンだった。

これらの自動車の日常生活へのインパクトは絶大なものだった。ル・コルビュジエは、国中を走る新しい鉄道線路の数が飛躍的に敷設された一九世紀の状況を想起している。当時、誰でもが都会での職場に通勤できるように駅のそばに住みたがっており、駅から遠いエリアは寂れていった。しかし、今では、安い自動車が買えるのだから、と彼はいう、どこにでも住んで駅や都会にドライブしていける、自動車は「地方の人口を再配分するだろう」と。人々が生まれた土地からいくらも離れることのなかった何千年もの期間の後にローコストの車は移動を容易にした。一九六九年にアメリカのウッドストックの農場で開かれた三日間のロック音楽のためのフェスティバルに五〇万人もの人々を集めることが可能だったのは、ガソリンが安かったためだ。若者による若者のための一時的に成立する都市（図8）。

彼の「ヴォワザン計画」（一九二五年）は、三〇〇万人の「自動車都市」のためのデザインで、塔状のアパートと真っ直ぐな大路のグリッドでできている。（図9）「スピードのためにできている都市は」と彼はいう、「成功のためにつくられている」。サヴォワ邸（一九二八年）は、もちろん「自動車住宅」で、一階のガラスの曲線は、サヴォ

8 ウッドストック・フェスティバル、1969年

9 ヴォアザン計画

ア家の車の回転半径に合わせて、それが入り口の扉に寄せられるようにデザインされている（図10）。そして、施主の三台の車は、別棟のガレージにではなく、家の内側に寄せて駐車される。

入り口から屋上の日光浴のテラスまでサヴォア邸の中を経巡っている斜路が、マッテ・トロッコがデザインしたトリノのフィアット・リンゴット工場（一九二三年、図11）に由来していたということはあり得る。ル・コルビュジエはそれを大変賞賛していたのだ。そこでは、地表階で生素材が建物に運び込まれ、車は上昇する斜路の組み立てラインに沿って徐々に組み立てられて行き、完成すると屋上のテスト走路に運び込まれる。ル・コルビュジエはこのフィアットの建物を見に行き、その写真を『建築をめざして』に挿図として組み込んで、「工業における最も印象的な眺めの一つ……都市計画のためのガイドラインだ」と叙述し

10　サヴォア邸の玄関車寄せ

11　ジャコモ・マッテ-トゥルッコ
「フィアット・リンゴット工場」1923年

おそらく、彼は多層のフィアットの工場を多層都市のモデルとしていたのだ――アルジェの都市として提案した「オビュ計画」（一九三二年、**図12**）のように。そこでは道路が起伏のある風景の上を突っ切るように走る水道橋のように高所に設けられていた。道路の下は一四層に及ぶアパートが設けられ、一八万人の人々を収容する。この計画は、旧市街のカスバの上に重ねられたモダンなメガストラクチャーで、下の狭く、混み合って、複雑な街路の上を高速で移動することを可能にする。

住むための機械

一九二三年にル・コルビュジエが「住宅は住むための機械である」と書き、その挿図として彼の設計したいくつかの住宅の前に彼の豪華な自家用車が停まっている写真を掲載した時点で、自動車は確かに急速に発展する技術の一例であり、「機械」であったが、住宅自体は「機械」からほど遠いものだった。基本的にコンクリートやレンガ、漆喰で慣習とおりに建てられた構造体であり、その使われ方も比較的慣習に則っていた。各住宅の部屋は別々の個室ではなく、空間が互いに流れ込むという点において「近代」のオープンさを実現していたが、住宅の「社会階層」に関しては「古風」であり、ル・コルビュ

12 ル・コルビュジエ「オビュ計画」1932年

ジエは使用人の動線を住民の眼にほとんど触れることがないように「設計」した。「よく設計された住宅において、使用人が客間を通り抜けることはない。たとえ、女中がどんなに魅力的であってもだ」とコルビュジエは解説した。彼は同時代の自動車や船舶、工業製品から影響を受けた「新しい建築」について論じたが、彼が受けた影響のほとんどは形態についてであり、住宅の技術面に関しては特筆すべきことはない。そういう意味においてサヴォア邸は、それが着工したころの一九二九年にバックミンスター・フラーが米国で実験を始めた「ダイマクション・ハウス」(図13)とはまったく異なっている。フラーが設計した住宅は、ユーザーからの入力操作がほとんどなくても、機能を効率的に個別的に果たす機械的道具――文字通りの「機械」だった。

サヴォア邸と技術の関係は、より「概念的」である。コルビュジエは住人が「道具」を使うように住宅を「使う」と書いた。「自動車が道具であるように住宅は道具となる」。しかし、サヴォア邸はただ機械のように見えるにすぎない。事実としては、それは、四、五人の召使い――料理人、二人のメイド、運転手と庭師――のいる典型的な郊外の「ブルジョア」の邸宅として機能していた。サヴォア邸ではたっぷりとした車と人の動線のためのスペースが

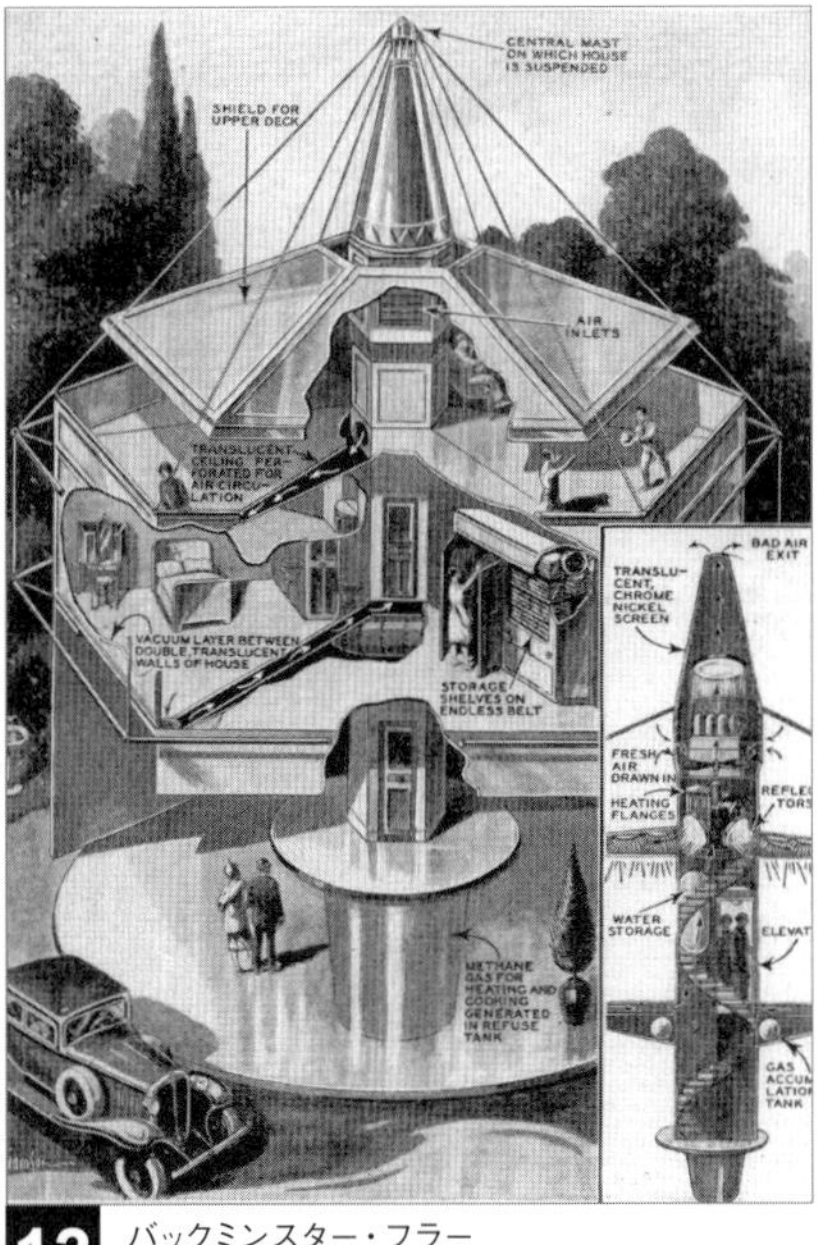

13 バックミンスター・フラー
「ダイマクション・ハウス」1933年

デザインのコンセプトの根幹的な部分だったが、フラーの住宅では平面の効率性を高め、コストを下げるために動線のためのスペースはほとんどない。この住宅はアルミニウムでできており、パーツのすべては厚い六角形のチューブに収められて現場渡しされる。このチューブは、住宅の張力構造の中央のポストになって、エレベータ、エアコン装置、メタンガスの排出装置、水の濾過装置などを収納している。驚くべきことに、ずっと後のリチャード・ロジャースのロイズ・ビル（一九八六年、図14）の洗練を極めたエアコンの方式を見ると、この二つの建物の壁の構造はまったく同じシステム——半透明のガラスの二重壁面の間に空気を通して、内部の諸室を冷気から遮断し、太陽の熱負荷を取り除く——によっているのだ。

14 リチャード・ロジャース「ロイズ・ビル」1986年

Less で More にすること

フラーは、明らかに「時代に先んじて」いた。彼は驚くべきキャラクターのもち主で、常に世界を旅し、政府の政策や学生の教育方法などを変革するべく論陣を張っていた。彼は腕時計を三つはめていた——一つ目は現在時点の、二つ目は昨日いたところの、そして三つ目は明日いるであろうところの時刻をそれぞれ示していた。彼の講義は少なくとも五時間は続くのが普通で、それをノートなしにやった。彼の最も深遠な仕事は、我々の惑星は人類に共通の資源であり、その惑星は――一九六〇年代のその当時ですら――危機にあると説得する闘いだった。この惑星を「宇宙船地球号」だとするコンセプトを発明したのはフラーだ。そして――宇宙船は一つしかないのだから――我々はそれを注意深く扱わなくてはならないと強調したのもフラーだった。彼は皆――とりわけ建築家たち――はlessでmoreにしなくてはならない、そしてその語句を動詞として語らなければならない――たとえば「私は今日ワークショップにいるだろう、lessする(lessing)ことでmoreにしなくてはならない」、と論じた［訳註、less is moreはミース・ファンデル・ローエの有名な警句とされている］。それは当時では容易に理解される考え方だった――運ばなければならない推進燃料の量を減らすには――宇宙船は最も薄く、軽い材料と方式でつくられなければならないのだから。フラーは、こうした効率性を、ロジスティクスの上でも経済上の必要性からいっても必要なものではあるが、同時に倫理的な事柄だと見なしていた。彼がいうには、我々はいつも地球から必要最小限のものだけを受けとるのでなければならない。彼は自分のダイマクション・ハウスの重量二七〇〇キログラムを普通の住宅一軒の重量二七万キログラムと比べた。一〇〇倍違うと。そして彼は同じ倫理を日系のエンジニア、ショウジ・サダオとともに軽量構造物やジオデシック・ドーム――ドームのボリュームが増すほ

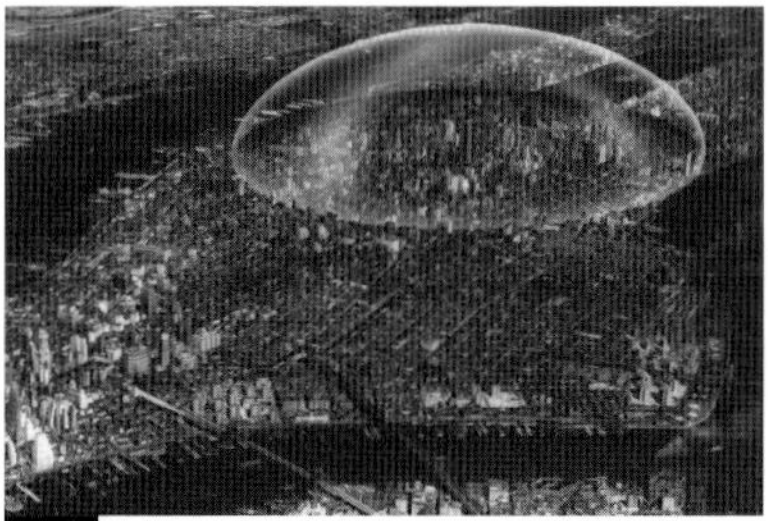

15 バックミンスター・フラー
「マンハッタンを覆うドーム」1960年ころ

どに構造的にも経済的にも効率的となる――に応用した。その結果、フラーは直径三キロメートルのドームでマンハッタンを覆い、汚染を効率的かつ経済的にコントロールし、熱や寒さを和らげることを提案した（図15）。フラーの議論は、とりわけイギリスの建築家たち――アーキグラムやセドリック・プライス、そしてとりわけリチャード・ロジャースやノーマン・フォスター、ニコラス・グリムショーなど「ハイテック」の建築家たちに影響を与えた。彼らの仕事はどれも「lessすることでmoreにする」ことの例だが、それは後の講義で語ることにしよう。

ガラスの家

パリの草深い郊外のポワシーでサヴォア邸が建設されていた同じ一九二九年に、パリの中心部のカルチェ・ラタンとイタリアのヴェローナの周辺にある村でもう二軒の住宅の建設が始められた。ポワシーの家の作者であるル・コルビュジエは、頻繁に「近代の住宅」は「住むための機械」として再認識されるべきであると書いていた。彼は機能性について語っていたのだが、サヴォア邸におけるその提案は比喩に留まっていた。けれども、パリ中心部やヴェローナの住宅は実際「機械」だった。

パリの家――ガラスの家（メゾン・ド・ヴェール、図16、17）――

17 ガラスの家、室内

16 ピエール・シャローとベルナール・ビジョエ「ガラスの家」1932年

は、通りから壁面がセットバックしており、中庭の先は見えない。それはかつては堂々とした四階建てのタウンハウスで、裕福な産婦人科医のダルザス博士が、建物のすべてを壊して新しくクリニックと夫人と自身のための住宅を建てるために購入したものだった。しかし、既存の住宅の最上階に住む高齢の賃借人は、長年その部屋を借りていたことから居住権があり、退去を拒否した。ダルザス博士の選択肢はこの家を売って別の敷地を見つけるか、既存住宅の下三階部分を上階の賃借人を煩わすことなく壊して、そこに彼の新しい建物を挿入するしかなかった。そして彼は後者を選択した。

作業は一八世紀と二〇世紀の技術のコラージュになった。かつてレンガと漆喰の層で覆われていた上階を支える粗くリベットを打った鋳鉄柱はあらわにされ、きれいにされた上でオレンジ色と赤色に塗装されて、部分的にすべすべのスレートの真っ黒な帯で覆われた。建物正面と背後のファサードは、下からピロティや他の構造物で支えられることなしに、ガラスのカーテンのように吊られたスチールフレームのグリッドにはまった透明のガラスブロックの帳壁に置き替えられた。そして、新しい内部空間は半透明や透明ガラス、パンチングメタルの引き戸式や折れ戸式、回転式の可動スクリーンで分割された。天井吊りのトロリーは台所からダイニングルームへ食事を運び、車輪のついた細い鉄骨丸パイプのはしごは六メートルある本棚のどこでも届くようになっている。ダルザス夫人の私的な居間と寝室をつなぐ鉄骨階段は、彼女のプライバシーを守るために格納できるようになっていて、重い換気窓のパネルは大きな滑車輪によって開け閉めできる。施主の忙しい社交活動への対応から、私的な住宅部分への主階段は自由に開けられる——それにより、来訪者が階段をどこまで上がっていいかが示される——スチールメッシュの回転式スクリーンで囲われている。日中、階段は患者から隠されているが、夜になると階段はあらわになるというわけだ。住宅は機械的な創意工夫の称揚である——おそらくヘリット・リートフェルトのシュレーダー邸（一九二四年、図18）の引き戸や折れ戸を参照し、一九二五年のパリの装飾美術展でル・コルビュジェが彼のエスプリ・ヌーヴォー館に展示したフェルナン・レジェのギアや滑車、パイプの絵画に魅了されたのだろう（図19、20）。しかし、ガラスの家全般

19 フェルナン・レジェ
「機械的要素」1924年

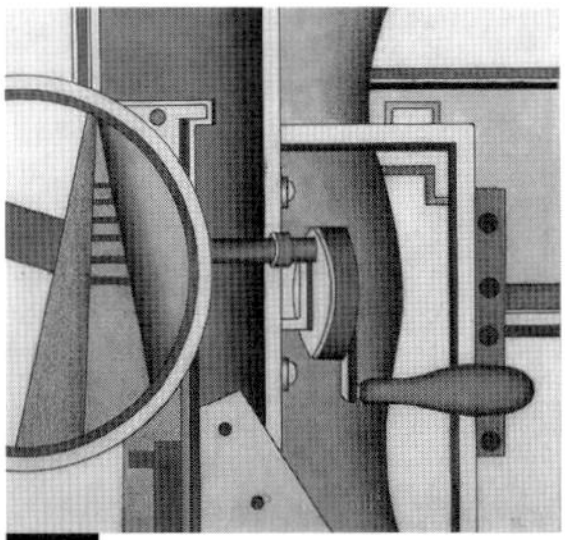

20 レジェ「機械的要素」1926年

18 ヘリット・リートフェルト「シュレーダー邸」1924年

に見られる機械的な性質――灰色の工業的なゴムタイルや工場用の投光照明や換気設備の使用――は、これまで都会のファッショナブルな住宅において前例のないものだった。ル・コルビュジエは一九二三年の彼の著書に工場のサイロの写真を掲載したが、彼の裕福な施主たちが粗野な「工業的空間」に暮らすことは想像だにしなかった。彼がブルジョワ的ライフスタイルへ挑戦したといえるのは、サヴォア邸の上品なエントランスホールに、ありきたりな浴室の洗面器を設置したことくらいである（図21）。後期の作品――たとえばロンシャンの大聖堂（図22）やラトゥーレット修道院――では、ル・コルビュジエはテクスチャーの対比や手作りの照明器具や換気設備機器、家具などを好むようになるが、サヴォア邸の設計を始めた一九二九年ごろは、彼がガラスの家の建設現場で見たであろう粗々しさと洗練の極致の刺激的なミックスより、空間の統一性を追求した（ル・コルビュジエは近くに住まいと仕事場があったので、建設中の四年間によくガラスの家の現

21　ル・コルビュジエ「サヴォア邸」のエントランスにおかれた洗面台

22　ル・コルビュジエ「ロンシャンの大聖堂」1954年

場を訪れていたとされている）。それは、彼のその後の作品の性格が変わった理由のひとつかもしれない。ル・コルビュジエは一九二九年から三三年の間に建てられた救世軍本部（難民院）や、またシャローがガラスの家を竣工させた一九三二年から設計を始めたポルト・モリトーの集合住宅（図23）において、ガラスブロックを主な材料とした。そこでは、シャローのスケールやテクスチャー、形態の対比に影響されてか、壁はざらざらしたブロックとレンガ、そして粗っぽいモルタルでつくられている。「ガラスの家」は三人の互いに補完する知識とスキルをもったデザイナーによって設計された――フランス人の金属職人であるルイ・ダルベ、フランス人の家具デザイナーのピエール・シャロー（彼の折りたたみ式家具をつくるスキルが住宅のデザインを牽引した、図24）、そしてオランダ人建築家のベルナルト・ベイフット。アイルランド人の優れた建築家であるアイリーン・グレイが「あの賢いオランダ人エンジニア」と呼んでいた彼はこの住宅の主たるデザイナーであり、彼の役割は通常考えられているより根本的なものであったようだ。

ひまわりの家

ヴェローナ近郊の住宅も建築家、インテリア・デコレーター、設備設

24 ピエール・シャローの鏡台、1927年

23 ル・コルビュジエ「ポルト・モリトーの集合住宅」1932-34年

計家、何人かの画家たち、そして施主であり、若いときは鉄道技師で後に造船技師になったアンジェロ・インヴェルニッツィなどで構成された友人グループの知見を集めてつくられた（図25）。住宅の設計において、彼は新しい技術を開発し、明確に近代を表現する形態とすることを追求した。彼は「伝統的な技術の重量と歴史の重荷から人間を自由にする」建築をつくりたいといった。たとえば、ヴェローナの家の構造フレームは鉄筋「エラクリット」（ウッドチップが混合された軽量コンクリート）であり、アルミの外壁システムは軽量の構造物や航空機、鉄道、船舶の製造に特化したミラノの会社でつくられた（図26）。インヴェルニッツィと彼の友人たちはこの住宅の建設をもっぱら実験と捉えており、工事は夏の穏やかな気候のときだけ進められた。結果として建設は一九二九年から一九三五年まで六年かかった。

住宅は明確に二つの部分に分けられる——アルミの外皮に覆われたL字型の二階建ての「モダニストな」建物が、ドラムのような形をしている分厚いコンクリートのボリュームの屋根の上の円形の庭に建っている。後者は下方にある谷から家への入り口である。エントランスホールの中心に位置するエレベーターと螺旋階段がメインのリビングルームに上がっていき、屋上に上がってガラスの円柱形の「見晴らし」台——インヴェルニッツィの造船技師としてのこれまでの仕事を振り返り、彼が人生の

26 「ひまわりの家」の構造

25 アンジェロ・インヴェルニッツィ
「ひまわりの家」1930年頃

ほとんどを過ごした街、ジェノヴァの灯台の形態を模している——まで続いていく。

　インヴェルニッツィは彼の家族が歴史的に関係しているこの小さな町、マルセリスの地元の失業率をこの複雑で珍しい住宅によってある程度改善したいという希望を語っており、何とか目立つことを考えた。住宅がこの町に観光を呼び込めると考えたのだ。そして、確かにこれは唯一無二の住宅だ。たった数分の時間をあけて撮られた写真でも、時に敷地にまったく異なる建物が建っているように見える。この状況は、インヴェルニッツィが若いときに鉄道技師の仕事をしていたことで説明ができる。その仕事を通して彼は重い機関車を異なる線路に移動するターンテーブルに精通していたので、彼の家全体は似たような——もともとは二台のディーゼル・モーター動力で今は電動の——回転するターンテーブルの上に建っているのだ。芝とコンクリートの帯でつくられた円形の庭の舗装パターンは装飾ではない（図27）。円形の帯の中には一秒あたり四ミリのスピードでターンテーブルが回る一五の「ボギー」車輪、レールがある（図28）。それにより、建物は螺旋階段とエレベーターが入った円柱を回転軸として九時間二〇分で完全に三六〇度周回する。この機構の目的はインヴェルニッツィが命名した建物の名前が説明する——「イル・ジラソーレ」、ひまわりの家という意味だ。自然のひまわりが常に太陽の動きを追うように、この家も冬には太陽熱を多く取り込むためL字型のボリュームを開き、夏は太陽に背を向けることでこの巨大な家の暖房や冷房費を軽減するのだ。

27　「ひまわりの家」のターンテーブル

28　「ひまわりの家」床下の車輪

第五講

時代精神と技術・2

——NASA　アーキグラム
プライス　ハイテック

5

テクノロジーが答えだ

一九六一年にユーリ・ガガーリンは宇宙に飛び立った最初の人類となった。一九六九年にニール・アームストロングが月面を歩く最初の人類となった。NASAの月着陸船（第一講、図1）は一九六九年に月の表面に二一時間三六分立っていたわけだが、それは家——住むための機械——だった。それには——跛行しながらではあっても——八年しかかかっていない。そしてニューヨークの田舎で行われたウッドストックのフェスティヴァルは、月面着陸のひと月後だった。新時代という感覚——新しい「時代精神」の——は陶酔をもたらすものだった。しかし、さらにまた驚くべきは、一九〇三年にライト兄弟が最初の飛行士となり、——そのまたたった六六年後に——ニール・アームストロングが月面に立つ最初の飛行士となったと考えてみることだ。たったの六六年！　この達成速度は驚くべきものだ！　これに対して、イギリスの建築家セドリック・プライスが最も寸鉄を刺すような問いを提起している。「テクノロジーが答えだ」、彼はこういったのだ、「しかし問いは何なのだ？」と。プライスのいう要点は、人類が一九六一年から六九年という短期間にこれだけのことを成し遂げたのだから、未来において我々が成し遂げ得ることには限界がないかもしれない、ということにある。誰もが、いまや「テクノロジーに支援された生活」を送っている、そして人類の将来は、テクノロジーの発見に対する我々の飽くことなき貪欲さにかかっていることになるだろう、と彼はいう。

1 コンテナ船

一九六〇年代には、新しいテクノロジーが世界の環境に対して及ぼす影響に思いを巡らす人は多くなかった。掘削装置がこの惑星の海洋中で新しい海底油田やガス床を求めて廻った。掘削基地は、標準サイズのコンテナの内部につくられ、病院や映画館やアパートを備えた街のようなものだった。コンテナは今ではどこにでもある、──我々の都市の中心地を通ってトラックに乗せられて運ばれていく光景は毎日目に入る──だから、コンテナが発明されていなかったちょっと前までは、そんなものはなかったとは信じることも難しい（図1）。当時は、カーゴを船に積み込んだり荷降ろししたりするのに一〇日間もかかった。しかし、今では前もって荷を載せたコンテナを同じ船に積み下ろしするのに六時間も要しない。一九六〇年代にはヨーロッパからアメリカまで一トンの荷を運ぶのに四二〇ドルかかった。今では同じボリューム、同じ重さでコストはわずか五〇ドルだ。海洋コンテナは世界を変えたのだ。そして建築家たちは──長年にわたって──それを住居ユニットにできないかと思案していた。日本のメタボリストの作品（図2）や、アーキグラムのドローイング（図4）、モシェ・サフディの一九六七年のモントリオール万博のアビタ（図3）のようなものだ。アビタは三五四個の同じプレファブ化されたコンクリートのユニットを異なった形状で組み上げた一二階建てのアパートだった。

というわけで、一九六一年までには、安価な車や安価なガソリンがあり、最初の人

2　黒川紀章「中銀カプセルタワー」1972年

3　モシェ・サフディ「アビタ」1967年

4 アーキグラム「プラグ・イン・シティ」

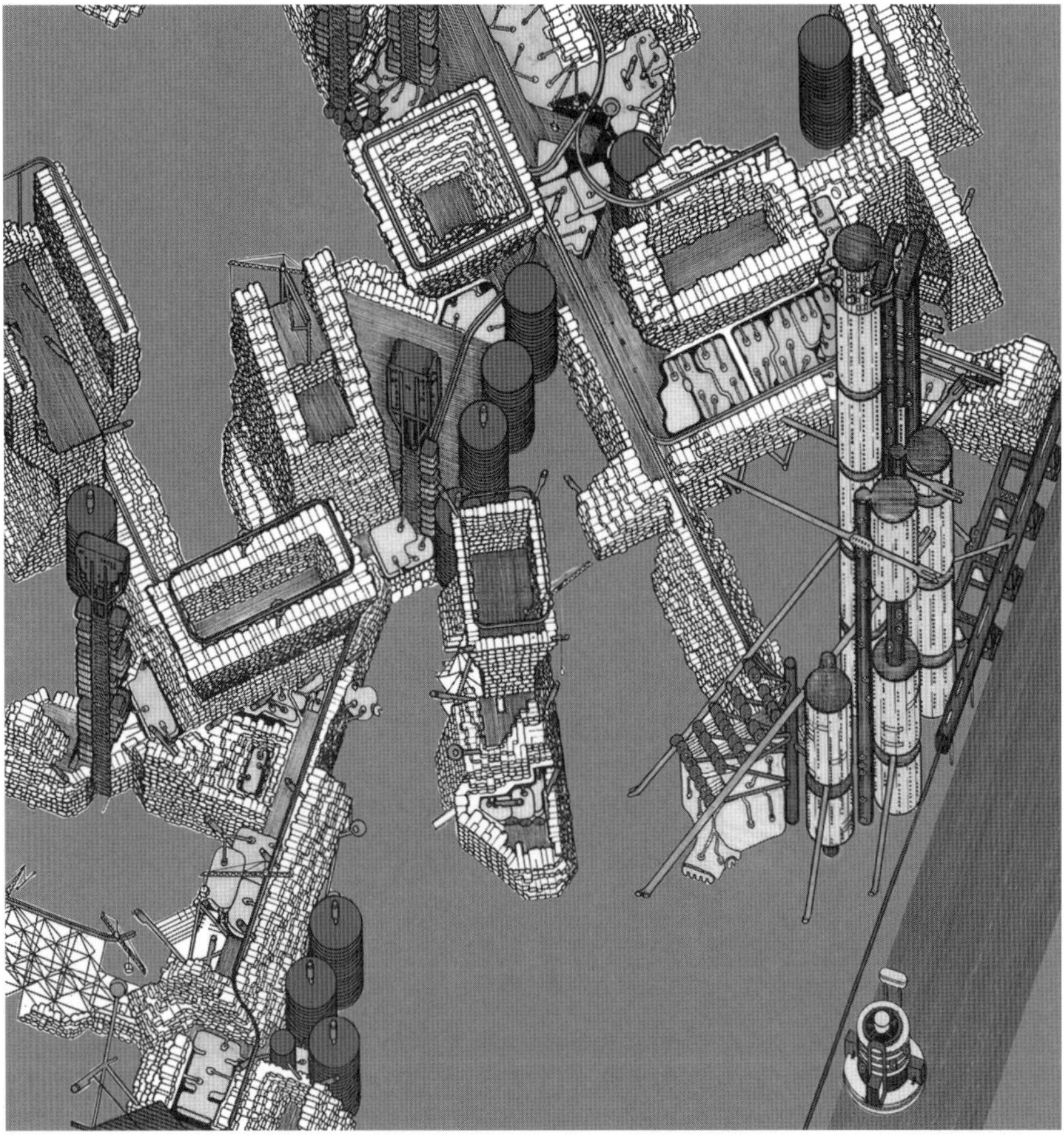

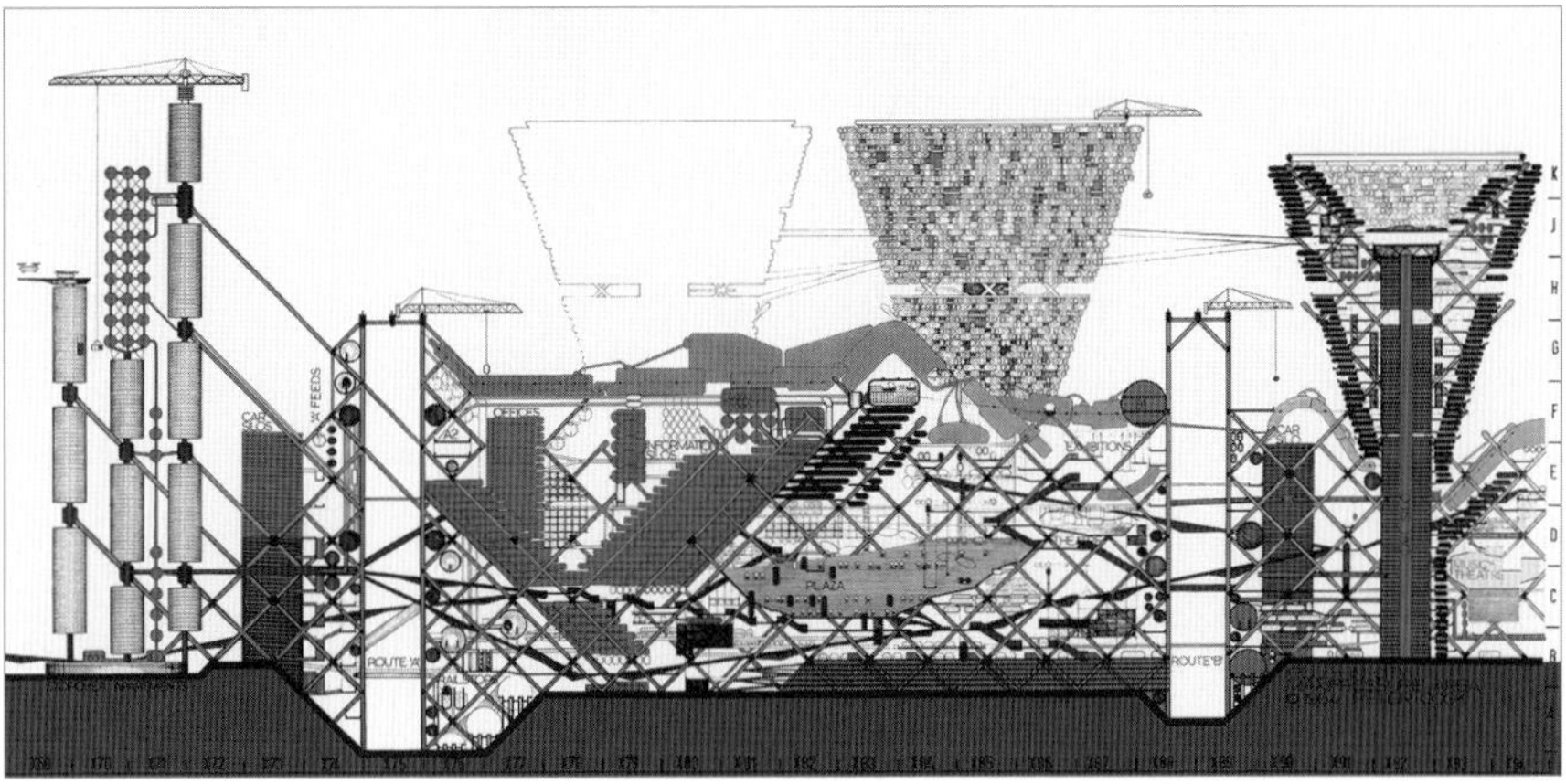

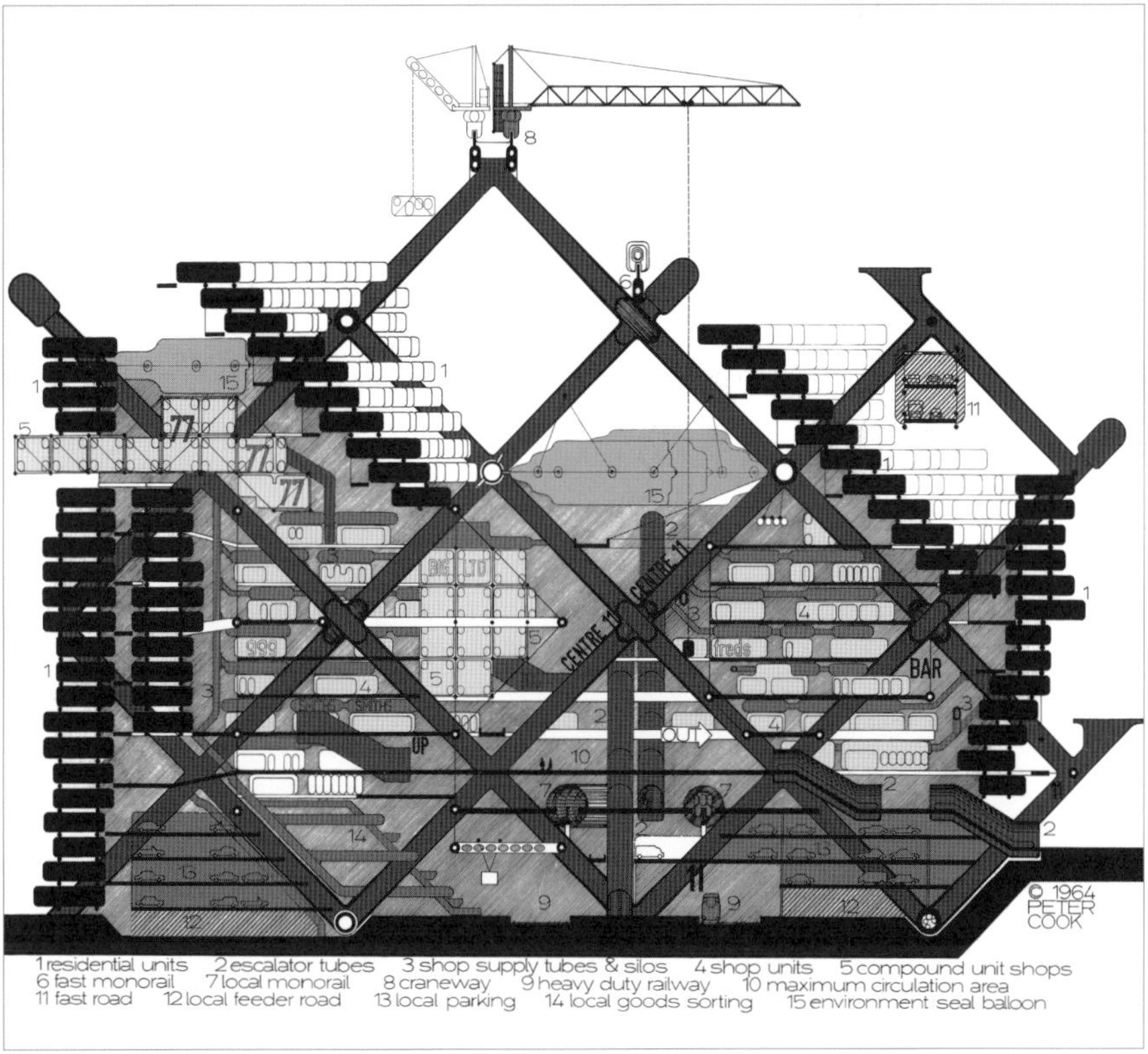
1 residential units　2 escalator tubes　3 shop supply tubes & silos　4 shop units　5 compound unit shops
6 fast monorail　7 local monorail　8 craneway　9 heavy duty railway　10 maximum circulation area
11 fast road　12 local feeder road　13 local parking　14 local goods sorting　15 environment seal balloon
© 1964 PETER COOK

間が宇宙に出て、ケネディ・スペース・センターの39Aの打ち上げ台——そこからすべてのアメリカの宇宙ロケットが打ち上げられる——が祭りの神輿となっていた。ジェームズ・スターリングは彼のレスター大学工学部棟（一九六三年、第二講、図15）の形に対するこの打ち上げ台への影響——あるいはその後でいうと彼のケンブリッジの図書館（一九六八年、第二講、図22）へのジョドレルバンクの電波望遠鏡（**図5**）のそれ——について語っていた。イギリスの「アーキグラム」を名乗る若い建築家たちが論じたように、NASAの研究室は世界の科学研究の頂点として機能していたし、彼らのたゆまざる革新と再革新——あらゆるフィールドにわたる——は世界の発展を告知し導いてきたはずだった。しかし、実際には、彼らの仕事は当時の普通の建築にはなんの影響も及ぼしていない。まもなく人間を月に送り込もうという時期だったというのに、我々は——月の住宅に暖を与えることもできていなかったのだ。アーキグラムにとってこれはビジョンや約束されたもの、そしてモダニズムの可能性への裏切りだった。

アヴァンギャルドの「アーキグラム」グループの若い六人の建築家たちがロンドンの周りを囲む典型的な郊外住宅（**図6**）——歴史的スタイルもどきの——をよく思っていなかったのは当然と思われるかもしれない。しかしアーキグラムが嫌ったのは、これらの住宅のスタイルではない。実際、アーキグラムのロン・ヘロンはまさにこの

5 ジョドレルバンク天文台のマークⅡ電波望遠鏡

ような住宅に住んでいた、しかも幸せに。アーキグラムがこれらの住宅に肘打ちを食らわせたのは、それが古いからでも「もどき」であるからでも、ル・コルビュジエの作品に似ていないからでもなかった。アーキグラムは、NASAの輝かしい精神が人間を月面に送り込み、生存させ、暖気と水と光と空気、食物とトイレとメディアを供給しているというのに（図7）、科学者たちにこれらのことを可能にしたテクノロジーのどれもが、地球という惑星の上の住宅に生かされていないということに憤激したのだ。ロン・ヘロンの「調整された郊外」というプロジェクト（一九六八年）では、古い住宅やその地区の建物――それ自体には何も悪いところはない――を維持しながら、「応答する構造」や新しい方式の冷暖房を既存の慎ましい住宅につけ加え、その性能をアップデートし、それらを首尾よく「住むための機械」へと変えている。

住むための装置

これまで見てきたように、一九六〇年代には多くの重要なテクノロジーおよび社会

6　ロンドンの周りを囲む典型的な郊外住宅

7　アポロ計画による月面活動

的な変化が起こった。それに対してアーキグラムは、彼らの機関誌の第三号（図8）で、建築および都市計画に関する彼らの考えを要約し、そして新しいハイテクノロジーの世界での建築の職能の不適切性を宣言するような声明を、意図的に挑発的なかたちで出した。

（1）アーキグラムはいった。「事前にパッケージ化された冷凍食品はパラディオより重要である」と。

（2）アーキグラムはいった。「建築家は固定的な事物などを生み出すのではなく、住むための装置を提供しなくてはならない」と。

（3）アーキグラムはいった。「都市は固定されたものではない。……都市は生起し得るものだ」と。

いい換えれば、もしモダニストの教義に同意し、建築の根幹的な役割は普通の人々の生活を改善することだとするなら、自分たちのデザインする建築の性能はその外観よりずっと重要だということになる。アーキグラムがいうのは、パラディオのヴィラ・ロトンダは世界で最も美しい建物かもしれないが、それはそこでパーティをする金持ちたちの生活を改善するだけだ、けれども、パッケージ化された冷凍食品（図9）は、買い物に行く時間も料理する時間もない何百万人の人々の生活を改善した、というこ

8 アーキグラム機関誌3号『消耗品、建築の放棄にむけて』1963年

9 1960年代の冷凍食品

となのだ。冷凍食品を入手できるということが、人々に増大する自由を与えた――車がそうしたように。ヴィラ・ロトンダ（第一講、図6）は動かない、その使用者を一つの位置に縛る固定された事物だ。しかし、車は人が行きたいところに連れて行ける。人が必要とするものをもっている――調整可能な座席や照明、暖冷房、そして音楽も。そのコントロールは運転者が楽に利用できるような人体工学的な位置にできている。車の多くの設備は、その所有者の普通の家の中では利用できないものだ。だから、家が必要だということは、あなたの状況を誤って表明しているのだ、とアーキグラムはいう。本当に必要なのは、住むために必要な設備なのだ。もしそのような装置があるなら、あなたはどこにでも住まうことができる。月面着陸船や宇宙服（図10）は「住むための装置」なのだ。空気や水や食料を供給し、正しい体温を保たせ、身体への圧力も適切なレヴェルにする。また身体の排出物を処理しながら、有害な放射能からも保護する。

インスタント・シティ

レイナー・バナムは、一九六五年の「建物の解剖」と題するプロジェクトで、当時の典型的なアメリカの一戸建ての住宅で提供される「住むための装置」の調査を行なった。彼はあらゆるコンセントやダクト、パイプ、換気扇、トイレや厨房の設備、テレビや電話を調べ上げた。そしてこう問

10 宇宙服

いかけた。「あなたの住宅がそんなにも多くの住居なしでも存在できるパイプやマシーンを備えているとしたら、……なぜ住宅なんか要るのだ」？　彼自身の設問に答えて、バナムは「家（home）」と「住宅（house）」をごっちゃにすることは過ちだといった。彼がいうには、家は「住宅である必要はない」し、「普通人々が住宅と思うようなものと似ている必要もない」。そして、彼は——オルタナティブとして——新しいタイプの住居（dwelling）を提案した（図11、12）。膨らませた二重皮膜の泡で、その中にスーツケースの大きさのユニットが、必要最小限だが使用には耐える、「生きるための設備」——照明、テレビ、音楽、エアコン、ソーラーコレクター、冷蔵庫、電子調理器その他——を提供する。いついかなるときでも、居住者はスーツケースを荷造りし、泡の空気を抜き、すべてを別の場所にもっていくことができる。彼らは「インスタント・モビリティ」の自由を保有するだろう——たぶん、ピーター・クックの「インスタント・シティ」（一九六四年、カラー interrude）とかロン・ヘロンの「自由時間のノード」（一九六七

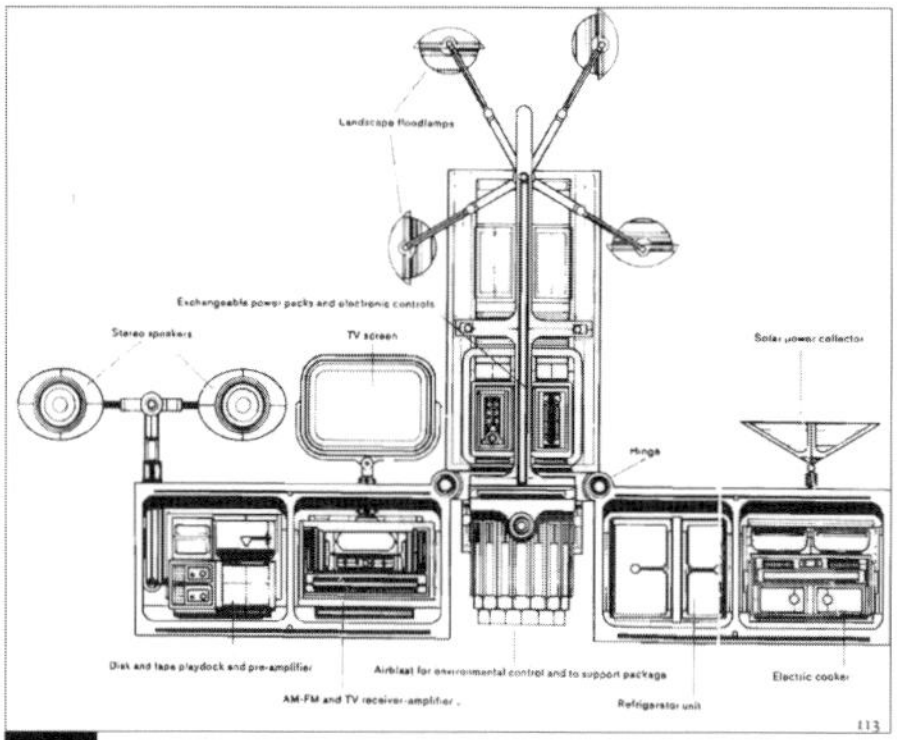

11 レイナー・バナムとフランソワ・ダレグレ
「建物の解剖学」1965年

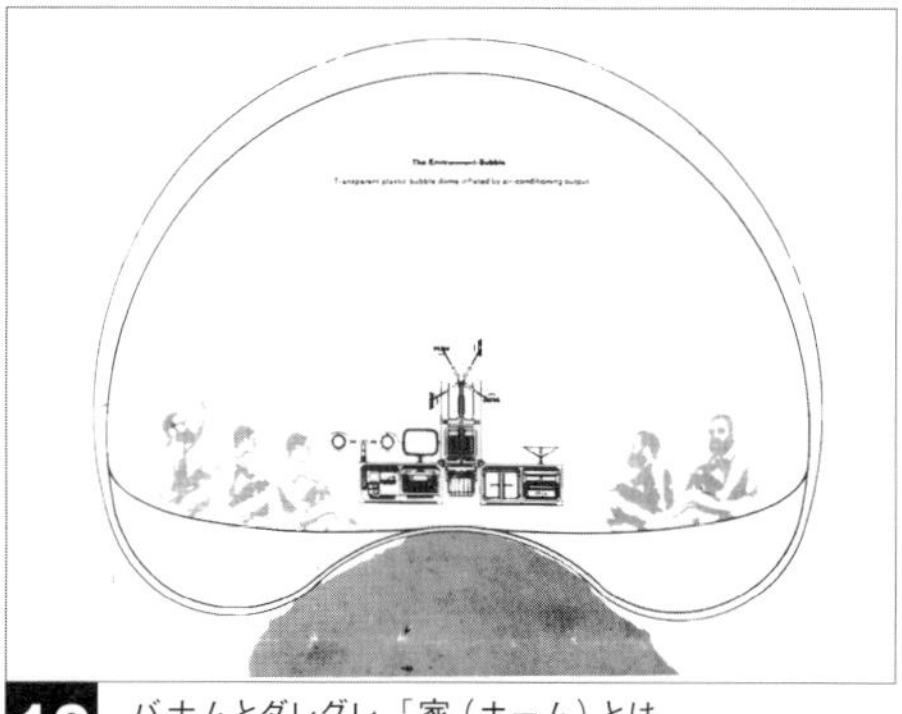

12 バナムとダレグレ「家（ホーム）とは
家屋（ハウス）ではない」1965年

年）のどこかで。

アーキグラムがとりわけ魅せられたのは、ウッドストック・フェスティバル（**図13**）だった。それは都市規模のイベントで、普通の都市が備えているようなインフラストラクチャーをほぼ欠いていたにもかかわらず、完璧に機能したし、また一〇〇〇年も続くどころかたった数日、あるいは数時間だけ存在していたからだ。アーキグラムのインスタント・シティのプロジェクト（一九六八年）は、多くのずっと小さなイベントのネットワークとして構想されている小さな町の集合体で、「必要な設備」が――派手な色の飛行船で――もってこられると仮設の都市に変容する。どの町も情報とコミュニケーション、議論と学習の場になる。小さな町に、大都市なら手に入る可能性や機会から切り離されて住んでいる何百万の人々は、彼らの生活が価値を変えていくことを見出すだろう。アーキグラムのプロジェクトのドローイングでは「インスタント・シティ」の飛行船が小さな町の方に飛んでいく。それを誰かが見つけて「おい、あれを見ろ！」と叫ぶ。飛行船からは係留綱、テント、映画の投影幕、クレーンやロボット、照明や座席のブロックなどが降ろされる。セミナーやレク

13 ウッドストック・フェスティバル

チャー、劇場の公演などが始まる。町は都市になる、一週間だけは。町の人々は集い、語り、彼らのアイデンティティを発見する――次の年には、彼らはイベントの組織をするだろう。一週間が経つ。次の町あるいは村に移動する時だ。飛行船はスクリーンやカーテン、装置を徐々に引き揚げ、ゆっくりと離陸する。

同じようなプログラムは――ずっと大きなスケールでだけれども――磯崎新の一九七〇年の大阪万博のお祭り広場のデザインにも現れた（図14）。一〇八×七五メートルのスパンを基にした巨大なスペースフレームから設備やロボットが吊り下げられたり、持ち上げられたりする。それは遠い未来に大都市での公共空間がなるであろうものの投影だった。実際、七〇年の大阪万博で無意味なイメージの大混乱が起きた後に、磯崎はこのようなイデオロギーのない文脈において、技術の論理や目的は「建築家がよりどころにできる唯一のものだ」といった。NASAの「月着陸船」の設計の知性や誠実さと比較すると、万博パビリオンの甘ったるい形態は建築技術の発展において何歩も後退している。

セドリック・プライス

磯崎の大阪万博のお祭り広場の仕事が、アーキグラムの「インスタント・シティ」と、――より直接的には――セドリック・プライスの「ファン・パレス」（一九六四年、図15）に影響されたことは明白である。後者は、これも巨大な鉄のフレームとしてデザインされているが、やはり特定のプログラムをもたない。屋根はキャンバスでできており、移動するエレベーターやガントリークレーン（可動大型クレーン）、可動椅子と膨張させることができる可動壁を備えたこの装置は、どんな形にもどんな用途のためにも変えられる。プライスの説明では、ユーザーは、彼らがしたいものを選ぶことができる。「道具や塗料、赤ん坊、機械をどう扱うかを学ぼう、ただ好きな曲を聴くだけでもいい。ダンスしたり、おしゃべりしたり、物議を醸し出そうとしたり、絵を描き始めたり、あるいはひっくり返って空を見つめるだけとか」。それは、プライスがいうには、「楽しみ（ファン）の実験室」だ。この「街頭の大学」で人々は実際的なことを学び、彼らの熱狂に油をそそぐ。プライスは彼の「ファン・パレス」を、ユーザーが作り上げるプログ

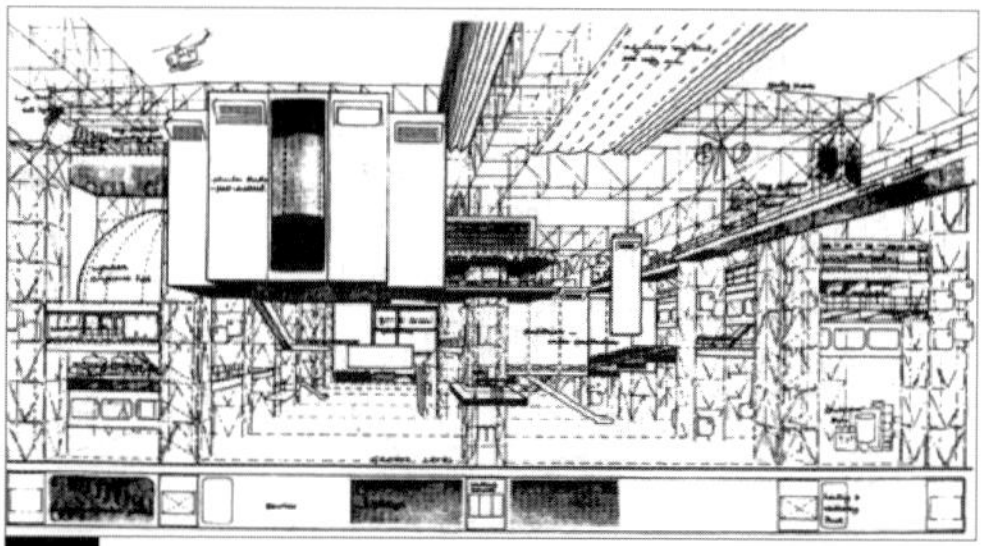

15　セドリック・プライス「ファン・パレス」1964年

14　大阪万博の「お祭り広場」1970年

ラムに何であれ対応して、頭上のガントリークレーンがエスカレーターや橋、部屋をもち上げ、それらを室内で移動させる「道具」だと考えた。それはプライスが「唯一の定数は「変化」だ」といったような「民主的」な建築となるはずだった。NASAの一九六九年の「月着陸船」は(コルビュジエの愛車)一九二九年の「ヴォアザンC7型」(第四講、図3)と同じように「道具」であり、その目覚ましい進歩は最終的にほとんど何事も可能になるのではないかと思わせた。――「ファン・パレス」のプロジェクトは建てられることはなかった――しかし、ずっと小さく、よりベーシックなバージョン――「インターアクション・センター」(図16)――が一九七一年に北ロンドンに建てられ、二五年以上にわたって地域コミュニティの活力源として機能した。それは恒常的に変化する建築だった。全体的に鋼構造のフレームがあって、それが壁、天井、床などの再配置を容易にしていた。鉄のフレームの中央部分だけが充填されており、他の空いているスペースを、テントとか庭園の小屋とか船用コンテナとか仮設のスタンドとかを設けて、どのようにでも利用し得るようにできる。「ファン・パレス」と「インターアクション・センター」は時代精神――選択の自由と機会への願望――を特徴づけている。そしてこの時代の最も特徴的な建物――リチャード・ロジャースとレンゾ・ピアノが設計したパリのポンピドゥー・センター

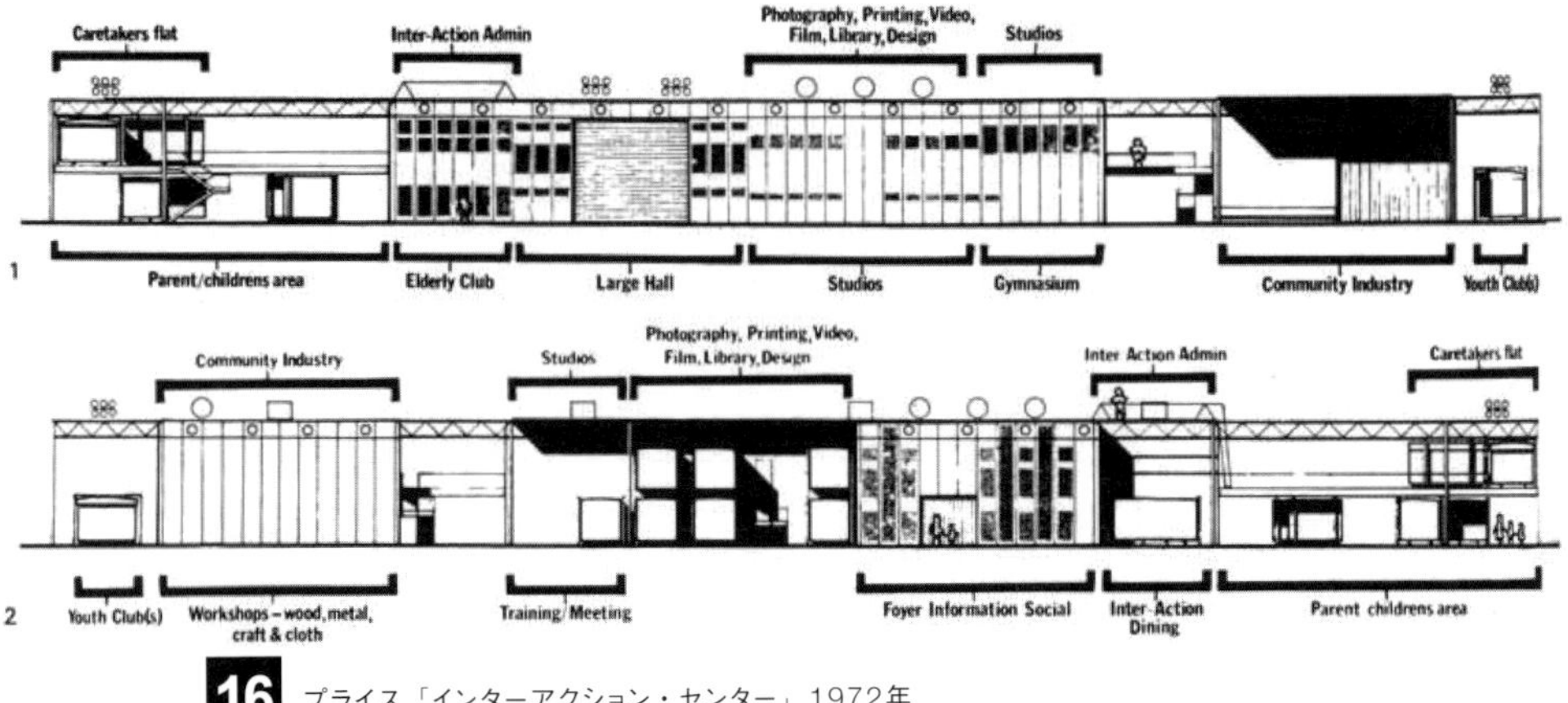

16 プライス「インターアクション・センター」1972年

（図17）——に影響したことは明らかだ。プライスの一九六三年の「ファン・パレス」のスペースフレームのドローイングは、アーキグラムの一九六八年の「オアシス」・プロジェクトに再解釈されているが、それがまたロジャースによって一九七〇年にポンピドゥー・センターのコンペのドローイングに再解釈されたのだ。

この三つのプロジェクトの主要な特徴は不確定性である。プライスのポッタリーズ・シンクベルトのプロジェクトでは、ほとんどのすべてのパーツが可動である。プライスは中部イングランドの「ポッタリーズ」と呼ばれる陶土で作られるセラミックのポットや皿、ボウルやタイルの質のゆえに国際的に知られているこの地域の出身だった。巨大な産業で、膨大な公共投資によるインフラストラクチャー——新しい道路、新しい鉄道、新しい設備、新しい集合住宅その他——によって支えられていた。日本と韓国が競合製品を生み出しはじめると、イギリスのセラミック産業は操業中止に追い込まれた。けれども、新しいインフラストラクチャーは残された——道路や鉄道網、そして特殊機械や貴重な設備を実装した工場など。プライスは、これに対応して「シンクベルト」プロジェクト——イギリス中央部の全体に拡がる新しいタイプの大学の創造——を打ち出した。科学と工学を学ぶ二万人の学生を想定しているが、中心的なキャンパスというものはない。学生たちは、異なった時間に、異なった工場で、異なったタイプの機械で作業し、大学が操業する鉄路で行き来する。既成の鉄道車両がクラスルームやスタジオ、実験室として使われる。三、四台の車両が連結されて大きな講堂

17 リチャード・ロジャースとレンゾ・ピアノ
「ジョルジュ・ポンピドゥー・センター」1977年

になったりするが、それは毎日違う場所に置かれる。一人の学生は、まずストーク・シティの機械で一日の最初の作業をし、キール市でのセミナーに、そしてバースレムのイヴニング・レクチャーに出席したりするのだ。

ウォーキング・シティ

プライスの「シンクベルト」プロジェクトは、イギリスの大きな地域のための戦略的提案で、普通我々が建築と考えるような規模をはるかに超えている。アーキグラムの「プラグ・イン・シティ」や「ウォーキング・シティ」も同様である。それらは、――ヴィヴィッドなポップアート風のグラフィックにもかかわらず――夢物語ではない。極端ではあるにせよ合理的な提案であり、「新世界」の既存のテクノロジー――しばしば超大型のサイズだが――に基づいたものだ。大型の客船とか航空母艦だと八〇〇〇人もの乗客を乗せられるし、映画館とか、劇場とか、ジム、ナイトクラブ、プール、ショップ、病院や教会まであったりする。ケープカナヴェラルのNASAの組み立て工場の中には、一一〇メートルの高さのサターン5のロケットが組み立てられる世界で一番大きな部屋がある。あまりに大きいので、それ自体の気象を持っていたりする。つまり、フロリダの蒸し暑い日にはエアコンの効いたこの部屋の中では雲が発生し、雨も降るのだ。そして完成したロケットを組み立て工場から打ち上げ台までの六キロメートルを運ぶためにNASAは「芋虫」と呼ばれる世界で最も強力なモーターを備えた移動装置を作った(図18)。揺れたりするとロケットのスイッチが入る恐れがあるので、時速一キロ以下でノロノロと動くのだ。

状況をその論理的な結論まで――いかにそれが過激であろうとも――もっていき、「もし……なら」と想像してみるのがアーキグラムの常套手段である。たとえば、「芋虫」の獣めいた力と嫌になるほどの鈍足を組み立て工場の巨大なスペースと結びつけ、そこに海底油田の鉱脈を探して動き回る掘削装置、そして六〇〇〇から九〇〇〇人の乗客と乗組員を乗せ、最大の客船の設備を搭載したら？　ロン・ヘロンの「ウォーキング・シティ」のプロジェクトでは、彼はそういう類の建物が群れをなして世界中をゆっくりと這い回っている情景を想像している――海の上を、砂漠の上を、そしてニューヨークに到着する。「徘徊するメトロポリス」だ。

唯一の定数は変化だ

第一講で、これまで四〇〇〇年の建築は、この新しい時代には建築とは何かについての概念が変わってしまったがゆえに、もはや不適切だとするル・コルビュジエのコメントを引用した。この「新しい概念」とは何かを知るには、近代建築の歴史の中の二つのキーとしての参照点であるサヴォア邸とポンピドゥー・センター(一九七七年)を比べてみてもいい。サヴォア邸は美しく、また「完全」なものたるべくデザインされた――そこにはユーザーがニーズや条件を変えたりするだろうという意図はない。

18　打ち上げ台まで移動中のアポロ10号
1969年

しかし、ポンピドゥー・センターの最初期の版は、全建物が恒常的な調整を前提とするようなものだった――壁も窓も床レベルも常に変えられる。ただこうした建物を建てるとなると、これだけのフレクシビリティはコストに釣り合わないことがわかったわけだが。サヴォア邸では、何も変わらない――ユーザーは建物に合わせてどう使うかを学ばなければならない。しかしポンピドゥー・センターの建物の方がユーザーに合わせて彼らの願望を待ち受ける。それこそが近代の生活なのだ――自由と選択が「時代精神」の核心にある。セドリック・プライスが書いたように、「唯一の定数は変化だ」。

ポンピドゥー・センター

前の世代では、普通、建物のプログラムは特定化されており恒久的だった。しかし、大阪万博のお祭り広場、ファン・パレス、インターアクション・センターはどれも機能的に特定化されていない。何でも起こり得る。レンゾ・ピアノとリチャード・ロジャースのポンピドゥー・センターは建設されなかった「ファン・パレス」のアイデアや、アーキグラムの「建築家は固定された物体を作ってはならない」から代わりに絶え間のない変化を予知し、許容し――そしておそらく促進する――建築を作るべきだというアイデアの延長線上にあった。

19 ポンピドゥー・センターと広場

よく知られているように、この建物には二つの顔がある。主要なファサードはパリのひどく高密度な地域において重要な要素である広い公共広場に面しており（図19）、背面は色とりどりのパイプやダクトのスクリーンの背後に建物のすべての機械設備が集められた「機械の壁」（図20）である。この建物は通常の意味で「デザイン」されていない。この「機械ビル」の肝は、これが通常の意味で「デザイン」されたのではなく、組み立てられたということだった。背面のファサードの色彩でさえ、美的な観点からの選択ではない。これらは、青に塗られた「二本の」空調配管が最も明らかであるが、緑が給水、黄色が電気、赤が消火関連というように、それぞれの要素の機能的な用途を示す国際的なカラーコードなのである。この色分けは実用的な目的も果たしつつ、ポンピドゥー・センターが、その街や人々の「平凡さ」と比較して展示品が「貴重」であることを壮大なペディメントや列柱によって表現しているルーブル美術館や大英博物館のような「偉大な」ギャラリーとは全く正反対であることを明らかにもしている。ポンピドゥー・センターには威圧的なエントランスに導く人を委縮させる大階段はなく、ペディメントも、開口部のない排他的な壁も、列柱もない。けれども、建築史家のチャールズ・ジェンクスは建築家たちをおもしろがらせるために、ポンピドゥー・センターの背面

20　ポンピドゥー・センターの「機械の壁」

にある青い二本の空調配管は、ルーブル美術館（一六七〇年）の東側立面にある「コリント式のダブル・コラム」からアイデアを得たのではないかといったりした。

この建物の設計における重要な点は、ひねくれたいい方をすると、わざと入り口を見つけにくくしていることに表れているように、そのとても強い社会的なビジョンだ。内部の床は広場と同一面にあり、その間にあるガラス壁の隔壁はできるかぎり目立たないように作られているので、広場は美術館の一部にも見え、美術館は広場の一部にも見える。実際に、設計の最も初期段階のドローイングには、広場とロビーの内部が両方とも膨張式の仮設展示小屋やテント、サーカスで埋め尽くされ、外壁に吊るされた電子スクリーンに映画やイベント情報が映されている様子が描かれていた。しかし、政府がまだ忘れられないでいる三年前にパリで起きた一九六八年の五月革命の記憶のために、無政府主義者による悪用の恐れから情報発信パネルは中止され、建設費や開口部を耐火化する難しさから、もともとのプロジェクトで計画されていた可動の床や壁の自由度のほとんどが実際建設された建物からは削除されてしまった。

建物は各フロアが高さ七メートル、長さ一六六メートルで、柱芯から巾五二メートルのスパンの六階建てである。各階のキュレーターがどんな展示やイベントを企画するのにも十分な無柱空間が設計されている。ドイツで製作された

21 ジョン・ファウラーとベンジャミン・ベイカー
「フォース・ブリッジ」1889年

長さ五二メートルの梁を、パリの周辺まで電車で運びこみ、ほとんど交通量のない真夜中にトラックで敷地まで運搬する戦略だった。しかし、最も運転のうまいドライバーをもってしても、パリの中世のままの幅の狭い道路網の角をその長さの梁を積んだトラックが曲がるのは不可能であることがすぐに明らかになった。ドライバーが何とか敷地まで運べる最長の長さは四八メートルだった。この非常に先進的な技術を駆使した建物の部材搬入のジレンマは、一九世紀にドイツの構造家、ハインリッヒ・ゲルバーが発明した主に架橋建設で使われる方法によって解決された(図21)。この修正案では、柱間の距離は五二メートルのままで、四八メートルの梁の両端を、柱の上に設置された長さ八メートルの「ゲルバレット」が支えている(図22、23)。ゲルバレットの柱の内側に二メートル跳ねだしている部分が梁と接続し、六メートル外側に跳ねだしている方の先端は無垢の鉄筋が下方へ引っ張って、梁の重さとの均衡をとっている。ゲルバレットと柱はピンで接合されており、柱に曲げモーメントを生じていないため、柱は驚くほど細い。柱の外側にゲルバレットによって規定された六メートル幅の「ゾーン」はエスカレーター、エレベーターやバルコニー、階段、機械設備のための「建築的空間」に指定され、展示のための中央の無柱空間には何もない。歴史あるゲルバーの「片持ち梁橋」のシステムは、ノーマン・フォスターが設計したルノー社部品配送センター(一九八二年、図24)や香港上海銀行・香港本社ビル(一九八六年、図25)を含む他の重要な「最先端の」現代建築の建設を可能にした。

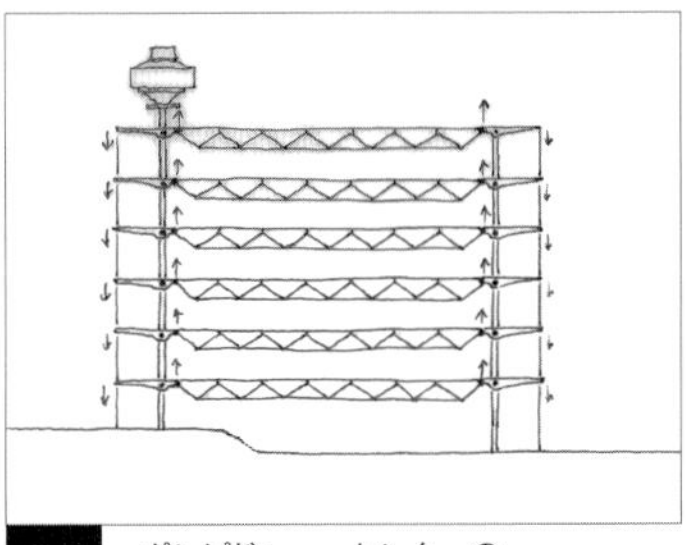

23 ポンピドゥー・センターの「ゲルバレット」システム

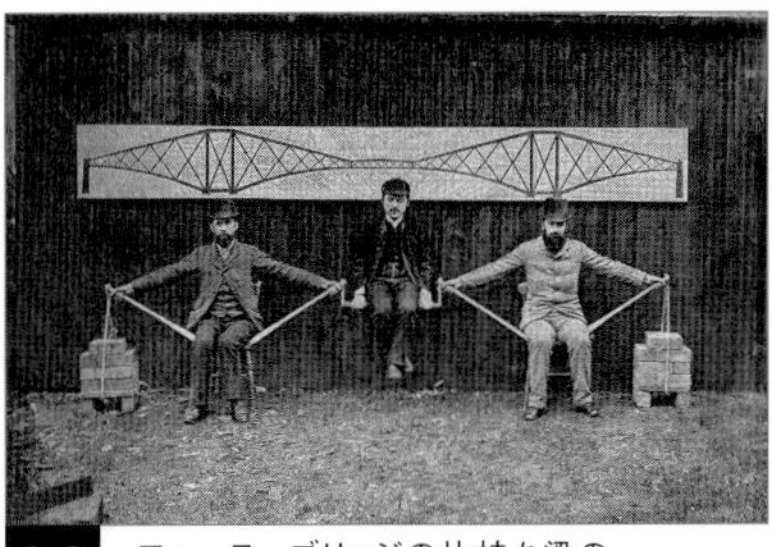

22 フォース・ブリッジの片持ち梁の考え方の実演

香港上海銀行

香港上海銀行からフォスターへの指示は簡潔だった――世界で最も優れた銀行のビルを設計してほしい――予算は度外視で。そして、竣工当時それはこれまで建てられた中で最も建設費の高い建物となった。ポンピドゥー・センターと同様に、建築家は「構成」より「組み立て」の美を好み、その外観は建物の形態が任意の（または「芸術的な」）デザインの好みからくるものではなく、論理的で必然的であることを示唆した。これはモダニストの「形態は機能に従う」の産物であり、おそらくより正確には「形態は建設に従う」の産物だ――竣工した建物からは多くの製作上の難しさを読み取ることができる。香港にある最大級の銀行ビルのいくつかに囲まれた敷地の狭さと業務の中断をできるだけ短くするために短期間の施工が必要とされたことから、重要な要素は敷地外――その多くは地球の反対側――でプレファブされ、敷地へ運搬されることを余儀なくされた。構造用鉄骨は英国から、ガラス、アルミの外装材と床材は米国、設備モデュールは日本、そしてオランダ、ドイツ、イタリアから運ばれた部材もあった。建物は「組み立てキット」だった――セドリック・プライスやアーキグラムのような建築家に好まれた一九六〇年代のコンセプトで、建物の要素はすべて個別に設計され、それぞれの独立性と、または最終的に一緒に組み

24 ノーマン・フォスター「ルノー部品配送センター」1982年

25 フォスター「香港上海銀行」のスカイライン

合わされた時の相互依存の関係を明確に表現した。確かに、フォスターはアーキグラムやプライスの作品の複雑性や未完のイメージから影響を受けている。香港上海銀行ビルの近隣の高層ビル——中国銀行、オク・ジフ・マネージメント、スタンダード・チャータード銀行——はすべて簡単な幾何学的形態に基づいており、それぞれ上から下までおおむね同じ立面で、てっぺんはすべて「箱のように」平らになっている（図26）。反対にフォスターのタワーは、構造的に独立しているが隣り合わせに建っている三本の細い塔で構成されている（前掲図25）。銀行建設当時の行政の日影規制に従って、三本のタワーの高さはそれぞれ二九階、三六階、四四階と異なっており、それは銀行が過剰に開発する必要がないほど経済的に盤石であるように見せ、建物のデザインが将来の追加スペースの必要性への対応を見越していることを示唆している。その上、ガラスの外皮の箱にすべてが内包されている周辺の建物と異なり、香港上海銀行ビルの詳細な構造はすべて外に見えるようになっている——たとえば、南北両面のファサードに見られる背の高い鉄骨の帆柱は、五段のゲルバータイプのトラス構造——それぞれの間のスペースには銀行の五つの異なる部署のために二層吹き抜けの空中ロビーがある——をカスケード状に吊っている。空中ロビーは自然光を建物の奥まで導き、銀行の南面にある長い鏡状の「サンスクープ」（日光すくい、

26 香港上海銀行ビルと周辺の高層ビル

図27）は一日中太陽の動きに合わせて回転して、日光を建物内のアトリウム上部にある曲面鏡の斜面に反射させ、銀行の「ショーウィンドー」である建物下部の水平ガラス「カーテン」を通してその下の広場へと落とす（図28）。ポンピドゥー・センターでのリチャード・ロジャースのように、ノーマン・フォスターは香港上海銀行ビルに対して、強い社会的なビジョンをもっている。それは、五つの空中ロビーが五つの「社会的な村」の中心であるという、建物のオープンな平面や上下の階層がない事務所空間、そして「控えめな」ドラマ性、エントランスの入りやすさ——互いに不規則な角度で配置されている二本の自立した長いエスカレーターが訪問客や顧客を吊り下がったガラスの「カーテン」を通って公共の銀行である一〇層吹き抜けのアトリウム空間へ導く——にも表れている。

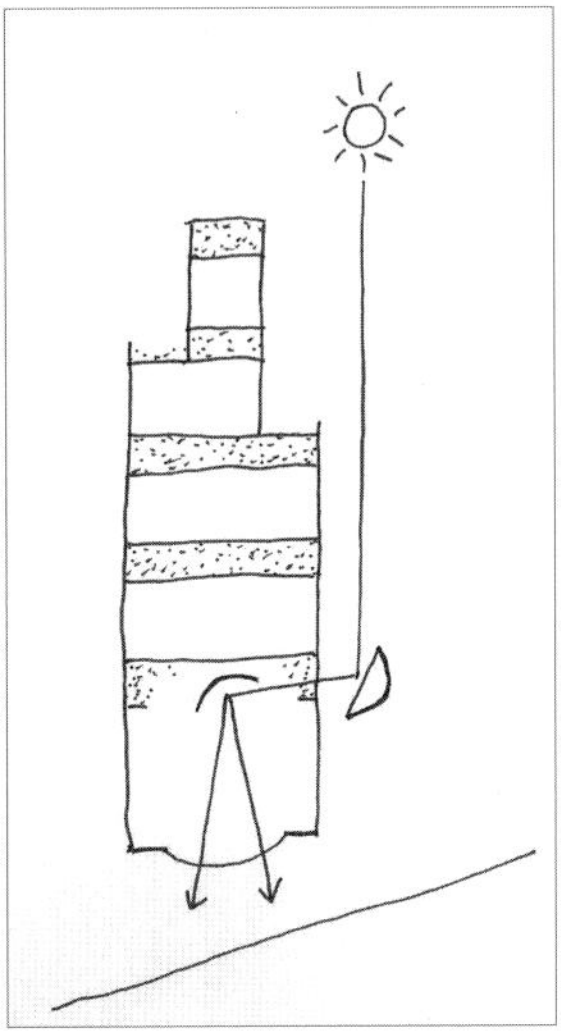

27 香港上海銀行のサンスクープとその概念図。
鏡で日光を屋内に反射する。

28 香港上海銀行のアトリウム

第六講

テクトニクス
——ズントー　ゼンパー　ミース　レヴェレンツ

6

今回の講義の焦点は「建築のテクトニクス」になる。定義の難しいテーマだが、それは、広義には、ものの接合のされ方によって意味が示唆され、そして異なった素材を結合することが互いの質を強調するということ、と理解していい。たとえば、ピーター・ズントーの「ヴァルスの温泉施設」（図1）では、重くて粗々しい大地に根ざしたような石を貼ることで、水のもつ微妙な霊妙さや滑らかな反射が強調され、結果として建物のテクトニックな豊かさ——光と影とか、滑らかさと粗々しさ、薄さと厚さ、湿り気と乾燥感——がもたらされ、そうでなかったら極めて単純な立方体でしかない建物の形態に、詩的な複雑さを与えている。

ズントーのアルマナユヴァ錫鉱山博物館（二〇一六年、図2）のディテールは、さらに一層粗々しく、より表現的である。それは鉱山とそこで地道な仕事に従事している坑

2 ズントー「アルマナユヴァ錫鉱山博物館」2016年

1 ピーター・ズントー「ヴァルスの温泉施設」1996年

夫たちの生活の歴史を記念する小さな博物館で、ズントーはこの建物を、彼の多くの他の作品のように小綺麗でエレガントなディテールにすることもできただろうが、それでは表現として似つかわしくないものになっただろう。ジョイントの「普通さ」は雄弁である——木の柱が石の崖面に無造作に鉄のプレートを介して留められているが、梁と柱は一本のボルトで接合されている（図3、4）。この粗雑なまでの実直な構法が坑夫の体験の生々しさと身体性を表現しているのだ。

ゴットフリート・ゼンパーと建築表現におけるジョイント

「建築のテクトニクス」という概念をアカデミックな研究の主題として最初に論じたのは、ドイツの建築家ゴットフリート・ゼンパーである。ゼンパーは一八五〇年代の初期にロンドンで、わずか九ヶ月間で建設されたジョゼフ・パクストンがデザインした巨大な展示ホール、クリスタル・パレスの中での、文化と産業の展覧会のカナダ、デンマーク、スウェーデン、そしてトルコのパビリオンの設計に当たっていた。ロンドンの都心部にそれらを収めるために特別につくられた展示会場は、五六〇メートルの長さと一三〇メートルの幅をもち、用途を問わず、当時イギリスで建てられた最大の建物だった。それを創ったパクストンは建築家でも技術者でもなく、温室の設計家だったが、彼の起用は、建築家や技術者たちの羨望や怒りを買った。

3　「アルマナユヴァ錫鉱山博物館」柱と石崖のジョイント

4　同博物館、梁と柱のジョイント

多くの人は展示品の選択にも疑問を呈した。古代のギリシャ・ローマの巨匠たち以来、世代を超えて伝えられてきた西欧の文化には比肩するものがないと信じるよう教育されてきたために、英国人たちは、他の文化から由来したものなど期待するに足らないと思い込んでいたのである。しかし、海外から展示物が到着すると、彼らは西欧の文化が唯一のものではなく、世界には他にも文化と呼ぶに足るものがあることを認めざるを得なかった。海外の展示物には、カナダのカヌーや毛皮、インドの象の剥製や象牙を彫琢した王冠、アメリカ合衆国からの入れ歯や義足、鉄砲、多くの国々からの印刷物や織機、農具など、途方もない芸術性を備えた展示物が多かった。ゼンパーは、数多くの参加国のパビリオンの中の少なくともいくつかには、建築の概念を共有する証があるのではないかと思い始めた。第一講でも触れたロージェとアイゼンの一七五三年の「原初の小屋」(第一講、図14)の図版は、「最初の人間」によってつくられた最初の小屋を表している。しかし、この図版が指しているのは西欧建築の源流のみだ。ゼンパーは、——あらゆる国の人々によって——建築の基本的な概念を表す、本当の根幹的な空間の囲い方と理解されるようなものがあるに違いないと感じた。そしてカリブの展示(図5)に彼は小さな建物を見つけた。それはとても単純でわずか四つの要素——使用者を雨や雪から逃れさせるために持ち上げられた硬い土間と、調理をする炉、雨風を凌ぐための草を編

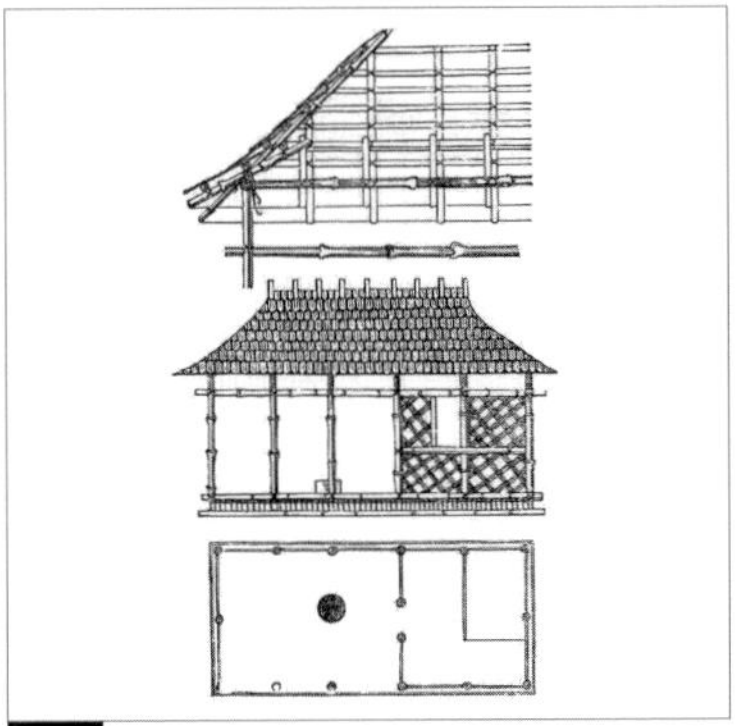

5 ゴットフリート・ゼンパーによる1851年万国博覧会のカリブ展示のドローイング

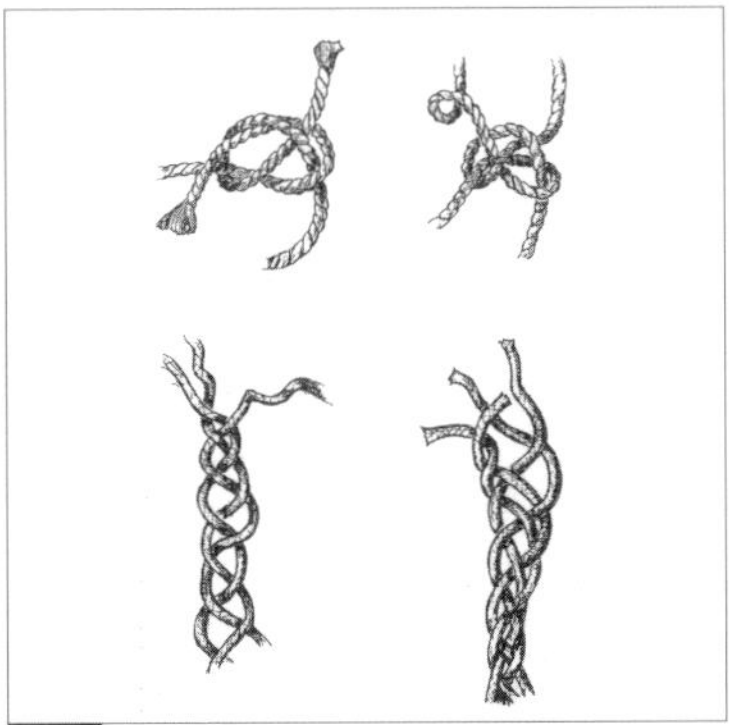

6 ゼンパー『建築の四要素』における結び目のドローイング

んだマットと、それを結ぶための木の枠――しかなかった。これらは縄で結びつけられるが、ゼンパーは、美しいパターンをしたその結び目は（図6）――彼はそのドローイングを製作している――機能的であると同時に装飾的でもある、ということに気づき、ジョイントを建築的表現の核心と見なすようになった――ズントーの錫鉱山博物館にも見られるように。我々はまた、建築家によるものと、アーティストによるものとでは、ジョイントの扱いが違うのが通例であることにも気づく。アレクサンダー・カルダーのスチールのロッドが機能的であることは滅多にない。ただ部材が互いに結合されているというだけが問題なのだ。しかし、カルロ・スカルパのカステル・ヴェッキオ（ヴェローナ、イタリア、一九七五年）では、部材のつなぎ方はデザインの核心となっている。スカルパの錆びた鉄の階段の「リボン」状の段板（図7）は、色といいテクチャーといい、古代室のレンガと関連づけられているが、階段は断固として壁の一部ではない。スカルパはスチールの段板をレンガの層の中に埋め込むこと――それで二つの素材を結びつけること――もできただろうが、そうではなく、段板の端部をレンガ面から離したかたちで曲げ、小さなピンで、受ける

7　カルロ・スカルパ「カステル・ヴェッキオ」の階段、1975年

かたちで壁に留めている――壁と階段は多大の独立性を保っている――展示室間の戸口の壁と床のスカルパの取り扱い方も同じで、床は古い壁の面と離したかたちで持ち上げられ、「新しいもの」と「古いもの」の非連続性を保証しているのだ。

同じように、――前のほうの講義で述べたように、――ジェームズ・スターリングはシュトゥットガルトの州立美術館のエントランス・ドアにかかるキャノピーで、構成要素をくっきりと描き分けている（第二講、図35）。斜めにかけられた長いスチールの青い梁がガラスの屋根を支えており、それ自体が、端部に赤く塗られた長いスチールのトラスによって、また別の端部ではパッチワークのような赤いスチールのブラケットによって、吊られている。スターリングは、梁を壁の中に埋め込むこともできたはずだが――構造的には何も問題はない――、要素を分けて、集合させることで単純な構造の論理を視覚化することを選んだ。吊りの構造もまた、スターリングが生涯魅せられていたリヴァプールのドックの建物や装置――三角形の吊のトラスは、リヴァプールのドックのクレーンの形の反映であり、スチールのパッチワーク風ブラケットは、リヴァプールの倉庫の壁にクレーンを固定するときの定番のディテールである。

デ・スティルとミース・ファン・デル・ローエ

一九二〇年代に主にオランダで仕事をしていたアーティストおよび建築家からなるデ・スティル・グループは――スカルパやスターリングのように――建築の諸要素を

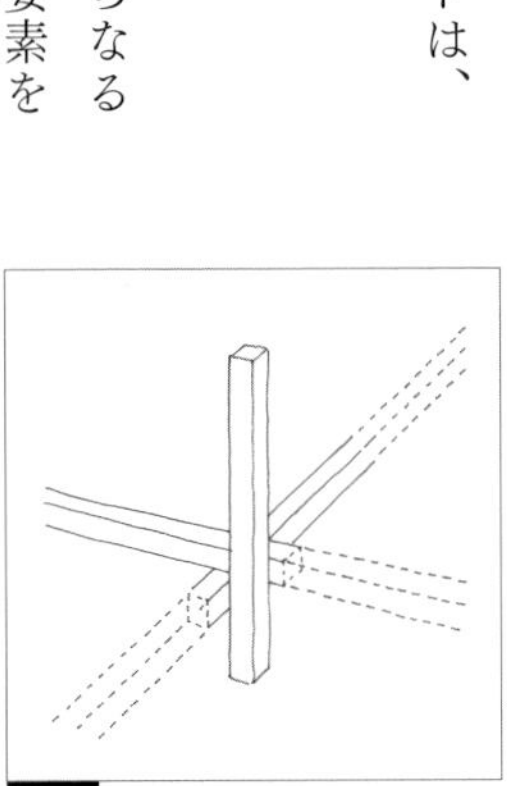

8 ヘリット・リートフェルト「シュレーダー邸」1924年のディテール

独立させる必要を感じていた。それは単に美学の問題ではなかった。第一次世界大戦の恐怖とカオスへの彼らなりの応答だったのである。彼らは社会やアート、音楽そして建築における「新しい秩序」に関する論陣を張った。彼らの作品は、単純極まりない幾何学的な要素から――原色や垂直および水平線が、層や平面が交わらないように――構成されていた。それが最も明確に表れているのはヘリット・リートフェルトによる一九二四年のシュレーダー邸（第四講、図18）だが、梁、柱、平面が互いにすれ違い、他とぶつかることのないように工夫されていた（図8）。同じように、一九二九年のバルセロナ・パビリオンで、ミース・ファン・デル・ローエは、床面と天井面とが互いに独立して「浮いて」いるようなディテールとしている（図9）。ファーンズワース邸では、スチールの柱と梁がそれぞれ面同士で溶接されており、その端部がぶつかることはない（図10）。これらはすべて、程度こそ違え、建築を異なった要素からなった集合として表現するための「知性化された」やり方なのだ。スウェーデンの建築家ジーグルト・レヴェレンツの態度はもっと情緒的かつ物理的なもの――物質性への興味により牽引された――である。彼の晩年の作品では、個々の部分がどれも、レンガの積み方に至るまで、作品の表現に参加している。

花屋のキオスク

一九六九年に、ジークルド・レヴェレンツはスウェーデンのマルメ東墓地のゲート

10　ミース「ファーンズワース邸」1951年

9　ミース・ファン・デル・ローエ「バルセロナパビリオン」

11 ジーグルド・レヴェレンツ「マルメ東墓地の花屋」1969年

の傍に、小さい片流れの屋根をもつコンクリートの簡素な建物を建てた。それは花屋（図11）——キオスク——だったが、多くの建築家が、これまで世界中で建てられたすべての建物の中でも秀逸な建物とみなした作品である。しかし、それは美しいから賞賛を博したわけではない——その点では慎ましやかなものである。そうではなくて、それが評価されたのは、いわば「純粋建築」とでも呼ぶようなものの稀な例だと多くの人が見なしたからだ。「純粋建築」と僕が思うのは、我々建築家の多くが自分たちの建物に備わっていてほしいと思うような質を備えているということなのだが。それは、人為的だったり、過度に込み入ったりすることで損なわれておらず、どの部分もその目的性を直接的かつ威厳のあるやり方で満たしており、それ以上に単純化することはできないのだ。

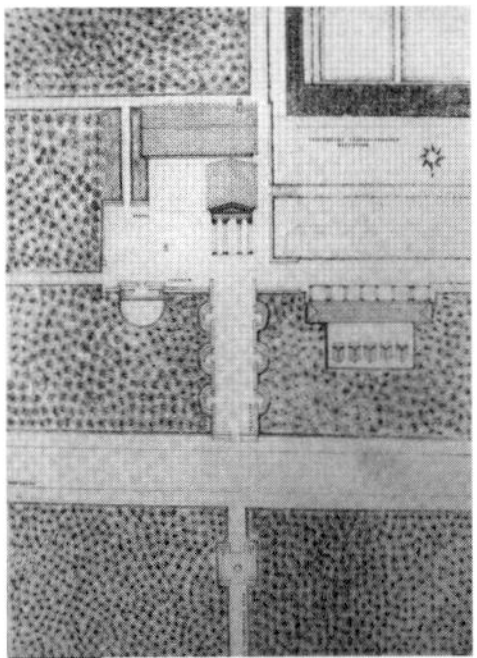

14 レヴェレンツ「復活礼拝堂」の配置計画

13 グンナー・アスプルンドとジーグルド・レヴェレンツ「ウッドランド墓地」（1915–94）

12 レヴェレンツ「復活礼拝堂」1925年

それはレヴェレンツの最後の建物で、彼が八四歳のときに建てられた。死の六年前である。そこでの彼の意図を理解するには、まず彼の初期の建物の一つ――花屋の建物の四四年前、一九二五年のストックホルム近郊のウッドランド墓地を考察しなければならない。その復活礼拝堂は、訪問者を暗い松の林を通って、礼拝堂のペディメントのついた入口のポルティコ(図12)――北に面しているために普通は影に覆われている――へと導く長い直線の南北道路を受け止めている(図13、14)。礼拝堂の身廊は、キリスト教会の通例に従い東西方向で、会葬者や故人の遺体がこの北面したペディメント付きの入口から入る。南面したペディメント付きの窓からは朝の光――身廊の中では唯一の直接光――が棺と棺台に直に差し込む。礼拝堂の比較的には平明なインテリアとは対照的に、精妙なモールディング(刳型)を施したブラケット――「神の光をもたらすもの」としての重要性を強調している――が窓枠を支え、深い石の日除け(フィン)が、会衆の想いを乱しかねない南西の眩しい朝の光を遮っている(図15、16)。

礼拝堂の建設が進むにつれて、南北、東西の軸が多少ずれていたこと――せいぜい二度以内だったが――が発見された。目でわかるものではなかったが、レヴェレンツは一二本の柱からなるポルティコを回転させ、完全にアプローチ道路に正対させ、礼拝堂とポルティコの幾何学のずれを容易に見られるようにした(図17、18)。これは、レヴェレンツが自分のデザイン上の考えを正確に追求することに抱いていた大きな関心の例である。ジャンヌ・アーリンは、彼女のモノグラフでポルティコの柱の建設の

15 復活礼拝堂

16 復活礼拝堂の内陣

準備中に、レヴェレンツがそれらのエンタシスを原寸で描かせて、その視覚的効果をチェックしたと書いている。だから、後になって彼の礼拝堂の前庭に建てられた不恰好で下手な施工のレンガのトイレを決して喜ばなかっただろうと考えることは道理に合っているだろう。

花屋のキオスクは、復活の礼拝堂と何も共通点はないかに見える。礼拝堂は優雅につくられた、美しいプロポーションの新古典主義の建物だが、花屋のキオスクはただ機能的な構造物という域を出ていないように見える。矩形の箱で、片流れの屋根を載せてあるが、これは北面に向けて登っていて大きな窓から柔らかな光を取り込もうとしており、また南面は下がっていて大きなディスプレー窓の花に影を与え、ビジターが墓地に入る前に集まる集合場所にもなっている。

ここでは、冬の風が北西から吹き、夏の風は南西から吹く。それで内部の環境は保たれ、花を長持ちさせる。レヴェレンツは建物の入り口のドアを東に向け、双方の風を避けた。そうなると、ドアが墓地に到着する人々から顔を背けることになるので、レヴェレンツは屋根の角を切り、ドアが南西からの朝の日に照らされ、朝の葬儀のために到着する人々から見やすくなるようにした（図19）。

屋根の上面のリブは、屋根面を強化し、冬場の雪の荷重に耐えるようにつ

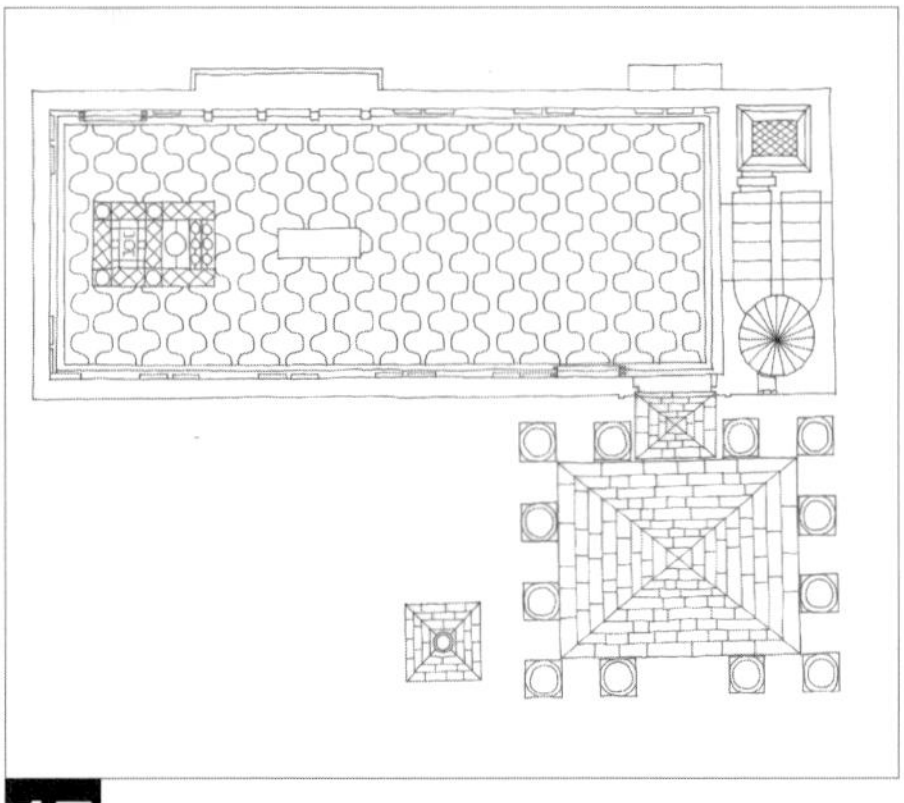

17 復活礼拝堂の平面計画

18 復活礼拝堂 ポルティコの見上げ

けられた。上面ではなく下面にリブをつけることも可能であったろうが、その構造的な目的を明らかにするために上面に設けられたのだ。その楔状の形態は、雨や雪が北西の風によってドアの正面に落ちないためのものでもある（図20）。

この花屋のレイアウトは単純なもので——客たちは比較的低

21　花屋の内部

20　花屋の屋根上面のリブ

22　花屋外壁面のガラス

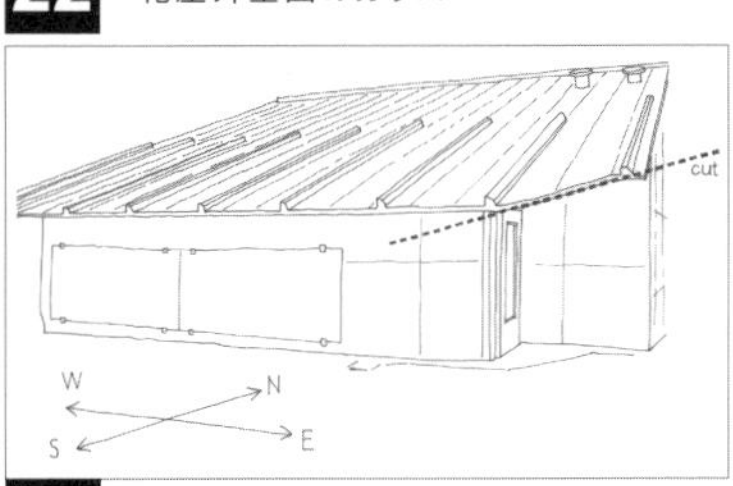

19　花屋の屋根

く暗いスペースから入って、店の背面の大きな窓を見渡すように設計されている（図21）。これは、基本的には復活の礼拝堂と同じレイアウトである。しかし、礼拝堂の窓に設けられた精妙な形態のフィンやブラケットとは違って、このショップの窓はただコンクリートに開けられた穴でしかない（図22）。窓枠もなく、ガラスは外壁面に瀝青でつけられ、金属のクリップで留められているに過ぎない。このガラスの留め方は相当ラフで——完璧な施工精度を求めようとするものでは明らかになく——、普通のシーリング材で、しかもところどころではコンクリートとガラスをまたいではみ出したりもしている。

コンクリートの具体性（コンクリートネス）

また窓やドアも揃えて、パネルも均質になるよう注意を払えば、打設したコンクリートの跡も最小限で、面も滑らかになっただろう。しかし、レヴェレンツは大工に極めて異なったタイプの作業を指示した。正方形の型枠が全体でも正方形のグリッドをなすように割りつけられているのだが、パネル同士は必ずしもぴったり合っておらず、窓やドアの開口も同様で

23 花屋の打ち放しコンクリートの壁面

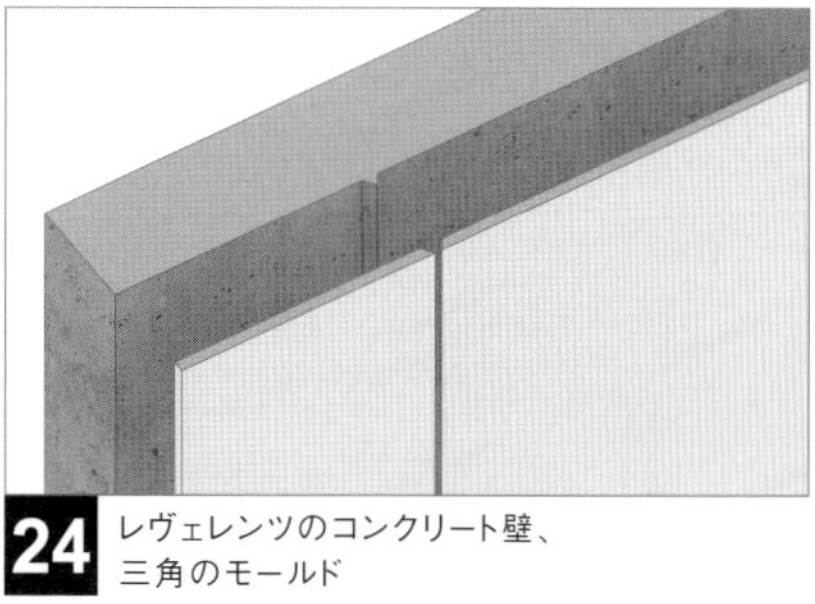

24 レヴェレンツのコンクリート壁、三角のモールド

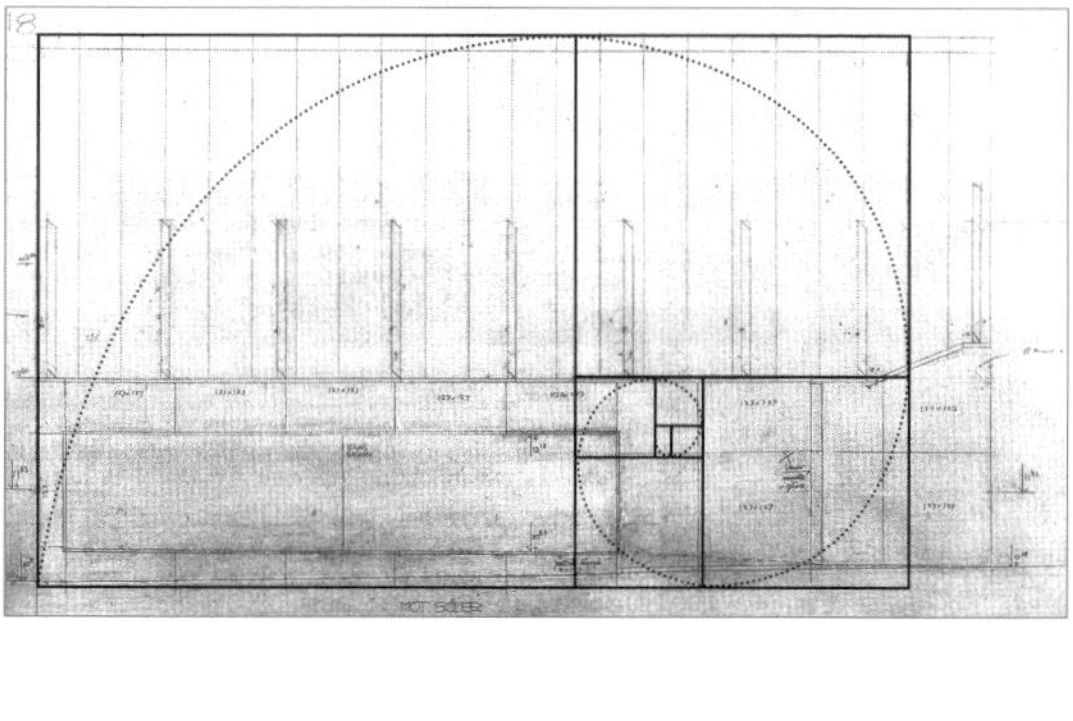

「マルメ東墓地の花屋」立面のプロポーション

ある。そしてレヴェレンツは型枠パネルのエッジの面を取って、枠が脱型された際に、凸目地が三角にはみ出るような措置をして（図24）、さらにところどころをハンマーで砕かせている。レヴェレンツの意図は、コンクリート壁の「ストーリー」を語らせることにあった――職人の手の跡を残し、材料の特性を示すことで、コンクリートの具体性を表現し、その荒々しさで銅葺の屋根の正確さ、インテリアの照明の効果を強めている、天井のあらわしのシルバー・フォイルの「キルト」――これは彼が自分のオフィスでも使っているディテールである――の脆さ、そして電気の配線が壁に描く繊細な飾り模様と対照させようとしたのである。電気配線は、意図的に花束を模しており、普段は気難しいことで知られているレヴェレンツが、美学やユーモアで楽しむこともあるということを示している。

聖ペトリ教会

年老いたレンガ職人が聖ペトリ（ペテロ）教会（一九六三年）の壁を積んでいる写真があるが、この職人は幸福だったようには見えない。彼が生涯の大部分を彼のアート――レンガ積みというアート――の実践に費やしたと想像し得るが、レヴェレンツの教会の壁の建設が始まったとき、彼は建築家にレンガをどう積んでほしいか――レンガのパターンはどのようにするか、どのような

26 レヴェレンツ「聖ペトリ教会」レンガ積みの壁面

積み方がいいのか――を尋ねた。レヴェレンツの答えは伝説になるようなものだった。つまり、職人には、やったことのないようなやりかたで積んでほしい、ただし二つの原則には従ってほしいと求めた。つまり、傷んだレンガをその不完全さが最も目立つ目の高さに積むこと、どのレンガも切ってはならず、不規則な角度のコーナーを回すときや、不規則な長さの壁であったりするときにも、レンガは切らずにモルタルの厚さで調整することである(図26)。

スカンジナヴィアのルター派の教会建築は、他のヨーロッパの国のそれよりもずっと簡素なタイプが多いので、レヴェレンツの教会は礼拝の場というよりは町役場のように見える。しかし、内部では、その暗さや慎ましい素材、半円筒ヴォールトの天井が初期のキリスト教会を連想させる。教会の洞窟のような空間の中にはT型のスチール・コラムがほぼ中央に建てられ、その周囲の空間の分節を行いながら、そこから二本の「枝」――梁――がスチールとレンガでつくられたヴォールト天井の荷重を負担している(図27)。これらの錆びた鉄の構造部材――柱と梁――の見えがかりのサイズを減らすために、それぞ

27 聖ペトリ教会内部

れを単一部材の大きなものではなく、部材を対状に組み合わせたものにしており、その二つの部材の間のギャップはこれらの大きな部材に「視覚的な軽さ」を与えている。

教会の床は起伏のある――正面に向かって下っていく――地面のように扱われていて、レヴェレンツがいうには、神に近づくために集まる気分を盛り上げるようにされている。祭壇は、そこだけが幾何学的なレイアウトになっているレンガのグリッドの上に、やはりレンガでつくられている。その背後では神父が洗礼を施す床だけが持ち上げられて、その一部に溝をつけて水が溜まる場所を示すようにされている（図28）。ここには洗礼の水が巻貝のような水盤から絶えずしたたり、硬い壁で囲われた静謐なスペースにそれを反響させている。

復活の礼拝堂と同じように、入口のファサードは、北に面して通常は影に入っている。そして、とりわけ夏になると、二列の落葉樹によって部分的に覆い隠される。エントランス――シンプルで木製のフラッシュ・ドアがついている――は狭い路地の末端に位置しており、クリッパンの会衆にはよく知られたものだが、遠方から来る人たちはそれを見つけなくてはならない。レヴェレンツは、ドアは神への道筋なのだから、容易に見つけられるものであってはならないという。彼は、クリッパンのエントランスの小ささは、人々が、一人、二人と教会に入っていくからであると説明している。退出するときには、教会の西側のずっと大きなドアから一緒に出るのだが、このドアは浅い池に面しており、それが朝の空の光を反射する。入口は暗闇に溶け込んでいる

28　聖ペトリ教会内部

が、出口は光の中にあるのだ。

レヴェレンツの建築的「オーダー」

ではレヴェレンツの作品をどう理解したらいいのか？　若いころ——たとえば、復活の礼拝堂（一九二五年）を建設していたころ、彼は伝統的な古典主義の様式で非常に巧みにデザインしていた。歴史的なギリシャ、ローマの建築の古典の「オーダー」に従っていたのだ。しかし、彼のデザインした最後の建物である花屋のキオスクを完成したころ（一九六九年）には、彼は八四歳に達していた。初期には、彼はその古典の「知識」を教師や歴史的な前例の研究から得ていた。しかし花屋のキオスクの建築言語は彼自身のものである。そのころまでには、彼は自分自身の「オーダー」——彼自身の言語——を発明していた、そして彼自身の仕事の作法も。花屋のキオスクのコンクリートの壁の破砕されたリブや聖ペトリ教会のレンガの粗野なディテールは死すべき運命を「語って」いる。彼は極めて歳をとっていて、自分の建物に死について語らせたかったのだ。彼自身がそれに向かい合っていたように。

ということで、もう一度復活の礼拝堂の正面に建てられた醜いトイレの建物（**図29**）に戻ってみよう。今や、それはまったく異なった見方ができる。

29　礼拝堂のトイレ

前には、私は、このトイレが現れたことへのレヴェレンツの反応は、憤激だろう――つまり、彼は彼の礼拝堂の洗練は前景の粗野なレンガの箱によって台無しにされたと感じただろうと、述べた。しかし、このトイレの建物は彼自身のデザインだったのだ。その「建築言語」はレヴェレンツの「オーダー」だった。彼は地下水が壁を沁みて上がっていき、レンガを破砕してほしいと思った。それで壁の足元で防湿シートを使うことをしなかった。彼は屋根の留め金具を壁の内側ではなく外側につけて、錆びていく働きを見えるようにした。しかし、このトイレの建物が真摯な、そして学識に裏づけられたデザインによるものであることは、そのメイン・ファサードのプロポーションを調べてみれば確認できる。それは「黄金比」に基づいているのだ。同じことは花屋のキオスクについてもいえる。物理的には、この建物は意図的に粗野にデザインされているが、レヴェレンツはそれを知的に洗練された、建築文化に属するものとしたかったのだ。立面のドローイング――屋根面も垂直な面として描かれている――によると花屋のキオスクのメイン・ファサードは二つの正方形によっている。そして、壁の開口のパターンは、ほとんど正確に黄金比を示している。彼の生涯の終わりに近づくにつれ、レヴェレンツが自分の建物に物質的であり、滅びゆくものであることを語らせたいと思っていたことは間違いない。しかし、同時にそれが胚胎された文化についてもそうしたいと思っていたのだ。

Interrude

この講義には多くの建築家と、
その優れたアイデアが登場します。

しかし、彼らを「年代」や「主義」で
分類することはせずに、

そのアイデアの「主題」によって
分類して吟味することにしてみましょう。

—The characters in the drama"

The Form-Givers

TADAO ANDO
FRANK GEHRY

The Mischief-Makers

ARCHIGRAM

The Agitators

CEDRIC PRICE
HANNES MEYER

The By-Hand Makers

SIGURD LEWERENTZ
JEAN PROUVÉ
PETER ZUMTHOR
CARLO SCARPA

The Scholars

ARATA ISOZAKI
ANDREA PALLADIO

The Meaning-Makers

MAYA LIN
MICHELANGELO

“DRAMATIS PERSONE

The Mechanics

JOSEPH PAXTON
RICHARD ROGERS
NORMAN FOSTER
LUDWIG WITTGENSTEIN

The Natural-Form Takers and Makers

GLENN MURCUTT
FREI OTTO
BUCKMINSTER FULLER

The Sun-Catchers

LE CORBUSIER
LOUIS KAHN
EERO SAARINEN

The Rules-Writers

IVAN LEONIDOV
KAZIMIR MALEVICH

The Rules Breaker

JAMES STIRLING

The Disrupters

BERNARD TSCHUMI
REM KOOLHAAS
PETER EISENMAN

JAMES STIRLING

ジェームズ・スターリング

本文
p.31
〜

リヴァプール大学ヴィクトリア館

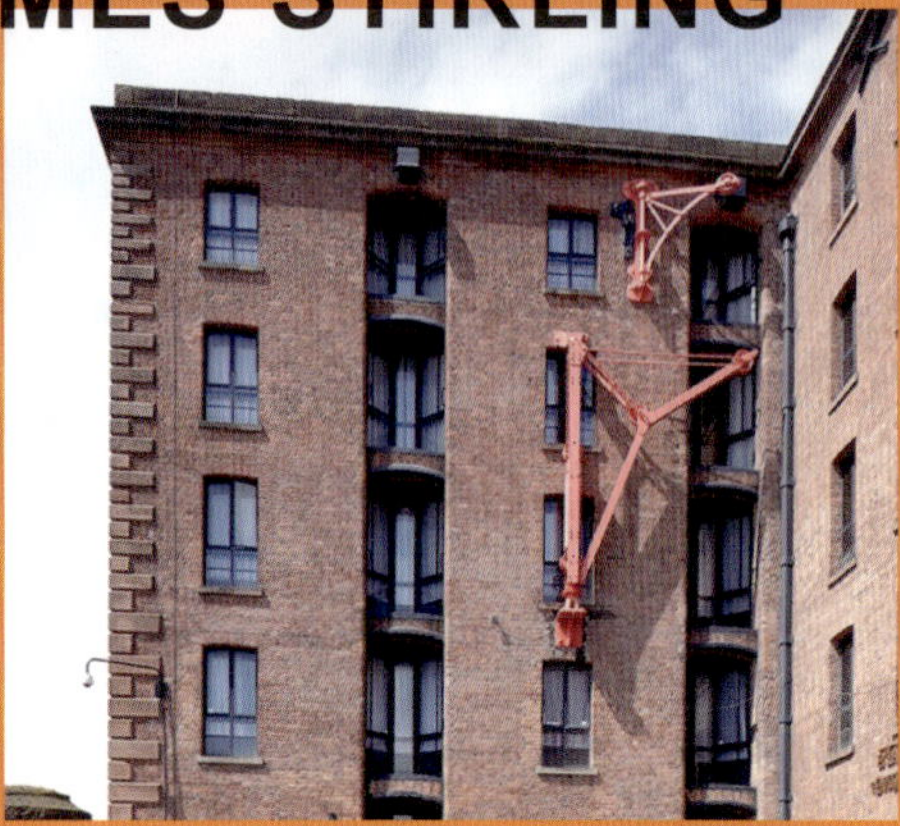

アルバート・ドックの壁面に取り付けられたクレーン

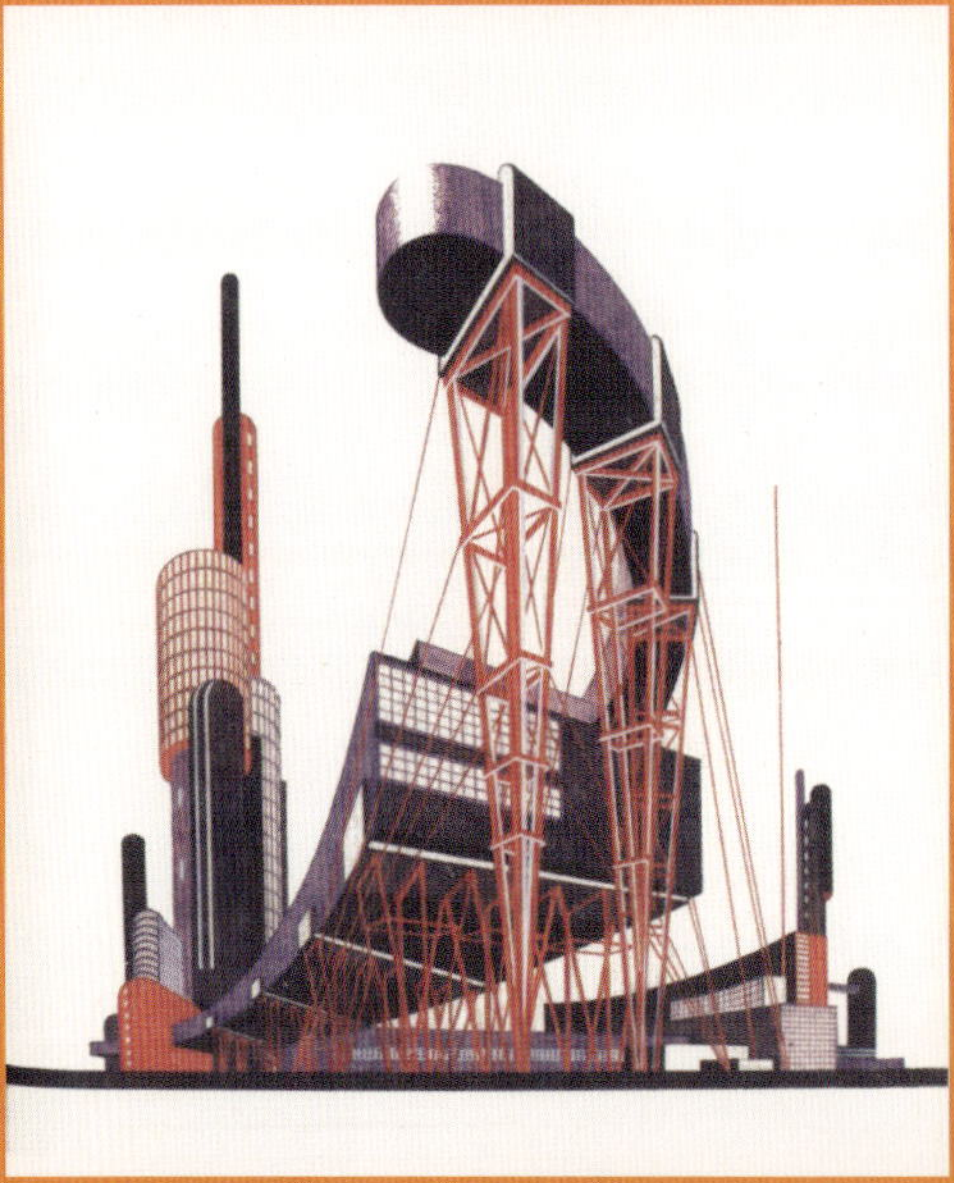

チェルニコフ「101の建築的ファンタジー」

オックスフォード大学　フローリービルディング

ロイヤル・アルバート・ドック

ロイヤル・アルバート・ドック

「新州立美術館」シュトゥットガルト，1984年

ケンブリッジ大学　歴史学部棟

レスター大学　工学部棟

ケンブリッジ大学　シーリー歴史図書館

レスター大学　ケン・エドワーズ棟

ARCHIGRAM

アーキグラム

本文
p.101～

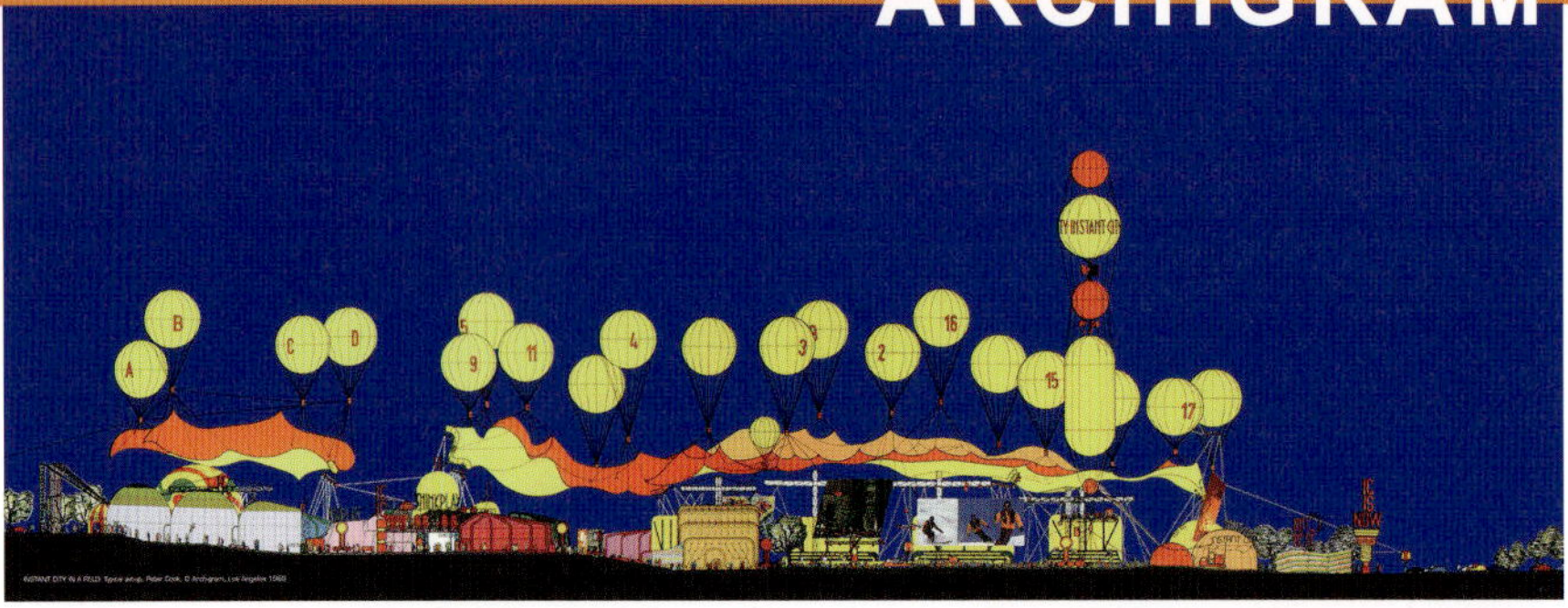

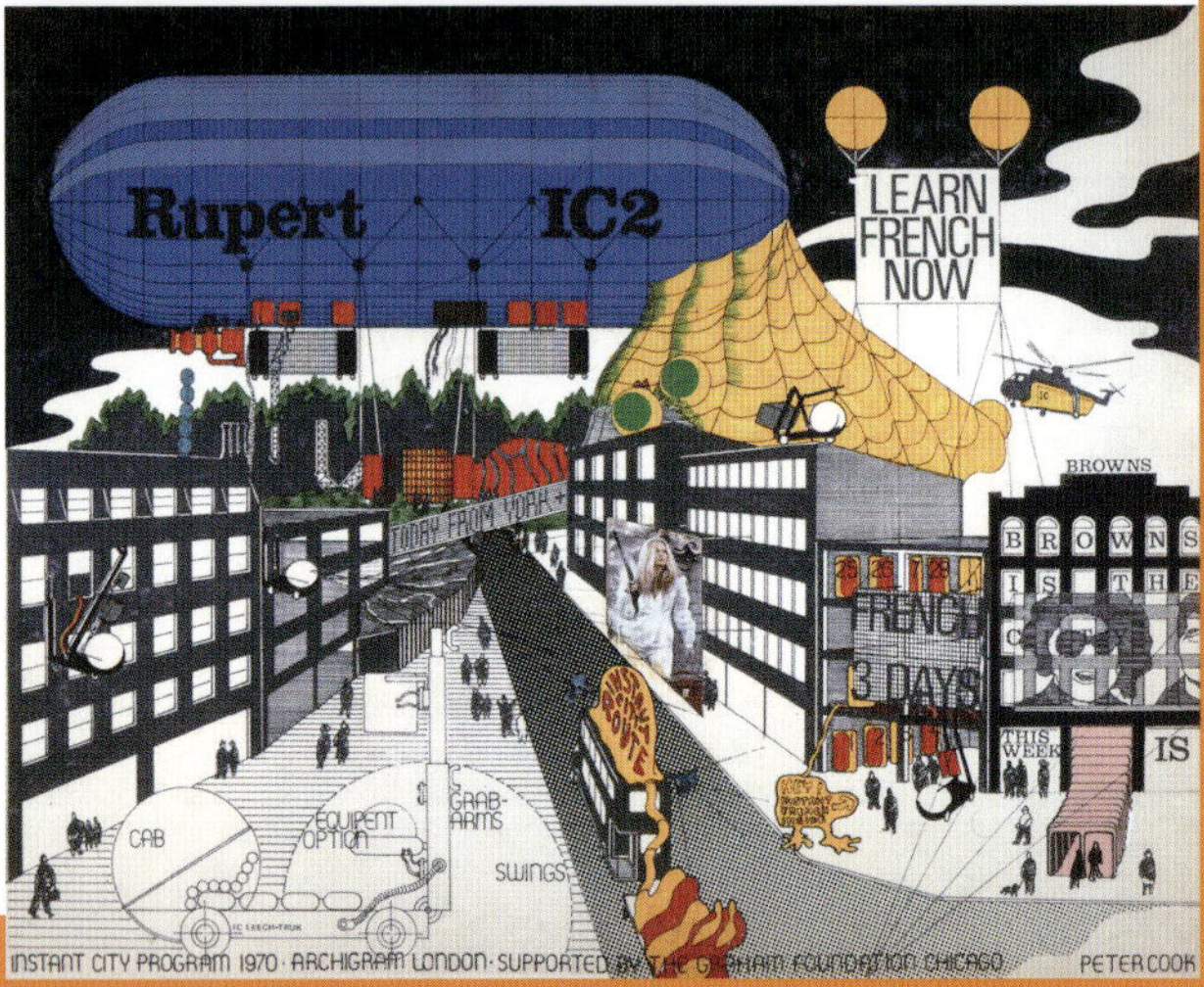

アーキグラム
「インスタント・シティ」
1968年

SIGURD LEWERENTZ

「聖ペトリ教会」レンガ積の壁面

「復活礼拝堂」

レヴェレンツ

本文 p.127～

「聖ペトリ教会」内部

「マルメ東墓地の花屋」

「復活礼拝堂」の前庭のトイレ

第七講

自然——マーカット

7

大きな設計事務所や国際的に活躍する建築家が世界的な評価を得ることは比較的普通のことだろう。けれど、グレン・マーカットは母国であるオーストラリアだけを舞台に設計活動を行っている。たった一人でね。それもほとんどが比較的小規模な住宅ばかりだ。それでも、彼は二〇〇二年に建築界において最も権威のあるプリツカー賞を受賞した。大半の建築家とは明らかに異なる彼の志向性は国際的に尊敬を集めていたから、彼の受賞は世界的に大きな喜びで迎えられた。マーカットは感受性に富んだ人々のために、彼独特な関心や仕事の流儀によって繊細な建物を設計する。

君の建物はどのくらいの重さかい？

グレン・マーカットがオーストラリアの農家（図1）の形態や素材を自分の作品に試したマリー・ショート邸（一九七五年、図2）には強いカリスマ性があったので、多くの人は彼のその後の作品もすべて、その柔らかくノスタルジックで素朴な「作品群」に連なっていくと思いこんだ。だから、彼の建物を訪れた人は、技術的、機能的、そして美的な試みがなされていることを発見してびっくりしたんだ。それらは挑戦的なデザインの「精密機器」なのだ。実際、マーカットの作品にはイギリスの建築家、ノーマン・フォスターの建築や、第四講で見たアメリカの科学者であり、環境寄りの建築家であるバックミンスター・フラーの建築と多くの共通点が見られる。フラーの関心の核は、地球上の資源が有限であり、それが必ず枯渇することに対して我々が無策で

1 オーストラリアの農家

あることだ。人類の文明の将来のために、我々は資材や燃料の効率的な使用を優先させなければならないと彼は主張した。そして彼は建築家たちに尋ねた。「君の建物はどのくらいの重さかい？」フラーと数多くのプロジェクトを共同で設計したフォスターは、後年にこのセリフを彼自身についての映画のタイトルに使った。マーカットにもオーストラリアの原住民であるアボリジニの文化から引用した似たような格言がある。建築家は、そして建築は「大地にそっと触れなければならない」（図3）。我々は自分たちの環境を壊さないために注意深くならなくてはならないということだ。しかし、環境を壊さないためには、まずそれについて理解しなくてはならない。マーカットは二〇一六年に東京で行われた講演で、彼の手法について話した。「僕は小さな建築家なのだ」「ほとんどの場合僕にはスタッフもおらず、一人でオーストラリアの国の中だけで設計を行う。だから、計画敷地とはとてもパーソナルな関係を築くことができる。僕は敷地で多くの時を過ごす。若いときは敷地で二、三日キャンプをしたものだ。僕は土地とそれが教えてくれるものを観察する。樹形はその土地の風の向きや、気候、土壌の状態を教えて

3　アボリジニの家

2　グレン・マーカット「マリー・ショート邸」1975年

くれる。僕はその状況に応えるものを設計するのだ。僕がそんなに時間をかけて、敷地をゆっくり、注意深く観察できるのは僕が小さな建築家だからだ」。

マーカットは何度もオーストラリア国外で設計を依頼されたが、国内の仕事しか引き受けない。なぜなら、彼は自分が設計しうる最高のものしかつくりたくないからだ。海外の建物だと、彼が望むほど密接に工事を監理できない。同様の理由で、彼はどこであろうとも大規模な建築の設計を引き受けたがらない。彼の邪魔をする可能性が高い委員会や会社内の政治と折り合いをつけなくてはならないとわかっているからだ。しかし、彼はしばしば国外で設計をする。教師としても彼は国際的に引っ張りだこで、そのための長距離のフライトは彼が考えをまとめる貴重な「静かな時間」となっている。マリカ・アルダートン邸の初期

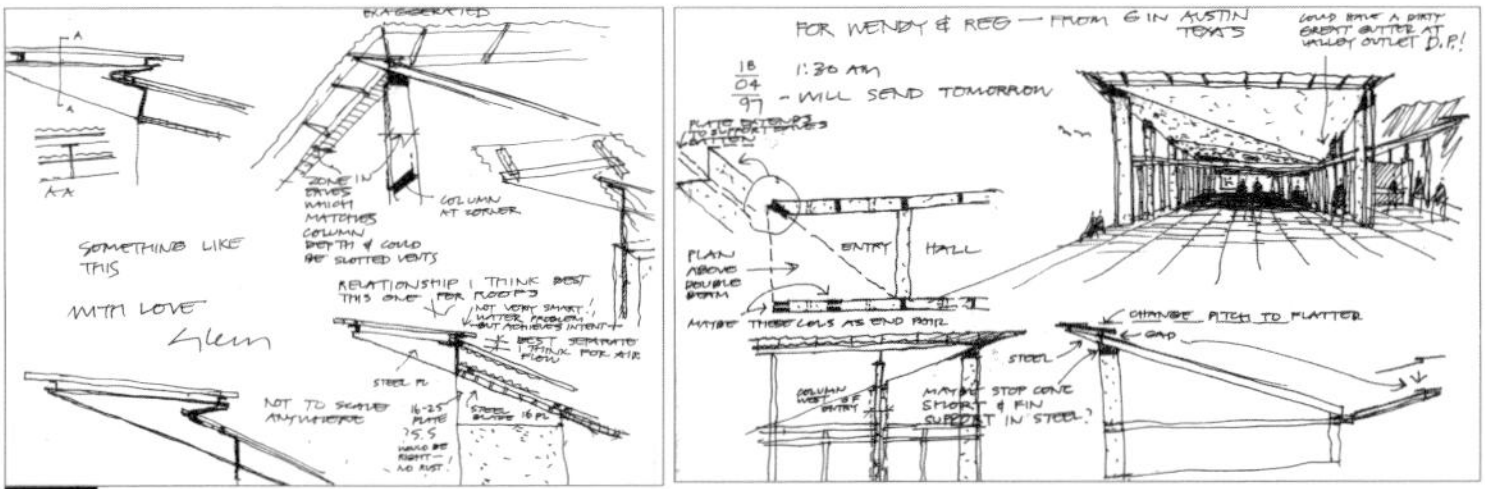

5　「ボイド・アート・センター」のディテールのスケッチ

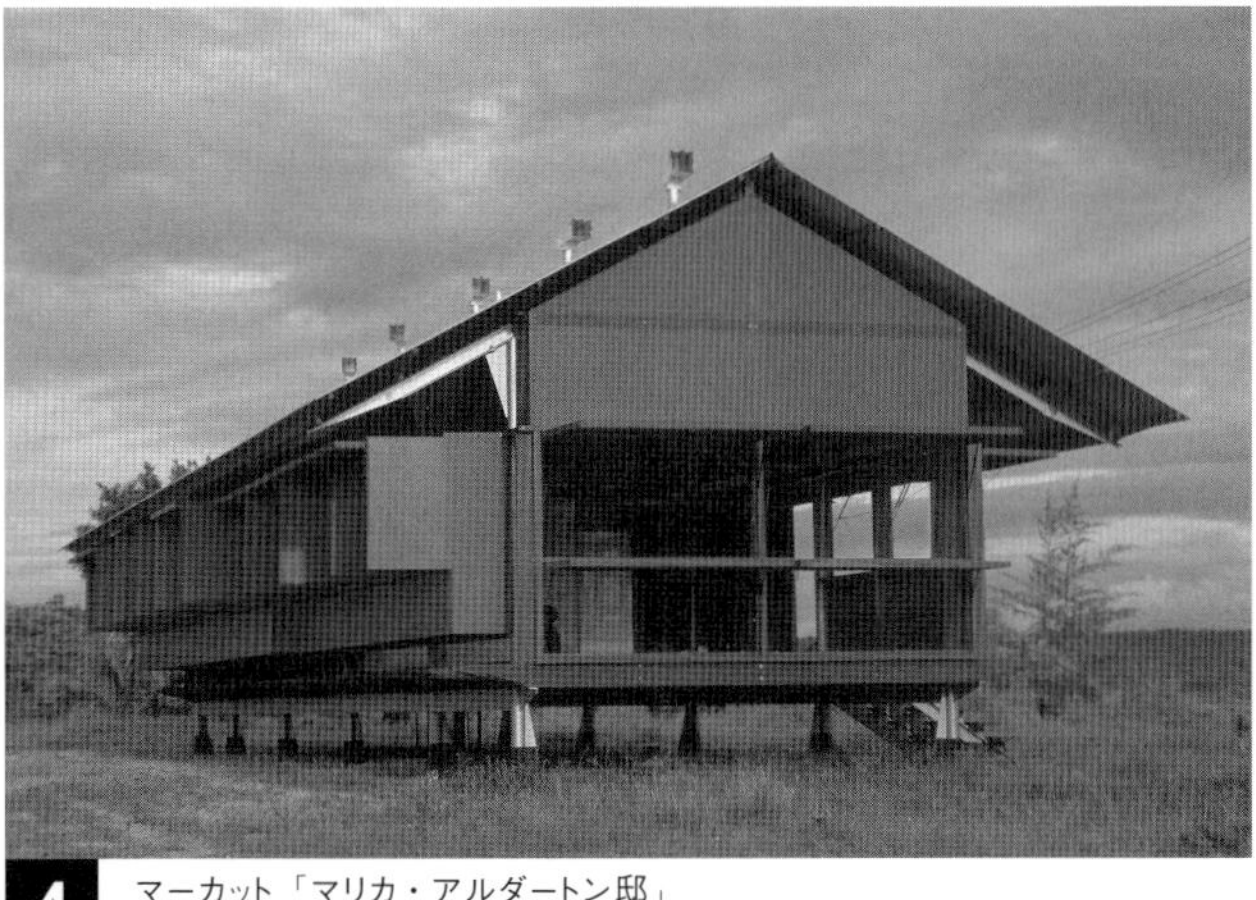

4　マーカット「マリカ・アルダートン邸」1994年

のスケッチには「トルコのアンカラの三万九〇〇〇マイル上空で晴天の中、バッハを聴きながら、シドニー時間の二二時五〇分に」描かれたとメモ書きされている（図7）。プリッツカー賞の審査員たちにマーカットの二〇〇二年の受賞を決定づけた作品であるボイド・センターの設計の多くは、彼がオースティンのテキサス大学で教えていた数週間の間に練られた。そのプロジェクトで彼は、彼の妻であり、彼女自身非常に有能な建築家であるウェンディ・レウィンおよび他の信頼のおける友人と協働しており、そのとき彼が事務所に送ったドローイングはスケッチやコメント、そして頻繁にジョークが散りばめられた会話のようなものだったが、その中で彼はアイデアや形態、平面プランやディテール、素材や排水などすべてを同時に検討していた（図5）。しかし、マーカットがオーストラリア国内だけで仕事をすることを好んでいるといっても、それは彼の仕事の広がりを大きく限定しているわけでは

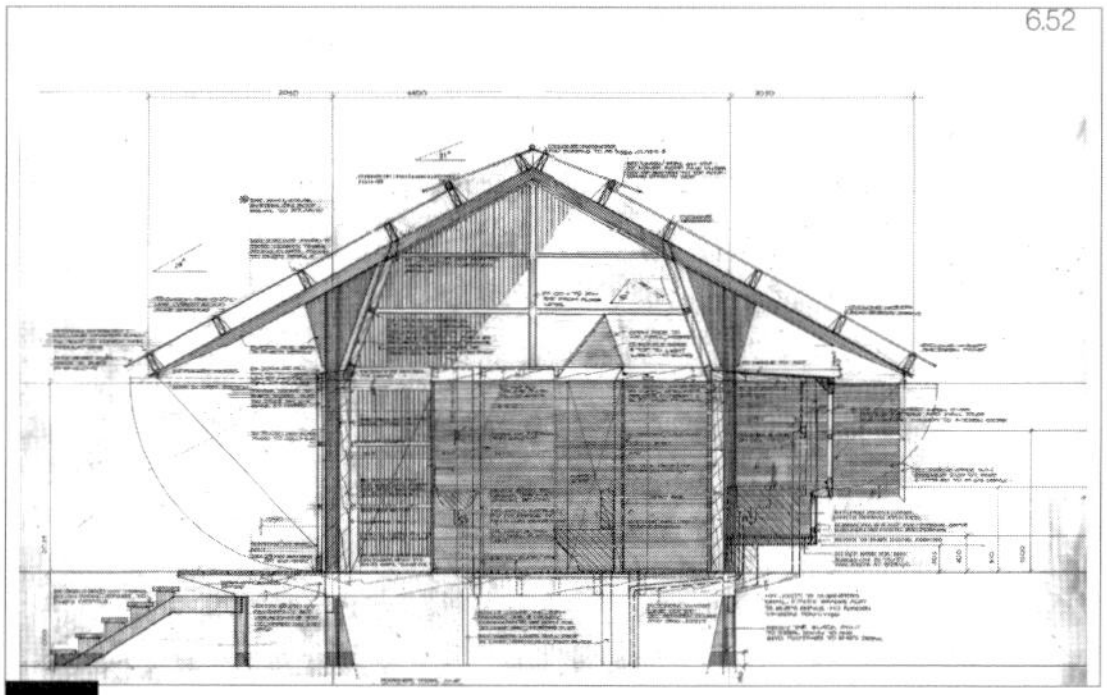

6　「マリカ・アルダートン邸」の断面図

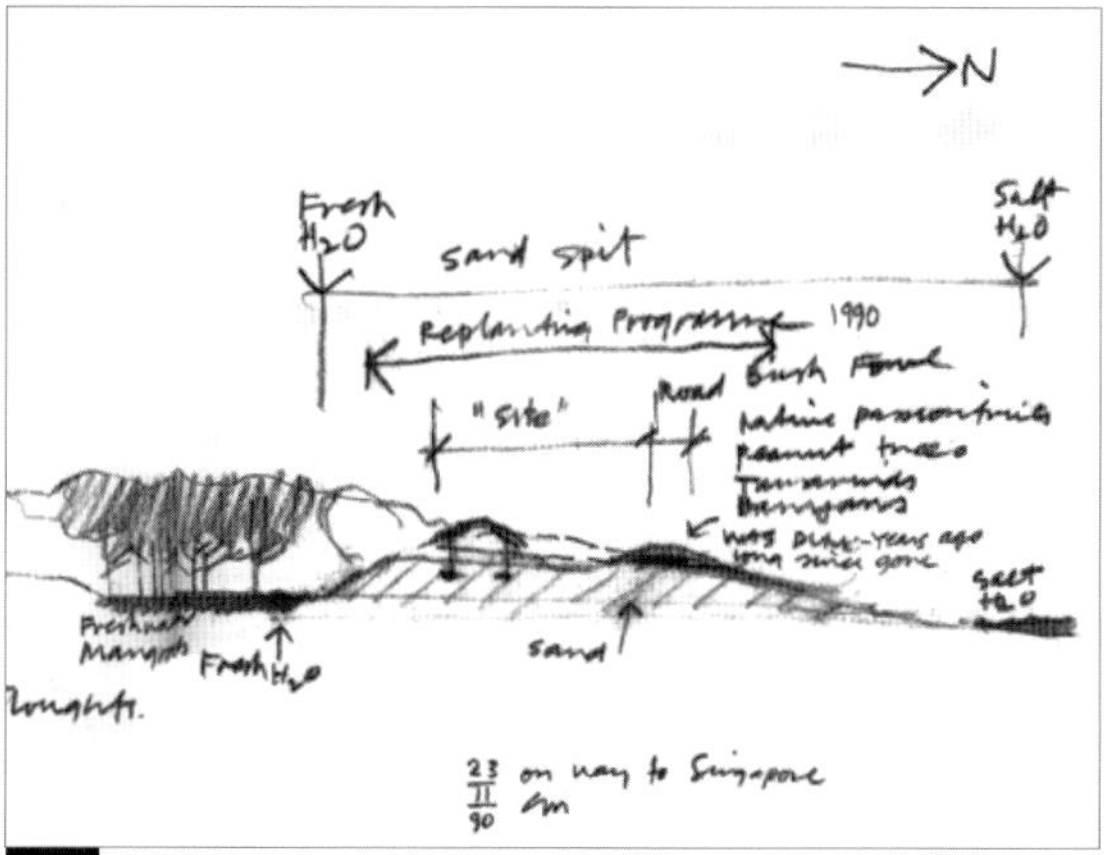

7　「マリカ・アルダートン邸」のスケッチ

ない。国の巨大な広さを考えると、彼自身が規定している領域は広大なのだ。彼は四〇年を超えるキャリアの間に五〇〇軒以上の住宅を建て、彼の住宅の中で最も北部に位置するマリカ・アルダートン邸（一九九四年、図4）と最も南部のマグニー邸（一九八四年）の間の距離は、ロンドンからカイロの距離にほぼ匹敵する。彼の住宅は同じ国に建てられているものの、気候や文化の状況は大きく異なっているのだ。

マリカ・アルダートン邸

マーカットによるマリカ・アルダートン邸の敷地についての初期のメモやスケッチは、彼自身がこの複雑な場所に対する理解を徐々に深めるのに役立った。「南緯一二・五度、経度一三七度」、その場所での太陽の動きや、夏季の太陽の最高高度や冬季の最低高度を知ることができるデータを彼は書き記している。彼は風の流れをスケッチして、湿度や温度の影響を和らげるため、また時速二三〇キロにもなるサイクロンによって屋根が吹き飛ばされることを防ぐために住宅を通過する風のルートをどのように確保すべきかを検討している（図6）。彼は風向きがどのように変化するか、いつ乾燥した風が吹き、いつ湿った風が吹くのかを書き記す。彼は植物の観察からどこから新鮮な飲み水を得ることができるかを知り、樹木の観察によって建物が建つ土壌の種類について学ぶ（図7）。

8 建設中の「マリカ・アルダートン邸」

9 「マリカ・アルダートン邸」の室内

彼は敷地の歴史について、かつてここにどのような流砂があったかを記述し、いかに悪霊が入り込むことを阻止できるかを記す。彼はできるだけ多くの情報をスケッチにして、徐々にその場所にその家族のためにどのような住宅が建てられるべきかを理解していく。その僻地には熟練の施工者がいなかったので、マーカットは建物全体をシドニー近郊の工場で製作し、トラックと船によって二〇〇〇キロメートル離れた敷地に運搬して、現場では鉄骨フレームと合板パネルをボルト留めするだけでつくり上げた（図8）。

その形態はとてもシンプルだ。ウッドデッキの床の上に、両側二メートルずつ軒が跳ね出した、よくある勾配屋根がかかっている（図6）。ウッドデッキの床材は間に隙間が開いていることによって床下から涼しい空気が家の中に入り込み、また家族の足についた砂が床下の地面に落ちるようになっている。夜間には防犯のため羽目板張りの引戸が閉じられるが、同時に羽目板の隙間を通して住宅の中を風が抜けるようになっていて、気積の大きい高天井は温まった空気を上昇させ、鉛材の屋根の細い隙間から、換気扇による風力によって自然に建物の外に排気する。窓にはガラスがはまっていない（図9）。建物の北側では（南半球では太陽は北から照らすので）鉛の屋根が、建物のファサードや内部へ射す高い高度からの厳しい日射を遮蔽し、一日の気候状況の変化によって、すき間があいてい

10 マーカット「ボイド・アート・センター」
1999年

たり、あいていなかったりする跳ね上げ式や横引きの木製扉やパネルを開け閉めすることができる。建物の南面には、軒の先端まで跳ね出している寝室群がある。個々の寝室は縦に固定された合板の「ブレード」によって分割されていて、それが各部屋のプライバシーを守り、高度の低い朝や夕方の太陽の熱を遮蔽している。マーカットはこれに類似したディテールを、五年後に再度アーサー・アンド・イヴォンヌ・ボイド・アート・センターの寮の寝室のファサードにおいて、より大きいスケールで用いた（図10）。

マーカットの最北の仕事であるマリカ・アルダートン邸と最南のマグニー邸が二五〇〇キロメートル以上離れていることは、これら二つの住宅が「大地に触れる」方法の違いに表れている。高温・高湿度の気候のマリカ・アルダートン邸では、建物は蓄熱を最低限に抑えるため、軽量の木材と鉄骨でつくられ、サイクロンによる浸水を防ぎ、家を風が吹き抜けるように促して気温を下げるために床を地面から五〇〇ミリ上げている（図11）。その一方、季節によって著しく気温が上下するマグニー邸のまったく異なる気候に対しては、マーカットは大地に直接ずっしりとしたコンクリートの床スラブを打って、冬の寒さや夏の暑さを緩和し、気温の上下を調整する「蓄熱体」とした。

マグニー邸

12 「マグニー邸」の屋根と導水管

11 「マリカ・アルダートン邸」の床と床下

マグニー家は、これまで彼らが多くの夏休みにキャンプを楽しんでいたオーストラリア南部の敷地に、建物ではなくテントに住んでいるような気持ちにさせる住宅を建ててほしいとマーカットに依頼した。マーカットはその要望を、連続するシンプルなスペースが、それらを守り、つなぐ波打つ屋根の下にあるようなものと解釈した。屋根は時折降る雨水を集める役割も果たす（図12）。水道の供給がなく、最も近い街からもかなり離れている敷地においては重要なアイデアだ。

マーカットはマグニー邸が全体的な配置において伝統的なオーストラリアのベランダ付き住宅（図13）から住宅を抜いたようなものだと冗談をいったことがある。全面ガラス張りの主要な立面は（図14）、海や北側の暖かい日光の方角の北に面している一方、キッチン、便所、シャワー室や倉庫などの「コア」の部屋は東西に配列されている（図15）。建物の南面に沿った設備の「厚い壁」は、近くにあるスノーウィ山地や遠方の南極大陸からの冷たい風から居間を守っている。これらの小さい部屋の採光と換気のため、南面には端から端まで高窓がついているのに対して、北面では波型スチールの屋根の軒が建物から一・二メー

13　クイーンズランド式のベランダハウス

14　北側から見た「マグニー邸」

トル出ていて、主要な窓を夏季の高い角度から射す日光からは遮蔽し、冬に近づくにつれてより低く射しこむ日光を取り入れるように設計されている（図16）。

歴史家・批評家のケネス・フランプトンは、マグニー邸をマーカットが初期の作品に見られるミース的な影響やマリー・ショート邸の農家的な作風から離れ、北面の注目すべき三つのレイヤー——ガラスの引き戸とその外側に網戸の引き戸と外付けブラインド、上げれば完全に視界から隠すこともできるし、ただ開けたり閉めたりもできる——に見られるような「環境配慮型の機械的表現」を追求することを選択した、最初の作品と位置づけた。窓の上部は波型屋根の軒で遮光されているのでブラインドは不要であり、内部からは常に空がはっきりと見渡せる。

シンプソン・リー邸

マグニー邸の仕事でマーカットが学んだアイデアは、シンプソン・リー邸（一九九四年、図17、18）でより前進し、発展した。重なるレイヤーの窓や北面ファサードの突き出した軒はよく似ている。しかし、二つの住宅のコンテクストはだいぶ異なる。マグニー邸が岩だらけで吹きさらしの広大なランドスケープに立地しているのに対して、シンプソン・リー邸は森林火災の起こりやすいユーカリの樹が密集した森の中にある。住宅のエントランスにある大きな池は、火災の際に住宅を水の霧で包み込む非常用消火システムに水を供給する。

15 「マグニー邸」
東西に配置された「コア」の部屋

16 「マグニー邸」
室内から北側を望む

住宅は古代から谷の上から下まで続くアボリジニの道に沿って建てられている。その道はマーカットや施主がこの場所の地霊の特徴と感じている、大きくて興味深い形の露頭——岩石が土壌や植生などに覆われないで露出している部分——を通っている（図19）。マーカットは施工図において「この敷地は敬意をもって扱われなければならない。地面と植物を傷つけないよう、露頭を損傷から守るよう、最大の注意を払うこと」を施工者に対して強調している。

この住宅の重要な点は構造が極度に効率的であることだ。構造設計者は通常、鉄骨柱や梁の必要最小限のサイズを計算して、既成の部材から「次に大きいサイズ」を指定する——それは絶対に必要な部材よりも少し大きめなのだが、大量生産された既成品であるため、経済的なのである。しかし、シンプソン・リー邸では施主がマーカットに彼の思想の最も純粋な表現——可能な限り最も軽く大地に触れること——を求め、すべての柱と梁を構造的に無駄無く必要とされる正確なサイズに手づくりで製作するための追加費用を払う用意があった。そ

17　マーカット「シンプソン・リー邸」1994年

18　「シンプソン・リー邸」インテリア

19　「シンプソン・リー邸」の庭園の岩石

20 「シンプソン・リー邸」の鉄骨構造

の鉄骨部材の細さとジョイントの精巧さには驚くべきものがある（図20）。

マリー・ショート邸

マリー・ショート邸（図21）はおそらくマーカットの仕事で最もよく知られた、彼の国際的な評判を高めた作品であり、オーストラリアの農家風の建物でも最も刺激的な作品だろう。歴史家のケネス・フランプトンが端的に描写したように、「二つの『羊毛小屋』の断面をした、斜めの対極にある端部にベランダがある木造フレームのパビリオンが互いにずらされ、その斜めの端と端にベランダが配置された」形態をしている（図22）。双子の曲面屋根はマーカットが周辺の農村地帯で見た形態を思い起こさせ、またシドニー大学で一緒に教鞭を執った増田友也教授がマーカットに描写した日本の歴史的な農家、作田家（図23）の二つの藁葺き屋根の棟が中央の樋を共有する中樋の形態も示唆する。しかし、マーカットがこの住宅で主に参考にしたのはまったく異なる建物だった。マーカットは若いころ、彼の父がミース・ファン・デル・ローエのファーンズワース邸（図24）が特集された一九五一年の米

21 マーカット「マリー・ショート邸」1975年

誌『アーキテクチュラル・フォーラム』を見せてくれたことについて度々言及し、ファーンズワース邸が彼の多くの作品に影響を与えたことを認めている。確かに、ミースの建物の「ずれた」パビリオンと、マーカットのマリー・ショート邸のそれは類似している（図25、26）。そして、マーカットの柱が天井と床の端の梁の側面に接続していることもミースの鉄骨柱のディテール（第六講、図10）を――木造で――模倣している（図27）。両方の住宅において、屋外と屋内のどちらも優先されていない。

ミースとマーカットは二人とも彼らの住宅をより大きなまとまりの一部――ランドスケープ全体の文脈の一部――として認識したと主張した。「もしあなたがファーンズワース邸の（幾何学的な）ガラスの壁を通してランドスケープを見たら」、ミースはいった「家がより大きな全体の一部だと気づくでしょう」。そして、マーカットはマリー・ショート邸の幾何学がいかに恣意的なものは何もない生粋のオーストラリアの

22　マリー・ショート邸

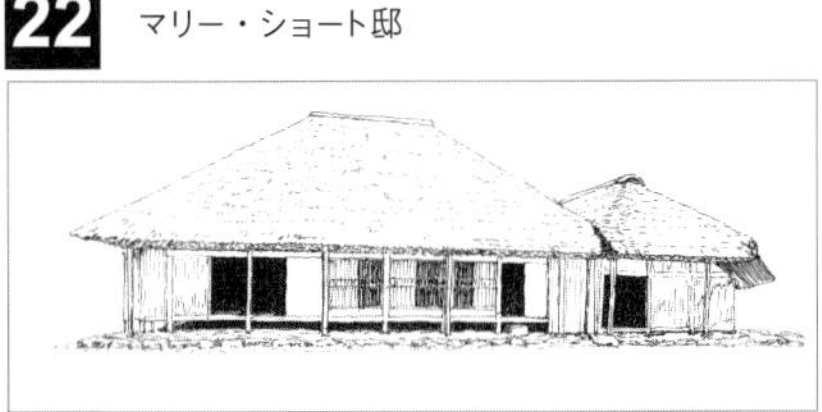

23　日本の民家、作田家

24　ミース・ファン・デル・ローエ
「ファーンズワース邸」1951年

ランドスケープと一体化するかを説明している。「ランドスケープにおいて、各要素には厳格な階層がある」。植物、土壌、地下水面、海抜高度、海からの距離は「すべての要素が一体となって調和する合理的な言語の一部なのだ」。

ケンプシー・ゲスト・スタジオ

マリー・ショート邸から二〇〇メートルほど南方の同じ平原に、古く、崩れかかっていたかつてトラクターの小さな車庫と農機具の倉庫が建っていた。これをマーカットは来客のためのゲスト・スタジオに改修した（図28、29）。もともとあった小屋は四隅に一本ずつ構造柱がある簡素で粗雑な木製の箱で、前面の先端は独立柱が支えている屋根が載っている。四本の柱は外壁の板に覆われていたので、よい状態にあったが、二本の独立柱は常に外気や害虫にさらされていたため、上部が経年劣化していた。マーカットはこれらを取り換えずに修理し、古い柱に異なる種類の堅木を継ぎ足して、この小さな建物の歴史を明確に読み取れるようにした（図30）。

すべての部材は再利用された。外壁の板は取り外され、洗

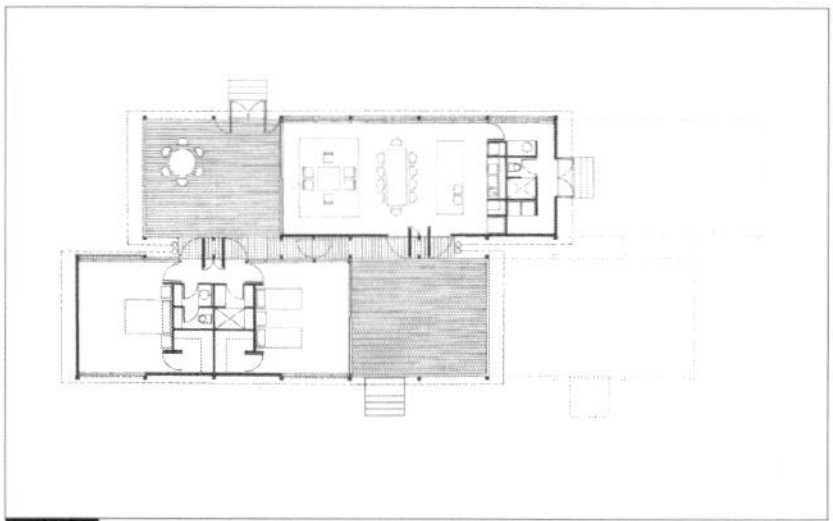

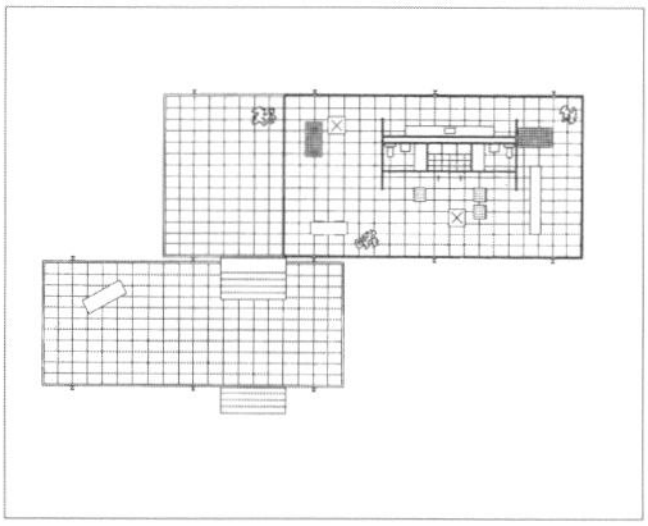

25 「マリー・ショート邸」（左）と「ファーンズワース邸」（右）平面

27 「マリー・ショート邸」のコラムのジョイント

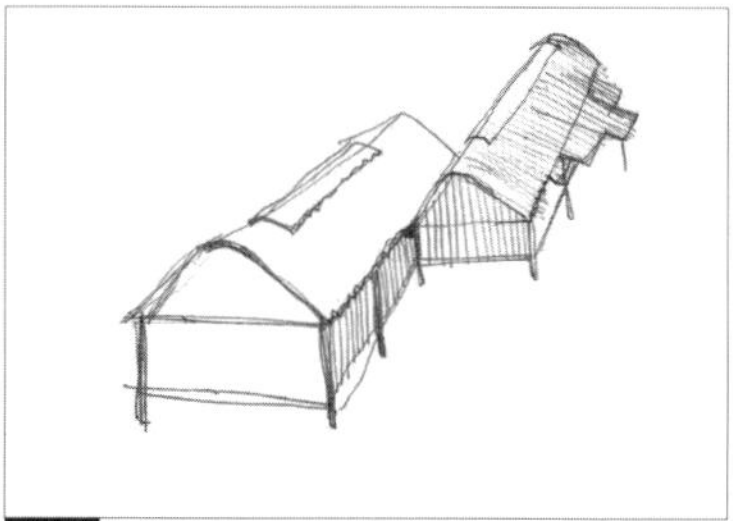

26 「マリー・ショート邸」のスケッチ

浄され、ワックスをかけられた後、元の構造の厚みを見せるために柱の面と面の間に取りつけられた(図31)。外装と構造、古いものと新しいものなど、それぞれの部材を区分する方法によって、マーカットは「秩序」感覚をつくり出した。元の小屋の直角な単純さと対比するため、新しく追加されたすべての要素――入り口のスロープ、

28 マーカット「ケンプシー・ゲスト・スタジオ」1992年

29 「ケンプシー・ゲスト・スタジオ」インテリア

31 元の柱が露出したファサード

30 継ぎ足され、補強された柱

角のトイレの窓、そしてトイレと裏のポーチ、新しいベランダの上に架かる三つの新しい屋根――は斜めの角度で取りつけられた（図32、33）。これらの傾いた屋根はスタジオから母屋へ、また南側と東側の谷へと視界を広げる。高度の高い夏の日射を防ぎ、冬には低い角度の日光の暖かさが入り込むようになっている（図34）。そして、空間を活性化させるために、マーカットはベランダの屋根にガラスのはまった細いスリットを設けて、そこから太陽の光が床に移動する線を描くようにした。マーカットはそれを日時計のように使っている（図35）。徐々に、マーカットはこのつつましく、特徴のない小屋を知的で驚くほど高貴な「原始の小屋」に変換した。特別なアイデアや目標もなく、雑に建てられたものが、豊かに階層化され、考え抜かれた建築作品となった。または、マーカットが好んでいうように、それは「完璧な小さな別荘（ヴィラ）」なのだ。

32 「ケンプシー・ゲスト・スタジオ」のテラス

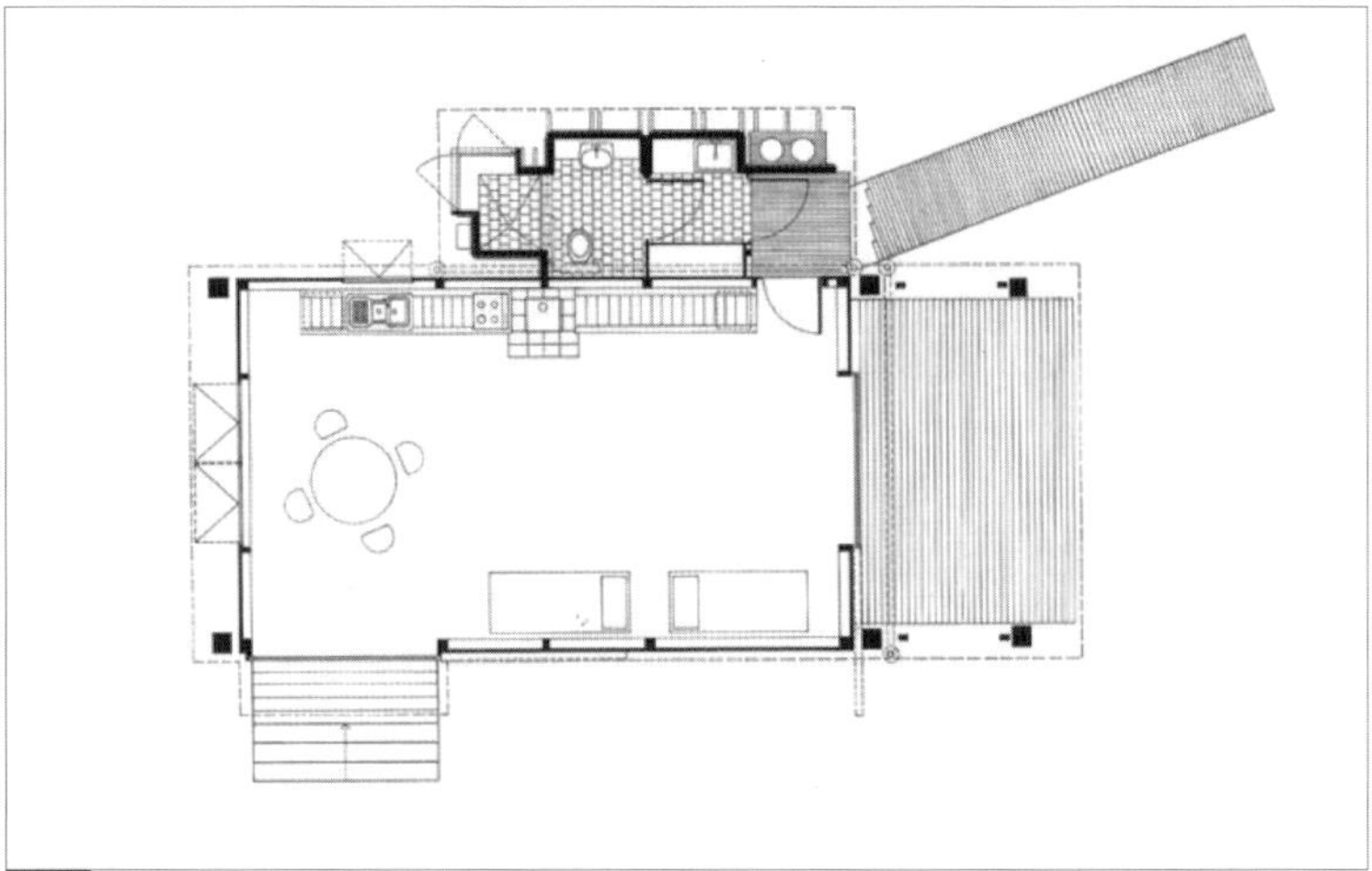

33 「ケンプシー・ゲスト・スタジオ」平面図

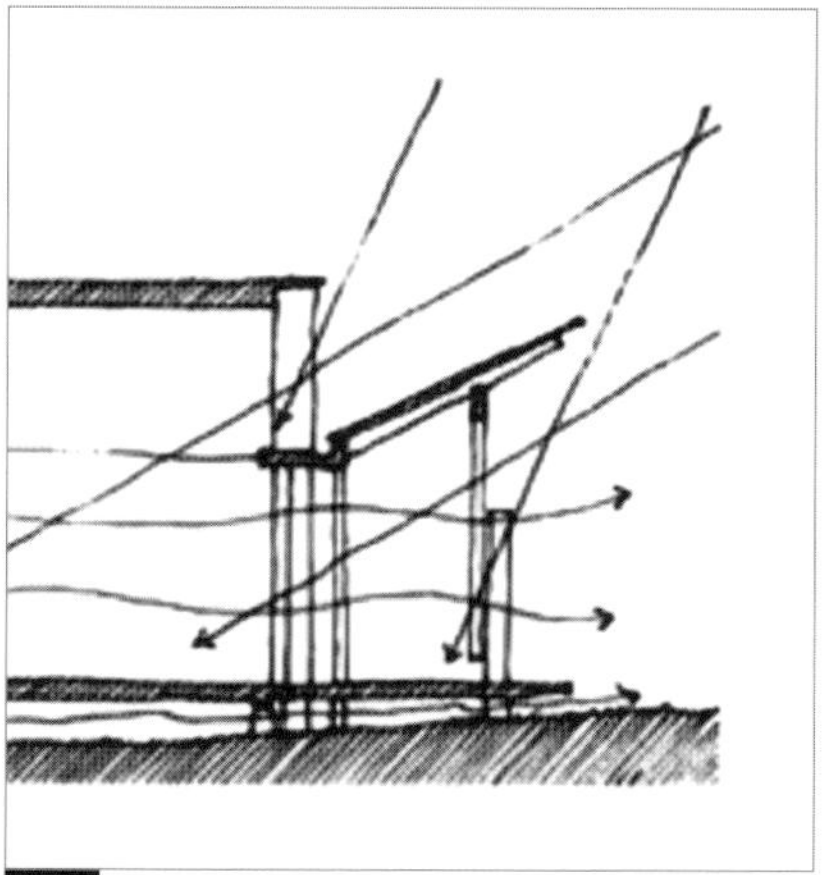

34　「ケンプシー・ゲスト・スタジオ」の採光スケッチ

35　屋根に開いたスリット

自然との対話

この講義のテーマは――とくにオーストラリアの建築家、グレン・マーカットの作品に見る――建築と自然の関係だ。フィンランドのアルヴァ・アアルトのマイレア邸（図36）では、住宅を囲む白樺林が建物の中に入り込んでいるように見える。高さと表皮のテクスチャがすべて少しずつ異なる白樺の柱の列が、玄関とエントランスホールを占拠して、住宅と森が徐々に溶け合わされて一つの有機体となるように思わせる。ウッツオンはシドニー・オペラハウスにおいて――彼はそのイメージを三年後に再度デンマークのバウスベア教会（一九七六年）の設計にも使ったが――白い曲面の屋根を水面に浮かぶ雲の群れだと考えた。また、オペラハウスの屋根タイルの複雑なパターンは、樹木の葉脈からアイデアを得ている。「落水荘」ではフランク・ロイド・ライトは水が流れる岩の階段に新しい段を追加するようにコンクリートのバルコニーを片持ちで飛び出させた。そして、マーカットはボイド・センターで、周辺にある遠

36　アアルト「マイレア邸」

37　「ボイド・アート・センター」の屋根と山の稜線

くの山の頂上部の輪郭を、彼の建物の屋根の形で模倣した（図37）。これらすべての事例で自然物でない要素は自然なもののように「見えた」——自然と人工物の結合は比喩的であった。しかし、マーカットの自然との結合の仕方はより「能動的」である。彼の建物は——したがって彼の施主は——風向きの変化によって常にボートの上でのポジションを調整し、帆を引いたり、張ったりするようなことをしなければならない。マーカットが小さなヨットの操縦に喩えるような応答の関係で、自然と「対話」をする。マーカットの施主たちにとっては、彼らの家はマーカットのボートのようなものなのだ。彼らは一日中変化する気候にしたがって、ガラス窓、網戸、ルーバーやスクリーンを常に調整する（図38）。彼らは家の中に住むのではなく、家「と」ともに暮らすのだ。

38　「ボイド・アート・センター」の窓

第八講

太陽光の意味

——ル・コルビュジエ　フェーン

サーリネン　カーン　安藤

8

この講義のテーマは——ル・コルビュジエがいう彼の建築素材の核である——太陽光だ。彼が毎年八月の休暇に一ヶ月間滞在していた自分で設計した小さな小屋——カバノン（小さなキャビン）と命名された（図1）——があるフランスのリビエラで、太陽を楽しんでいる様子の写真がたくさんある（図2）。そこからは海が見え、太陽の光が海にキラキラと反射している——そののどかな風景について彼はこう言った。「太陽へ向かって泳ぎながら死ねたら素敵だろうな」。そして、一九六五年の夏、彼はそのビーチで死去した。溺れたのか心臓麻痺が起きたのかは分からない。彼は海の見える場所に葬られた。

彼にとって太陽はほとんど神話的な重要性をもつものであったようだ。デリーの歴史的な日時計である「ジャンタル・マンタル」（一七二四年、図3）について言及しながら、彼は「これらの宇宙的な道具は道を指し示している！　これらは我々を太陽や遠方の星と結びつける」と褒めたたえた。しかし、程度の差はあれ、ル・コルビュジエ自身の建築の多くもそれと同じことをしている——とくにラトゥーレット修道院（図4）や、ロンシャンやフィルミニーの教会、そしてスロープが住宅を巡って、矩形の住宅の屋上の波打つ形態のソラリウムに導くサヴォア邸（図5）。彼が説明するところによると、サヴォア邸のデザインは「初めて建築が人間を樹木や野原の詩情あふれる自然と直接触れ合わせた。長い水平連続窓は均一な光を採りこみ、つかい手が楽に外を眺めることができる——室内からは木々や草原が見え、ガラス窓や扉は視界を遮る

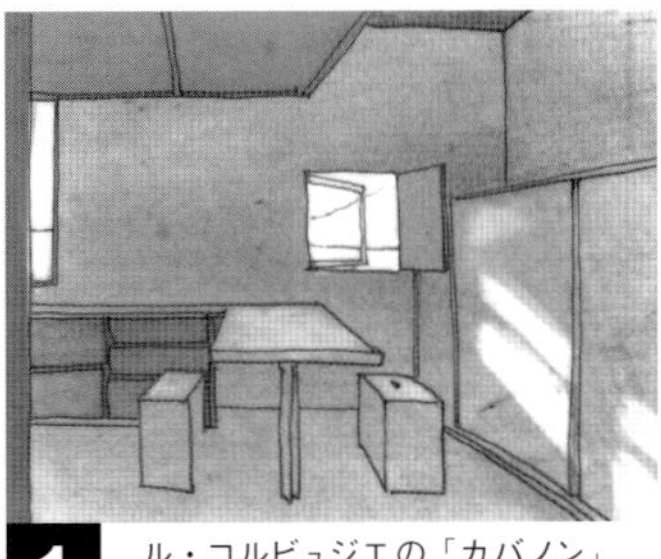
1 ル・コルビュジエの「カバノン」
1952年

2 日光浴をするル・コルビュジエ

3　デリーの「ジャンタル・マンタル」（大きな日輪）

4　ル・コルビュジエ「ラトゥーレット修道院」1960年

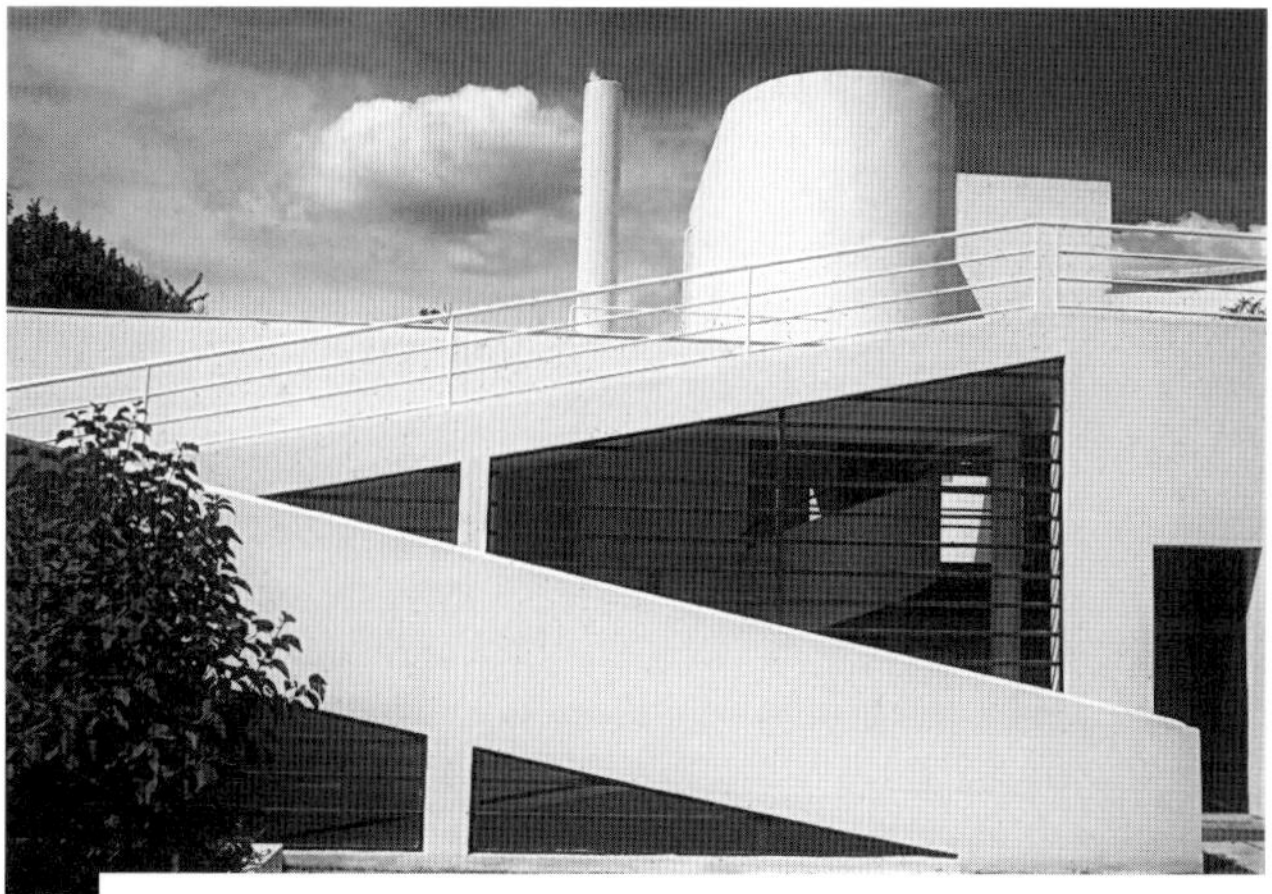

5　ル・コルビュジエ「サヴォア邸」1931年、のソラリウム

ことなく空間を囲っている」。人工的な環境である巨大なマルセイユのユニテ・ダビタシオン（一九五二年、第三講、図16）では、彼は皆に自然界の普通のことを楽しんでもらいたかった。彼は言う、人々は「可能な限り『自然の条件』の中で暮らすべきだ」。——それはチャンディガールの議事堂（一九六三年）の主要入口の扉に描かれている絵に生き生きと表現されているようなものだ——建物はこの国の人々にだけでなく、この国の自然にも開かれている——太陽、風、動物、鳥、樹木や河川そして遠方のヒマラヤ山脈の景色に。

採光のための苦闘

ル・コルビュジエは「建築の歴史は採光を得るための努力の歴史である」と書いている——このコメントは、とくに人生後半のキャリアにおいて新しい、そしてたぶん「よりシステム的に」建物を採光する手法を見つけようとしていた彼の個人的な苦闘から来ているのだろう。視界と換気、そして採光を得られる伝統的な窓の代わりに、彼はそれぞれの機能を分けることを提案した。それぞれ視界、採光、換気に必要な三つの異なる機能のために、まったく異なる三種類の構成要素の型があるべきである、と彼は言った。（a）開閉可能で開ければ光を取り込むことができる大きく頑丈な木製パネル、（b）日中常に採光ができる「壁に穿った穴」のガラス窓の型（ポッツ窓）、（c）換気を促すが幅が狭く防犯に有効な床から天井までのスリット、これら三種類の窓システムのバリエーションは彼の晩年の作品の多く、とくにインドのそれやラトゥーレット修道院、そして彼自身の「カバノン」――それは彼の発明の多くを試す実験台だった――に使われた。これら三種類の要素は人が自身の環境を調整できるようにしたが、それはル・コルビュジエが一九二〇年代に彼の「建築の五原則」で主張していた、一定の明るさを保ち続けるアプローチと非常に異なっている。一九五〇年代までには彼は以前とはまったく異なる主張を提案していた。「坐ってじっとしているばかりの都会生活の埋め合わせに、我々は熱気や冷気、太陽や影などさまざまなものの対比が必要だ。完全に均一な環境ほど危険なものはない……起床して部屋のドアを開けたときに、快適であろうと、不快であろうと、身体的にも精神的にも揺さぶりをかける変化によって小さなショックを受けるべきなのだ」。

ル・コルビュジエの救世軍難民院（一九三三年、図7）は彼が「アクティブな」ガラスのファサード――二枚のガラスの間にある空気が、冬に暖かく、夏には涼しく感じる摂氏一八度に保たれていて、室内と屋外の間で「かけぶとん」のように機能する壁――と説明したものをつくる実験だった。しかし、救世軍にはすべての

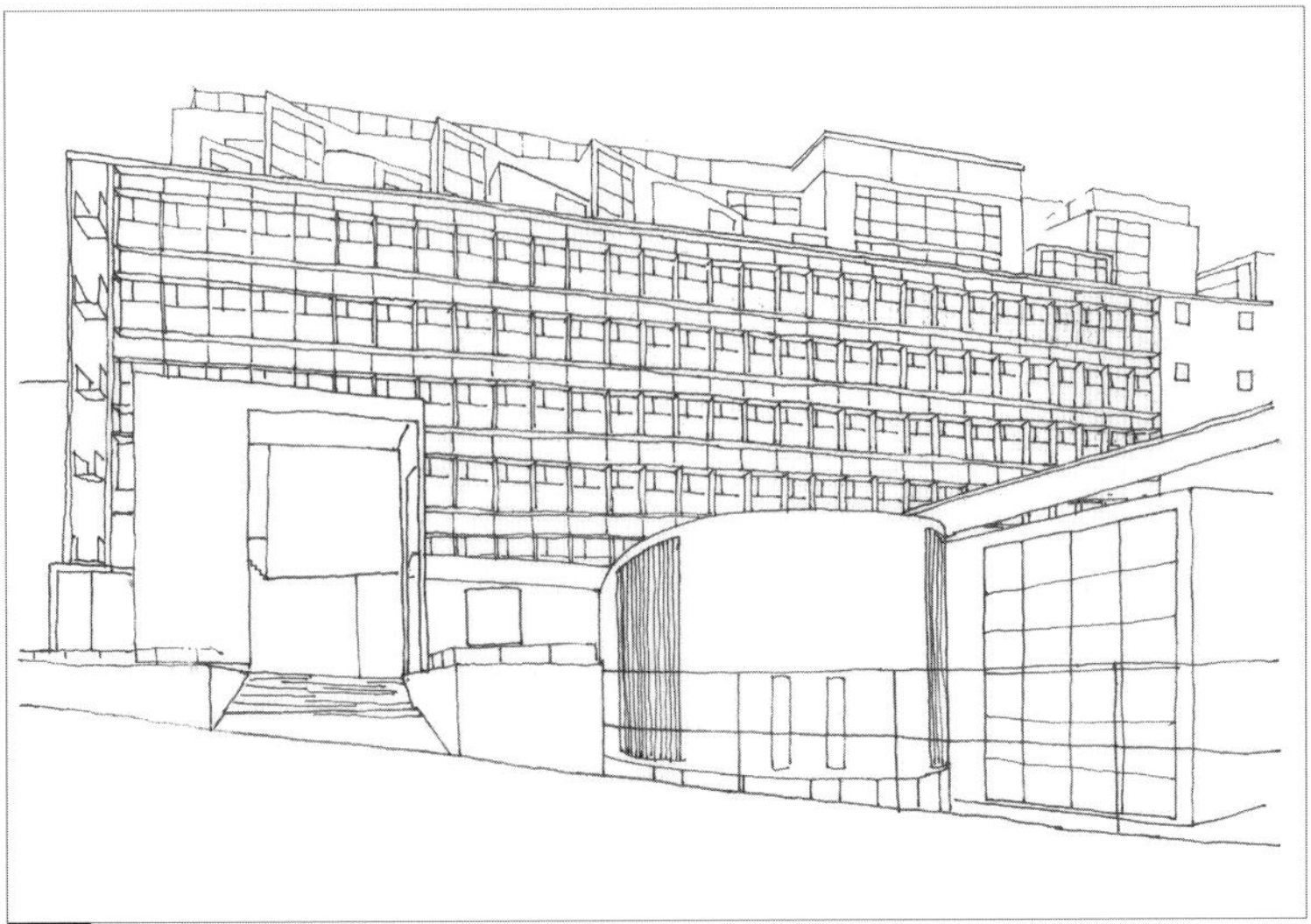

7　ル・コルビュジエ「救世軍難民院」1933年

必要な空調ダクトや二層ガラス（ダブルスキン）を設置する予算がないことが徐々に明らかになり、南向きのカーテンウォールのガラスは一枚になってしまった。「アクティブな壁」は気候を完璧にコントロールするはずだったので、窓は開閉できる必要がないとされて、開閉可能な窓はほんの少ししか設置されず、結果として換気量が非常に少なくなってしまった。一九二九年の春、建物が開館したときは建物内の気温はちょうどよかったが、夏季になると太陽熱負荷は室内で仕事をしたり、暮らしたりしていられないほどになり、ホームレスの人びとは退去して涼しい川辺の住処に戻っていった。ル・コルビュジエの実験は失敗に終わった――同時期にモスクワに建てられたツェントロソユーズでの似た実験と同様に。そこでは、施主はル・コルビュジエの提案した「アクティブな壁」を拒否し、その代わりに通常のラジエーターとロール・ブラインドを設置した。

パリでは救世軍が建築家を告訴する手続きを始めていた――ル・コルビュジエのキャリアを破滅させたであろう措置だ。しかし、彼の絶望的な状況は第二次世界大戦の開戦によって回避される。パリはドイツ軍に占拠され、英空軍が貧民救助センターが面していた線路を爆撃したので、窓が全て吹き飛ばされた。法的な手続きは断念され、最終的にファサードは一九五二年に再建された。「アクティブ」ではなく「パッシブ」な技術で、チャンディガール（一九五一年）やマルセイユのユニテ・ダビタシオン（一九五二年）の設計から得た知識に基づいた、南面のファサードの日よけとなるコンクリート

8 ブリーズ・ソレイユ

の「ブリーズ・ソレイユ」の層がついた。（図8）

垂直窓 対 水平窓

コルビュジエの救世軍・難民院の問題は深刻だったが、建築の歴史は採光を得るための努力の歴史であるという彼の発言は、恐らく彼のかつての雇用主であり友人でもあった優秀な建築家・エンジニアであるオーギュスト・ペレとの間のとても奇妙な長い闘争からきたのかもしれない。二〇世紀初頭、ペレはコンクリート造について傑出した才能のもち主だった。コンクリート造の設計や建設の理解において、彼の右に出るものはおらず、若き日のル・コルビュジエはペレの元で働くためだけにパリへ来た——彼にとって初めての建築事務所での仕事だった。ル・コルビュジエがパリに到着したばかりで、エックルス通り九番の安い屋根裏に住んでいたころ、最も評価が高く最も伝統的な芸術学校、パリのエコール・デ・ボザールの制服だったレインコートを着た「ラピン」——画家の研修生——の姿の写真がある。彼は週の半分はそこの図書館で勉強し、残りの半分はペレの事務所で働いた。事務所はペレが一九〇三年、二九歳のときに設計した、とても優美な九階建ての集合住宅（図9）の一階にあった。通し柱コンクリートのフレーム構造だが、室内の壁の位置は階によって異なっていた。ル・コルビュジエがパリに到着したばかり

9　オーギュスト・ペレ「フランクリン通り25のアパルトマン」1903年

10　ペレ「ポンテュー街の駐車場」1908年

の一九〇八年に竣工したペレ設計のポンテュー街の立体駐車場（図10）も同じ構成だった。ル・コルビュジエは当然その建物のことを知っていて、高く評価していただろうし、その簡潔で構造がそのままあらわされたシステムは、ル・コルビュジエの「ドミノ」の住宅構造システム（一九一五年）——とくに一九一四年から一八年の戦争によって家を失った人々のためのローコスト住宅の提案で、住人が資金ができたときに自由に木製の窓や扉、壁を設置することができるコンクリートの床スラブと柱、階段で構成された長方形のフレームの基本形——の発想源だったかもしれない。

これまでに、ル・コルビュジエにとって「建築家の最も重要な義務」は住宅を殺菌する太陽光を最大限取り込むことであって、そのための手段として彼は伝統的建築の垂直窓の代わりに、コンクリートや鉄骨のフレーム構造によって容易になった、長い「近代的な」リボンウィンドー（水平連続窓）が有効だと信じていたという話をしてき

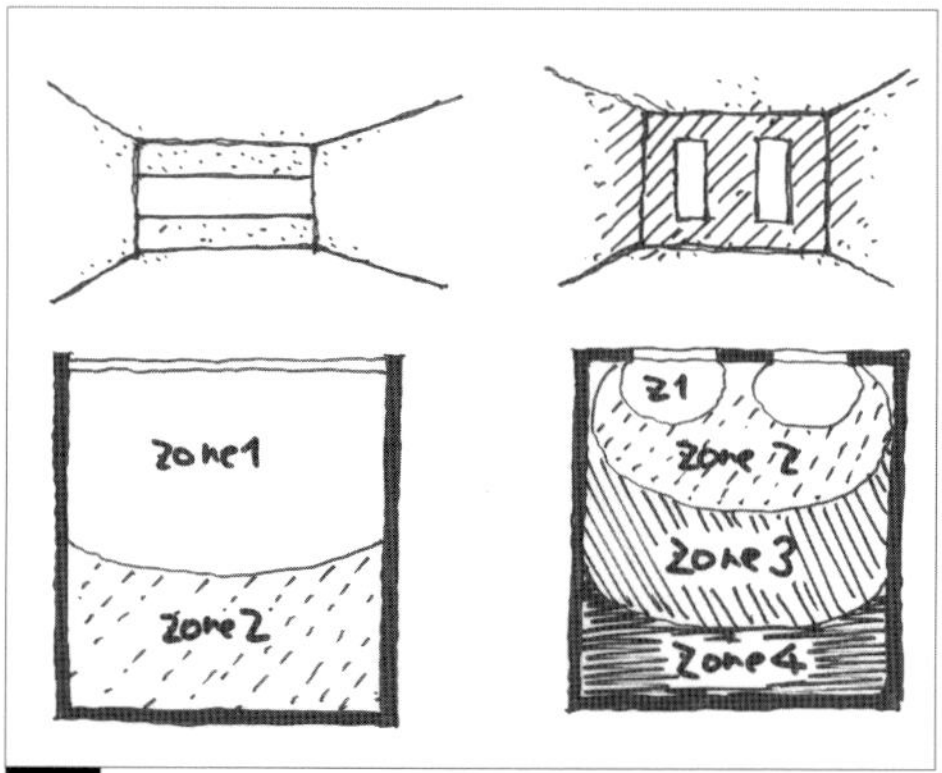

11 近代建築の５要素── 光、横長の窓と縦長の窓

12 ペレ「ガウト邸」1923年

た。彼は水平窓の型は室内に広く均一に太陽光をもたらすと主張した（図11）。しかし、ペレは縦に細長い窓は太陽光をより深く室内に取り込む上に、その形態は建物から都市の共同生活の様子を眺める建物の住人の立場を象徴しているともいえると反論した。それは窓についての長い議論の始まりで、ペレとル・コルビュジエが偶然、同時期にパリの中心部の同じ通りに住宅設計の依頼を受けたときからどんどん辛辣になっていった。完成したペレの建物——ガウト邸（図12）——ではすべての窓が伝統的な縦長のプロポーションでつくられている一方、ル・コルビュジエの明るく採光されたアメデエ・オザンファンのアトリエ（図13）の設計では、全ての窓は近代的で水平になっていた。これらの作品の年——一九二三年——はル・コルビュジエの最初の本が出版された年という意味で重要である。『建築をめざして』の中で、彼は新しい近代建築を駆り立てるために必要だと彼が感じた哲学とビジョンを提示し、この本の成功によって即座に彼は近代運動のリーダーとして認められた。

二人の建築家は二種類の異なる窓タイプをそれぞれの代理に立てて対抗しあった。一方が未熟さを責めれば、もう一方はビジョンの欠落だと非難した。住宅が竣工したとき、ル・コルビュジエがペレにやや悪意のある手紙を送りつけ、彼が素晴らしいエンジニアであることを否定する余地はないが、デザイナーとしてはいまいちだと指摘したことで闘争は激化した。「実際あなたは自分自身をあまりに過大評価しているのだ」とル・コルビュジエは書いた。

13 ル・コルビュジエ「アメデエ・オザンファンの住居兼アトリエ」

そして、最終的な打撃は恐らく、ペレの最新作であり、高い評価を受けた展示場（Palace of Exhibitions、一九二三年、図14）のラウンジにペレが座っているところを描いたル・コルビュジエのスケッチが広く流布したことだった（図15）。ル・コルビュジエはそれをペレが実際に設計した縦型の窓ではなく、「ル・コルビュジエ的な」リボンウィンドゥで採光された空間として描いたのだ。

この二人の旧友間の苦い闘争はばかげていたが、双方の建築家が自らの建築の考えに対して深くコミットしていたことを示し、またル・コルビュジエの「建築家の最も重要な役割は建物に日射を取り込むこと」という信条の強さも示している。日光は細菌を消滅させ、感染を防ぐという物理的な利点があったと同時に、作家のパウル・シェーアバルトが示唆したように、知的で社会的な利点もあった。「太陽や月や星の光を通すガラス建築は我々の文化をより高いレベルに引き上げる」と彼は書いた。我々の箱のような部屋のある伝統的な住宅では互いの関係が希薄だが、ガラス建築の中では我々は自分の周りにいる人々や社会と関係するようになる、と彼は主張した。建築家のルードヴィッヒ・ヒルベルザイマーは我々が伝統的な光と影の対立から逃れなければならないと書いた。我々の新しい建物はクリスタル・パレスのような均等な明るさをもった、陰影がない光の建物でなければならない、と。

建築は光を変化させる——スヴェレ・フェーン

14 ペレ「展示場」1923年

15 ペレの展示場でのル・コルビュジエ自画像。窓がコルビュジエ風に描き替えられている

僕が思う陰影のない採光の最も巧みな近代の例は、ヴェネチア・ビエンナーレで北欧の芸術家の作品の展示場としてスヴェレ・フェーンが設計した北欧館（一九六二年、**図16**）だ。これらのアート作品はたいてい北ヨーロッパの淡くて、灰色なことが多い自然光の中でつくられたが、ヴェネチアの強く、時に厳しい、日光の下で展示された。しかし、フェーンは自然光を遮蔽するのではなく、それを和らげた。東西、南北にスパンする二段の、それぞれ一メートル高のコンクリートのスラット（ルーバー）を敷地の上に「浮かべ」、それを敷地の既存樹木が貫いて伸び、ヴェネチアの日光を北欧のやわらかな光のように拡散させたのだ（**図17**）。

光は建築を変化させる――ガラスの家

一九五〇年代のフィリップ・ジョンソンとミース・ファン・デル・ローエのガラスの家は、その一〇〇年ほど前の一八五一年に建てられたクリスタル・パレスの直系の子孫だと思われるかもしれない。これらの三つの建物では、建築家たち――ジョセフ・パクストン、ミースとジョンソン――は手工芸によってつくられるのではなく、技能によって組み立てられ、システム的、最小限主義的で効率的に建設される建築を提案した。二軒の住宅はコルビュジエの「近代」人は可能な限り「自然な状態」の中で暮らすべきだという「詩的な」宣言にも適っている。中から外を見ると、住宅の壁はほとんど存在していないようであり、樹木や空、四季の変化する景色が枠どられる。し

16 スヴェレ・フェーン「ヴェネチア・ビエンナーレ北欧館」1962年

17 北欧館の天井の採光

かし、これらの「自然な状態」は住人にかなりのレベルの不快さを受け入れるよう要求する。冬季のガラス窓からの熱損失は床と天井に設置された電動放射熱暖房によって相殺されるかもしれないが、夏季においては床から天井までの日よけのないガラス窓からの熱負荷は我慢する他なかったのだ。

エーロ・サーリネンが設計したミラー邸は、ジョンソンやミースのガラスの家と合わせて三軒のガラスの家「セット」と見なされることが多いが、サーリネンはこのテーマをとても異なる方法で扱った。実際、外壁の大部分は不透明の灰色のスレートでできている。サーリネンの住宅では細長い半透明のグリッド状の天窓から、明るい太陽光が面状に差し込み、それによって室内は別々の空間や部屋に「ゆるく」分割される。また曇天には天窓を通した日光の変化が室内を活性化して、空間に普通の家族の住宅のくつろいだ感じを与える(図18)。より正確な意味で「光の家」なのだ。

住宅の外周は途切れのない白い舗装が、室内の鮮やかな彩りのカーペットや家具と周辺の鮮やかな彩りの庭の間の縁となっていて、ベランダの一種のように考えられている(図19、20)。サーリネンは屋根のグリッドを外壁からベランダの空間の上に突き出すことで、ガラス壁に日よけをつくり、不透明の壁で光を拡散させると同時に、白い舗装がキャノピーの軒下に日光を反射させて、明るく、繊細な無重力感を与えている。

18 サーリネン「ミラー邸」の外周

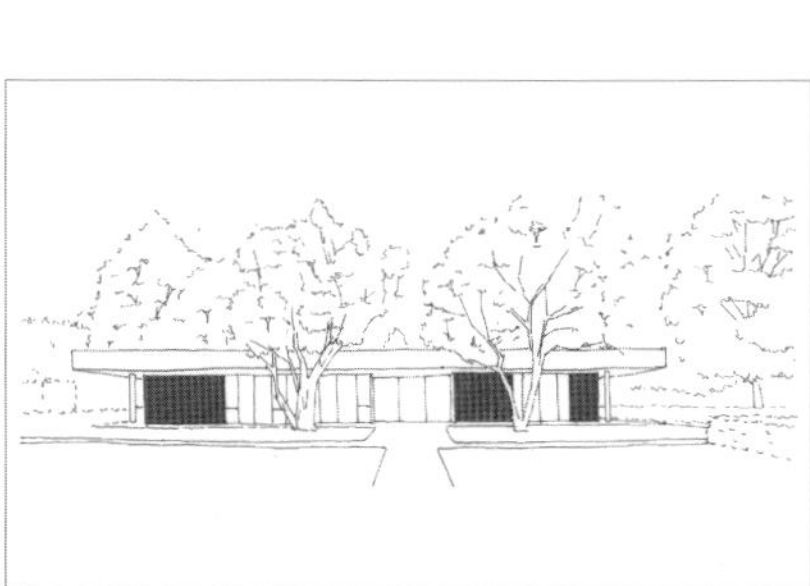

19 サーリネン「ミラー邸」1957年

ピーター・ズントーもバルの温泉の設計で、屋根を一九の部分に分割するガラスの天窓によって洞窟のように暗い室内に日光を落とすという似たような方策を用いた。しかし、ここではズントーの別のプロジェクトについて話したい――非常にシンプルな平面をもちながら実際は非常に複雑な建物――ブレゲンツにあるギャラリー（一九七七年、**図21**）だ。たぶん、この建物を理解する最も簡単な方法は、まず断面図を見

21　ピーター・ズントー「ブレゲンツのギャラリー」1977年

22　ズントー「ブレゲンツのギャラリー」室内採光

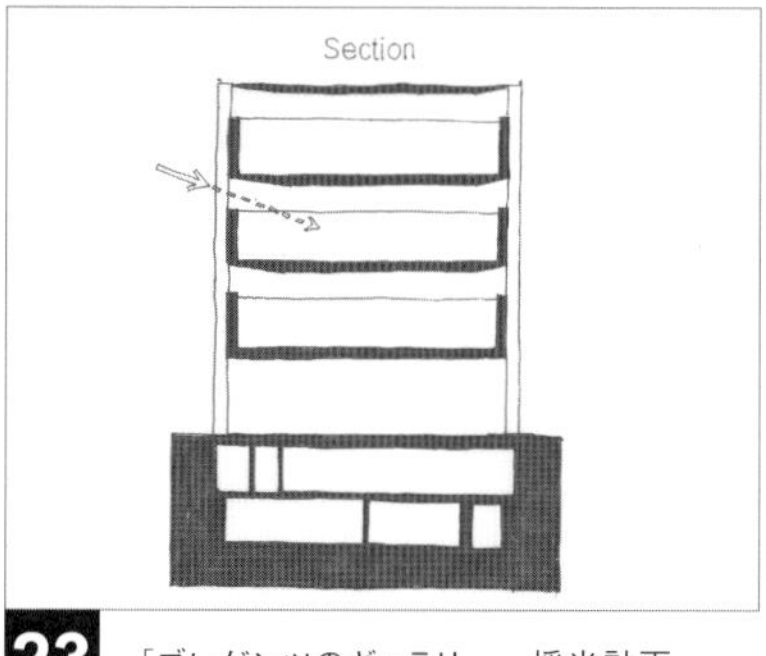

23　「ブレゲンツのギャラリー」採光計画

20　サーリネン「ミラー邸」平面計画

て、外壁の窓が並外れて高く設置されている普通のオフィスビルだと考えることだ。そして、その建物の四辺すべてをもう一層のガラスが包んでいるところを想像すると、窓は二重のガラスで覆われていることになる。その上で、三つの展示スペースのそれぞれにガラスの天井をつける。すべてのガラスは半透明仕上げなので、三層のガラスを通って展示室に届く日光はやわらかく拡散して陰影のない空間をつくり出す（図22、23）。

デンマークのバウスベア教会（一九七六年、図24）の外観はプレファブされたコンクリートパネルの壁とアルミの薄板の屋根でできていて、「近代的な」様式の工場か、またはスポーツセンターのようで、とてもあっさりとしている。しかし、北欧の教会が簡素で抑制された形態をもつのは慣習的なもので、ヨーン・ウッツォンの設計した禁欲的な外観は室内の波状の官能的な形態（図25）と劇的に対比する。ウッツォンがこのデザインの源を思いだして、こう語っている。ある日彼が海辺に座っているとき、一つの白くやわらかな形の雲が太陽の光を通しながら、彼の目の前でゆっくりと形を成していくのを見た。そのとき彼は教会をその雲のようにしたいと思った——会議室の低く、やわらかい曲線の天井がはじけて、教会の身廊や祭壇の天井は豊満

24 ヨーン・ウッツォン「バウスベア教会」1976年

で無重力のように見える光り輝く形となる。しかし、実際このアイデアは、示唆されたように北欧の雲ではなく、シドニーのオペラハウスの仕事が終わった後、デンマークに帰る途中で立ち寄ったハワイのビーチでスケッチされたものだった(図26)。

ウッツォンの教会とサーリネンのミラー邸は、まったく異なるスケールや目的をもつが、その平面には共通点がある。どちらの建物も同時に異なる種類の日光を取り込んで室内空間を豊かにする天窓がグリッド状に計画されている。ウッツォンの教会では、やわらかく、徐々に変化する日光は、北から教会の身廊に差し込み、きつく、目まぐるしく変化する光は、外壁沿いの廊下の上の天窓から垂直に入り込む。これらの二つの種類の日光は非常に異なる性質をもっている——一方は機能的に必要な照度をもたらし、もう一方は輝度と「濃淡」をもたらす。

建物は南東／北西の向きに配置されているので、礼拝が始まる朝に南東からの日光が建物両側の廊下に入り、最も強い光が祭壇の背景となる南東側の廊下の天窓を通して身廊へ射しこむのだ。

ラトゥーレット修道院の光

世間や互いから隠遁し、ほとんど会話をすることなく静寂や時には沈黙

25　「バウスベア教会」の室内

26　「バウスベア教会」のスケッチ

27 ル・コルビュジエ「ラトゥーレット修道院」1960年

を戒律とするドミニコ修道会の依頼で、ル・コルビュジエはこの建物を設計した（図27）。そのために、ラトゥーレットの居住フロアの廊下沿いの壁にある連続窓には、間にコンクリートの厚板が突き出していて、近隣の街や周辺の景色を限定し、修道士が谷の景色について会話するきっかけを与えないようにしている。同様に、屋上の修道院の壁は、その場所について語り合う気にさせないほど高く、それぞれの廊下の突き当たりでは、コンクリートのパネルが日光を反射するが、風景への視線は妨げている。この講義ではこれまで、機能によって異なるタイプの窓を発明しようとするル・コルビュジエの興味――「建築の五原則」の水平窓から救世軍難民院の「アクティブな」窓、そしてインドやラトゥーレットでの窓タイプを視線に関係するも

28 「ラトゥーレット修道院」室内の「光の大砲」

29 「ラトゥーレット修道院」の水平窓

の、換気に関係するもの、採光に関係するものに分類することまで――を見てきた。ル・コルビュジエはラトゥーレットにおいて宗教関係のエリアや教会に「視線を通すための窓」をつくらず、はっきりと異なる手法で建物に採光と換気をもたらした――「光の大砲」（図28）を通して、外から教会へのエントランスである縦に細長い窓を通して、聖職者が祭壇の両側に立ったときにそれぞれがもつ祈禱書の上に光を投げかける細長い水平スリット窓を通して（図29）、主祭壇の上に光を落とす天窓を通して（図30）、そして季節によっては祭壇の壁の表面を横切る日没のオレンジの光をもたらす祭壇の壁と天井の間のスリットを通して。そして、修道院の中庭の反対側、公共のエントランスの近くのチャペルの角には縦に切れ目があいており、屋根には奇妙な傾いた直方体の煙突のようなものが突き出ていて、隣接する屋上の壁の上から光を取り込んでいる。

「調整者」としての窓

アメリカ人建築家のルイス・カーンは、彼の事務所のデスクの壁にオクルス（頂上部分の開口）から丸い光が差し込み――天気によっては雨や雪も入るのだが――室内を光が動いていく、ローマのパンテオン（図31）の写真を掲示していた。この建物を念頭に、カーンは書いた。「電気が発明される前は、どんな建物にも多様な種類の光があった――燃える薪、それから蝋燭、それからガス――さまざまな光と影のエリアがあっただろう。しかし、今は」とカーンは続ける。「建築家は自然光に対する信

30 「ラトゥーレット修道院」の主祭壇

31 ローマのパンテオン 内部

頼を忘れてしまった——建築家はつけたり消したりできるスイッチに頼っている。彼らは静的な光に満足し、一日のうち絶えず移り変わって一秒ごとに部屋を異なる部屋のように変える自然光の性質を忘れている」。電気が発明される前は、夜間に建物は異なる明るさレベルのさまざまな方法で明るくされた。カーン自身の建築の写真を見るとき、我々はそれと似た性質を見ることができる。バングラディッシュの国会議事堂ではグリッド状の窓からの光がパネル壁の表面に模様をつくる——そして太陽の動きとともにその模様は変化していく(図32)。カーンのコメントに共鳴して、フィンランド人建築家・批評家のユハニ・パラスマは「近代建築では光はただの定量的な事柄になってしまった」と書いた——我々は部屋にどのくらいの明るさが必要かということは話すが、光の効果や種類についてめったに話すことはない。パラスマは続ける。「窓は二つの世界——閉鎖と開放、公的と私的——の調整者としての重要性を失った。窓はただ壁が欠けた部分になってしまった」。「二つの世界の調整者」とはパルラスマは何を意味しているのか。これまでの講義でレヴェレンツの復活の礼拝堂(第六講)について見てきた。ペディメントは、会葬者が入るべき場所を示すとても大きなものと、建物の背後にある窓の上の小さいものと二つある。礼拝堂の中では、建築は窓の重要性について語ってくれる——礼拝堂の基本的に簡素な壁と仕上げ、窓枠を支えている装飾がたくさん施された四つのブラケッ

32 カーン「バングラディッシュ国会議事堂」1982年

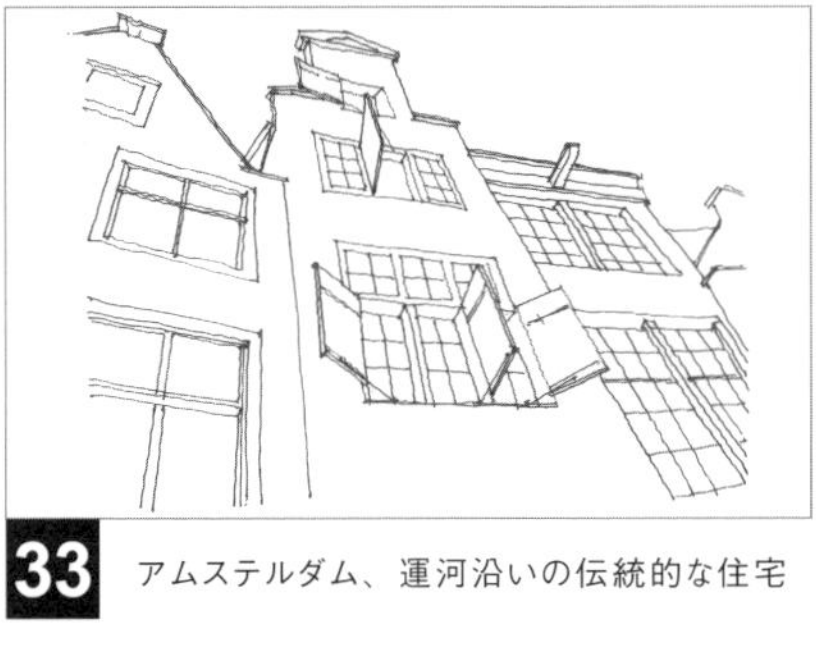

33 アムステルダム、運河沿いの伝統的な住宅

トは、これが神の光が差し込んで、亡くなった人の棺の上に広がる場所であることを伝えている。窓は内部と外部を離しつつつなげている──二つの世界の調整者なのだ。オーストラリアのグレン・マーカットのボイド・アート・センター（第七講、図42）でも同じことに気づくだろう。そこでは、四人の学生が寮の寝室を共有するが、それぞれのベッドのスペースに個々の学生が、素晴らしく美しい屋外のランドスケープの光や視線、音、匂いとの関係を調整することができる雨戸がついている──異なるスケールの雨戸を開け閉めすることで、内部と外部が一体になったり、分離したりする。

マーカットの窓とアムステルダムの運河沿いの住宅（図33）の伝統的な雨戸を比較すると面白い。通常縦長のアムステルダムの窓は半分に分かれていて、下半分の雨戸は外壁に取り付けられていて外開きである一方、上半分の窓の雨戸は天井から吊られていて内側へ開け閉めできる。ガラス窓と上下の雨戸はともに家の中への日射を調整するさまざまな選択肢を与え、そしてフェルメール（図34）やピーテル・デ・ホーホのような多くの偉大なオランダ人画家はこれらの雨戸がついた普通の家庭の部屋をアトリエとして使った。メキシコの建築家、ルイス・バラガンの建築──とくに彼の自宅（図35）──にも似たアイデアが見られる。一九四八年に建てられた自宅には光の向きを変え、部屋の明るさと性質を変えることができるさまざまな雨戸がある。それは彼がピアノのように光を「演奏する」ことができる家だった。

34　ヨハネス・フェルメール「ヴァージナルを弾く女と男、音楽の練習」1662–65年

35　ルイス・バラガン自邸の図書室

これまでの講義で、典型的な一八世紀北ヨーロッパの居間にある、壁に二つの縦に細いスリットを穿った窓――ル・コルビュジエがオーギュスト・ペレとの争いで非難した窓のタイプ――の写真を見てきた。しかし、フェルメールの絵画に表れるように、通常の伝統的なオランダの住宅ではガラス窓は正面の壁の両端にあり、太陽光は両側の白い壁に反射して和らいだ光を部屋の中心部にもたらす。それはル・コルビュジエがフランス南東にある一二～一三世紀のル・トロネ修道院（図36）で非常に心を動かされた「半透明の」光と同じ種類の光である。そこでは、修道院の石のアーチの奥行きが並外れて深いため、強い日射がその表面に反射し内部に射し込む際にはわずかに神秘的な「輝き」に変わっている。だから、僕は安藤忠雄の建物の内部（図37）――それが教会であれ、ギャラリーであれ、住宅であれ――がすべてわずかに超現実的な性質をもっているのだと思う。彼の窓もたいてい日射を壁に当て、壁は空間にやわらかい光を反射させるのだ。

　安藤の光の教会（一九八九年、九九年、図38）では、一つの大きなガラスのはまった面が教会に光をもたらすが、視線は通さない。そして、十字架の形に切り取られた南側の壁を通して直接入る細い日射以外は、霧のようなやわらかい反射光が空間を照らすだけだ。最初に出版された安藤のドローイングや文章は何もこのことを説明していない――彼は建物の物理的な形態を強調し、直径五・九メートルの球が三個内接する直方体のボリュームが一五度傾いた自立壁で切り取られていると説明した（図39）。何

36 「ル・トロネ修道院」1157年

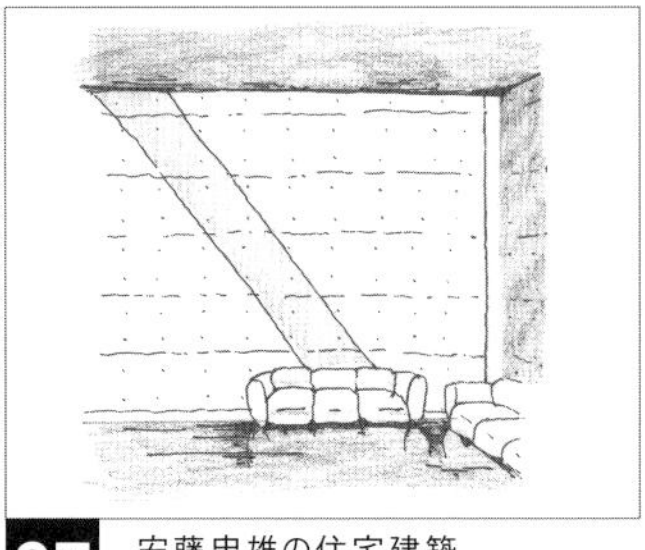

37 安藤忠雄の住宅建築における光の壁

年も前にロンドンで僕が彼のドローイングを初めてじっくり見たとき、このデザインは単純に幾何学の抽象的な構成だと思ったので、のちに初めてこの教会を訪れたときに、その周辺状況の性質に教会がいかに正確に、そして繊細に関係づけられているかがわかって驚愕した。僕は教会が交通量の多い道と駐車場、そして無数の黒い電線の網に囲まれた幅の狭い敷地に押し込められていることを発見した。敷地のほとんどはその簡潔さを台無しにする二軒の不格好な古い木造の建物――修道士の住宅と日曜学校――で占められていた（図40）。一〇年後、その両方は安藤が設計した建物に入れ替わったが、教会のもともとの敷地状況のために、彼は西側にたった一つのとても大きな窓を開け、その開口から日本の屏風のような教会を通り抜

38 安藤忠雄「光の教会」1989年

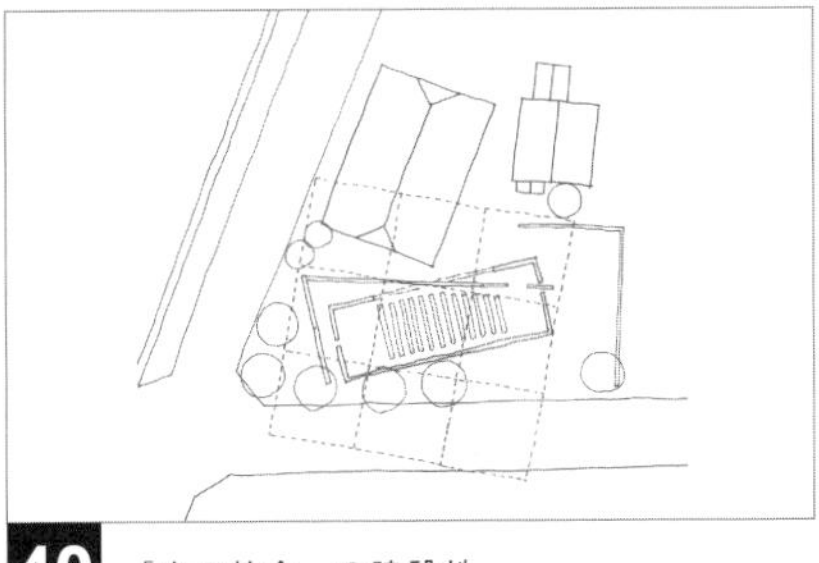

40 「光の教会」の建設地

39 安藤忠雄「光の教会」

ける独立壁によって、見苦しい景色を遮り、南東の日射をやわらかく教会内に反射させた。日曜の礼拝が午前一〇時三〇分に始まるときには、十字形の開口からの直接光が床に斜めに射し、礼拝が終わる一二時までにゆっくりと床を横切るような方向に長方形の教会のボリュームが向けられている。建物は日時計のように機能するのだ。

建物のデザインが質素そのものであることを考えると、コンクリートの斜めの壁がガラスのはまった直線的な開口を貫通する部分に、鉄骨マリオンの上部の絡み方の違いで二つの幾何学形の相違を解消している、興味深い――そしてそのために得るところの多い――ディテールがある（図41）。これはほとんど見すごしてしまうようなディテールであるが、この複雑さは安藤を満足させなかったのではないかと僕は疑っている。西側の壁の開口にはもともとガラスがはまるはずではなく、屋根も設置されるはずではなかったので、この複雑さが発生してしまったのではないかと推測するのだ。安藤がこのプロジェクトに取りかかったときに、彼は司祭の資金が床や壁を建てるのには十分だが、恐らく屋根をつけるには足りないことを知っていたので、それは当初屋根のない庭の一部のような教会として構想されていた。しかし、この建物を建設することにとても誇りをもっていた工務店が費用を負担して屋根とガラスを取りつけた。

ルイス・カーンのように、安藤も古代ローマのパンテオンの熱心な称賛者

41 光の教会のディテール

42 安藤忠雄「住吉の長屋」1976年

だ。しかし、カーンは中央のオクルスから射しこむ変化する太陽光の効果について語っているが、安藤は通常、自然の無作為性——雨、雪、鳥——がこの幾何学的に完璧な球形の空間を豊かにすることについて語る。幾何学と無作為性の衝突は、中央の空間——住宅の核——が空洞の安藤の住吉の長屋（一九七六年、図42）の設計において、主要なコンセプトである。そして、安藤の設計した建物でとても多くのものが、住人を周辺の世俗的で醜い商業的な世界から守るために敷地の周りに壁が建てられている。彼は全ての作品において、光が重要で支配的な要素だと述べている。彼は主にぶあついコンクリートの壁によって閉じた空間をつくる。その最も根本的な理由は、社会の中で個人の空間、その人自身の領域を作るためだ。都市環境の外的要因によって、壁に開口をあけられないとき、内部は特に充実して満足のいくものでなければならないと彼は言う。

しかし、アメリカ・セントルイスのピューリッツァー美術館の設計では、珍しく長細い水盤の中庭——ギャラリーの中心的存在——が当初の彼のスケッチでは四周すべて閉じて描かれていたのに一面はオープンに建てられた（図43）。

43 安藤忠雄「ピューリッツァー美術館」2000年

美術館の建設開始時に僕はセントルイスで教えていたので、僕自身も学生たちも安藤が設計しながら何を考えていたのかを理解しようと努力した。いつものように、彼は最も基本的な説明しかしない。敷地の近くに大きく重要な歴史的建造物である、マソニック寺院（フリーメーソンの集会所）がある。少し離れたところにはセントルイス大学のキャンパスと街の主要な動線の一つである高速道路がある。しかし、セントルイスは荒廃した街だった。美術館の敷地の北側では、ほとんどすべての建物が心無い人によって破壊され、燃やされていた。敷地の西側には、壊れたキャノピーの下に木っ端みじんに破壊されたガソリンスタンドがあり、その前には焼け焦げた車が停まっていた。そして、敷地の東側には、中古車販売所があり、その周りは販売者が吊るしたけばけばしい旗やバナーだらけだった。安藤は施主とともにこのプロジェクトの敷地選定に関与しており、僕たちはなぜ安藤が、敷地からの景色がすべて醜悪なこの特定の場所を美術館の敷地に選んだのか理解しようと努力した。しかし、建物が竣工して、僕たちは徐々に安藤の長細い中庭の水盤は街の魅力的な景色の連なりだけを枠どっていることを理解した。金輪際、歴史的なマソニック寺院の前に建物が建てられることはない。高速道路に建物が建つこともない。セントルイス大学の魅力あふれる庭に建物が建てられることもない。美術館の中庭の水盤から始まる景色の連なりは、永久

44 セントルイス市街における「ピューリッツァー美術館」

にほぼ一キロメートル離れた大学キャンパスの樹木への景色を枠どるのだ（図44）。荒廃した街の視覚的な混沌のただ中で、安藤は建物で、恐らく彼だけが気づいた、そこで得られる数少ない静寂な風景のみに焦点を当てた（図45）。安藤の多くの他の作品と同様に、彼の建物に対する考えを理解するには、建物の外へ目を向けて、その建物が調和しているコンテクストを見なければならない。もし、彼の建物だけを見たら、あなたは形態を見ても、彼の考えを理解することはできないだろう。

ル・コルビュジエの質問

学生が何をどのように教えられるべきかという文章で、ル・コルビュジエは学生が考えるべきいくつかの質問を示唆している。「窓はどのようにつくるのか？ ついでに言えば、窓は何のためにあるのか？ なぜ窓をつくるのか本当に知っているか？ もし、知っているのであれば、君は私になぜ窓がアーチ型や四角や、長方形なのかを説明することができるだろう──僕は理由を知りたいのだ。そして、付け加えて、現代において窓は必要だろうか。窓開口はどこにつくるのか？ 光がどこから来るのかによって、受ける感じが違うのがわかるかい？

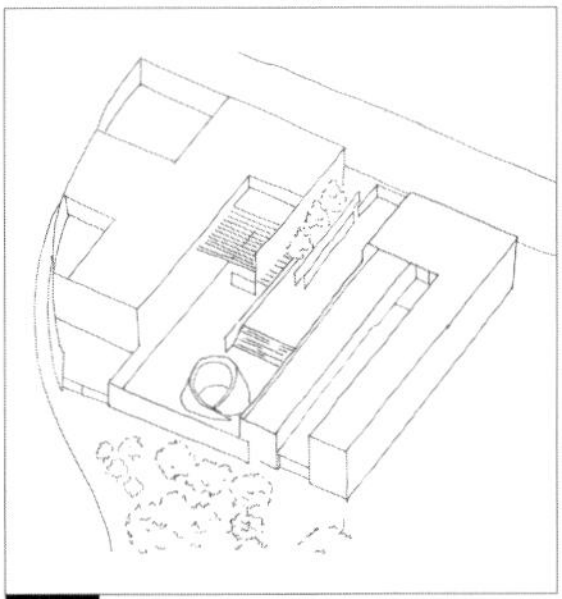

45 「ピューリッツァー美術館」

第九講

大地
——ハディッド　ウッツオン
ズントー　リベラ　リン

9

建築は大地から生い立つ——あるいは、グレン・マーカットの建築などの場合は、大地の上に爪先立つ——穏やかにそして極めて優雅に。建築とそれが生い立つ大地の関係性を一貫して探究してきたもう一人の建築家は、驚くべきことになんとザハ・ハディッドだ。フランク・ロイド・ライトは大地と建築との共生を語ったが、ハディッドの香港の「ピーク」のデザイン——現場で切りだされ、磨かれた花崗岩の風景——が、彼女の建築なのだ。

ランド・アート

「近代の」芸術家は彼らの作品の役割は慣習的な思考に挑戦し、社会の境界を押し広げ、社会の主流とは距離を置いて、弱者のために「発信」することだと主張しがちだ。しかし、皮肉なことに、ほとんどの芸術活動が受ける助成金は、常に権力の側からきている。そして、一九六〇年代の「カウンターカルチャー」運動が発展するにつれて、芸術家は「適切」であり続けるために、商業的なギャラリーの後援や資本主義の「システム」の外へ作品を引き上げる必要があることが明らかになってきた。そこで、「ランド・アート」という新しい方法が力強い表現手段となった。常にギャラリーで展示されるものであったアート作品は、時にギャラリーよりも大きいものになり、売買するには大きすぎるものになった。ランド・アートはアートに倫理的な立場を与えた。それは時に建築と区別することがとても困難な「環境芸術」だった。そして、

1 ロバート・スミッソン
「スパイラル・ジェティ」1970年

建築は「環境芸術」と区別することがどんどん難しくなっていった。

ロバート・スミッソンの「スパイラル・ジェティ」（一九七〇年、**図1**）は通常、建造された最初の「ランド・アート」作品だと考えられている。それはアメリカ・ユタ州の湖に土と岩でつくられた、長さ五〇〇メートル、幅五メートルの、時計と反対回りに渦を巻いている細道で、「自然」っぽい図形だが、明らかに人工的である。湖の水位は気候の変化——豪雨や干ばつ——から劇的に影響を受ける。この作品が完成した直後に水位が上がって、作品は水面の下に姿を消し、ほとんど三〇年間見えなくなっていた。

マイケル・ヘイザーのランド・アートである「ダブル・ネガティブ」（一九六九年、**図2**）では、高台に切り込んでいる谷に直交するように幅九メートル、深さ一五メートルの長方形断面の溝を刳り抜き、谷の部分にかかるはずの五〇〇メートル以上離れた概念上の溝を示唆する作品となっている。

ワルター・デ・マリアの「マイル・ロング・ドローイング」（一九六八年）は仮設の作品で、一マイルの

2　マイケル・ヘイザー「ダブル・ネガティブ」1969年

3　ワルター・デ・マリア「ライトニング・フィールド」1977年

長さの二本の白い直線が四メートル間隔で平行にモハベ砂漠のひび割れた地面の上に描かれていて、水平線の暗い線がそのチョークで描かれた線に直交して横切っている。「ライトニング・フィールド」（一九七七年、図3）で、ワルター・デ・マリアは一×一キロメートルの範囲に、四〇〇本のステンレス管を六五×六五メートルのグリッド状に均等間隔で並べた。それぞれの管は直径五〇ミリで、平均の高さが八メートルある——それぞれの管の尖った先端は、完全に水平に並んでいるので、管が立つ地面のレベルによって、それぞれの管の長さは異なるわけだ。五月から一〇月の間、鋼管の平野は時に雷を伴った嵐を惹きつけ、全方向から雷が落ちる広大なアンテナの役割を果たす。

クリストとジャンヌ・クロードの作品は常に彼らが選択した敷地のふだん忘れられがちな特徴や性質を引き出すことで、場所の既存の特徴を強調する。たとえば、「ヴァレー・カーテン」プロジェクト（一九七二年、図4）で、彼らはコロラド・ヴァレーを選定した。地元の通勤者は何年もの間毎日車で通りすぎているので、自然形態の美しさに無意識になってしまっている場所だ。一番高いところで高さ一一〇メートルのオレンジ色のナイロン製のカーテンが谷の幅四〇〇メートルいっぱいに広げられ、風に揺れて、朝と夕方の日光によって色が変わる逆アーチ型の「窓」をつくる。

4 クリストとジャンヌ・クロード「ヴァレー・カーテン」1972年

同様に、「ランニング・フェンス」プロジェクト（一九七六年）では、クリストとジャンヌ・クロードはカルフォルニアの地形を横切って、長さ四〇キロメートル、高さ五メートルの白いカーテンを吊るした――カーテンの曲がりくねった軌道は起伏のある地形の形態を強調する。これは、この講義の後半で取り上げるイタリアのスーパースタジオ・グループの「コンティニュアス・モーメント」プロジェクト（一九六九年）でも見ることができる、人工物と自然物の違いについての表現だった。

ライトとマーカット

コンクリートのバルコニーとごつごつした岩が、絶え間なく落ちる滝によって融合した「落水荘」（一九三六年、**図5**）について、フランク・ロイド・ライトが説明するところによると「家が『丘の上』にあると考えてはいけない……丘の一部だと考えるべきなのだ。丘と家は互いの存在によってより幸福になり、ともに生きていくのだ」。グレン・マーカットが手でカーブをつくりながら、ボイド・センター（一九九九年）の屋根の形態をいかに遠くの風景に似せて設計したかということを説明している写真（第七講、図41）にも同じ種類の熱意が感じられる。そして、マーカットのケンプシー・ゲスト・スタジオ（第七講、図28）の写真と日本の島根県の農家のイメージ（**図6**）

5　フランク・ロイド・ライト「落水荘」1936年

6　出雲地方の築地松（ついじまつ）と散居

からは、自然と建築が共存していることがわかる。マーカットの小さいスタジオの北東と西側には大きな既存の樹木があり、それが太陽熱をやわらげたので、彼はスタジオに大きなガラス窓を開けることができた。そして、島根でも畑の北側と西側に沿って五メートルの高さの生垣と樹木を植えることで、冬に近くの山から平野を横切って吹きぬける冷たい北西の風を防いだので、農家は比較的遠隔地にでも、自分たちの家を建てることができたのだ。

ピーター・ズントー

ピーター・ズントーのセント・ベネディクト教会（一九八八年、**図7、8**）は一九八四年の雪崩によって破壊された小さな古いバロック様式の教会の後継として建てられた。新しい教会は同じ丘の斜面地だが、森林の樹木の少し下方に建てられていて、それらの樹木は将来の雪崩から教会を守り、建物の背景となって、その立地に文脈を

7 ズントー「セント・ベネディクト教会」1988年

8 セント・ベネディクト教会内部

与える。内部では細い構造材――木材がそのままあらわしで使われている支柱が外部の森の樹木を模倣している。祭壇の周りの円形の空間は徐々にエントランスへと細くなっていく。エントランスでは、支柱と支柱の間が狭いので、信者は教会の内部へひとりずつ受け入れられる。教会の「船首」に似た流線形は、将来大雪が降っても、雪を建物から逸らして通過させるだろう。そして、壁が下りてきて地面に接続する教会の基礎部分で、壁の基礎の曲面が地面と壁を融合させる。

ズントーのブラザー・クラウス野外礼拝堂（二〇〇七年、図9、10）では、建築と土地が文字どおり結合している――建物に使われたほとんどの材料は建物が建つ土地から得られた。近辺の植林地から伐採された木材を「内側の型枠」として組み上げ、その周りに地域色を加えるために地元の土を混合したセメントで五〇〇ミリ厚にも及ぶ「版築」（土を固く突き固める工法、この場合はセメント混合）の層がつくられた。最終的に内

10　「ブラザー・クラウス野外礼拝堂」の内部

9　ズントー「ブラザー・クラウス野外礼拝堂」2007年

側の木材は燃やされて、教会内部に空洞が残される。

アアルト

フィンランド人建築家のアルヴァ・アアルトがフランスの敷地に設計したメゾン・カレ（一九五六年、**図11**）では、傾斜する屋根面が住宅の背景にある樹木の斜めの線を模倣しており、建物の長方形の形は庭の方へ幾何学的に配置された芝の生えた階段として広がっていき、建築とランドスケープが融合する。反対に、人工物による統一性や規則性が期待される住宅内部において、自由な形態とレベル差のある床と天井は、分割された部屋にまとまりをもたせている。

ザハ・ハディッド

しかし、驚かれるかもしれないけれど、建築とランドスケープの融合において僕が最も説得力がある建築家だと思うのは香港ピークのコンペ案（一九八三年、**図12、13**）を設計したザハ・ハディッドだ。最優秀賞を受賞したが実現しなかったこのプロジェクトは、香港の中心部を望む「ピーク」の頂点に位置した花崗岩の山で、とても裕福な人々のためのクラブになるはずだった。ハディッドのデザインは、部屋や床、天井が未

11 アルヴァ・アアルト「メゾン・カレ」1956年

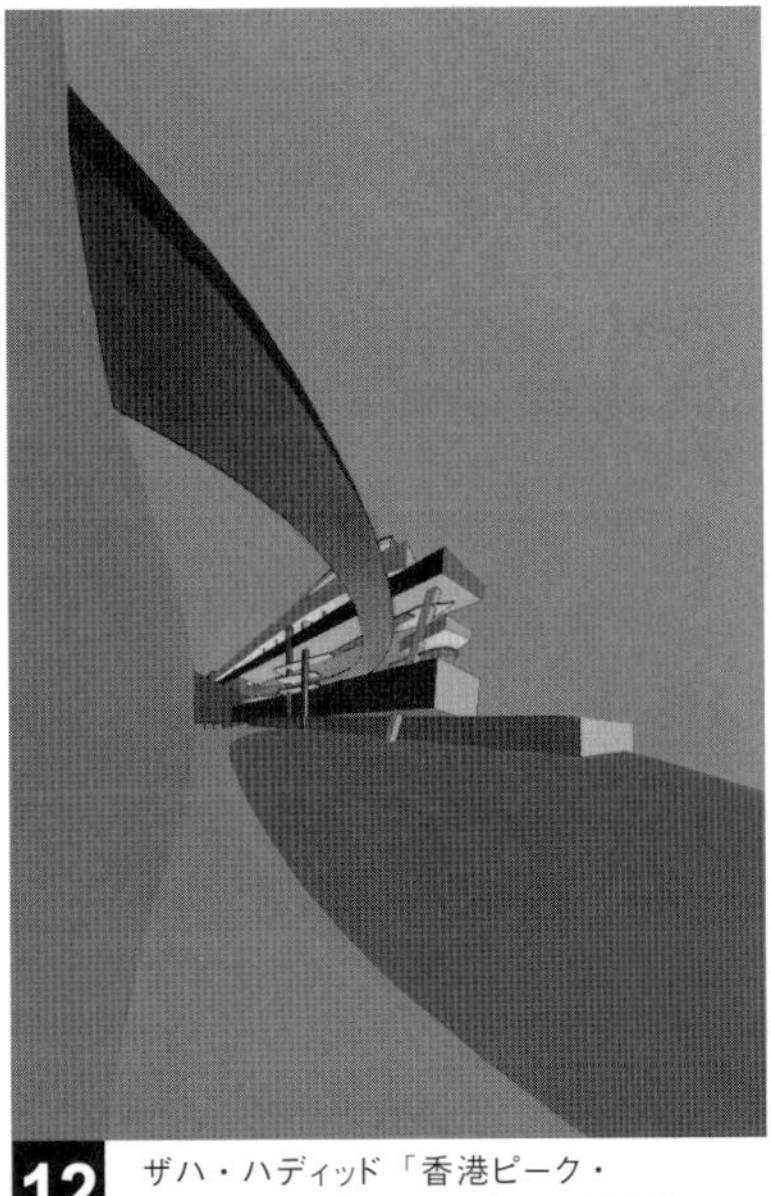

12 ザハ・ハディッド「香港ピーク・レジャークラブ」コンペ案、1983年

加工の花崗岩の崖から切り出されて、磨かれる「人工の磨き上げられた花崗岩の山」だった。何が既存で何が新規なのか、どこから建物が始まり、どこでランドスケープが途切れるのかは不明瞭だったろう。

スーパースタジオ

一九六六年にイタリアの過激な建築家のグループである「スーパースタジオ」は彼らの「コンティニュアス・モニュメント」プロジェクト——すべての建物が世界に広がった巨大な白いグリッド状の構造体の一部となって、すべての建築が完全に同じように見える未来を描いた一連のイメージ——のドローイングを出版して大きな影響力を及ぼした。この提案はその時代の建築——機能や立地に関わらず、至るところで建築の外皮が慣習的にグリッド状のミラーガラスの箱であること——に対する批判だった。スーパースタジオはその状況を論理的な結論——論理的な資本主義の結論——にまで外挿した。ワルター・デ・マリアの「マイル・ロング・ドローイング」やクリストとジャンヌ・クロードの「ヴァレー・カーテン」や「ランニング・フェンス」のように、「コンティニュアス・モニュメント」プロジェクトは人工物と自然のランドスケープの関係を扱っている。スーパースタジオのプロ

13　ザハ・ハディッド「香港ピークのコンペ案」1983年

ジェクトの巨大なスケールは世界の自然の地形の巨大なスケールや威厳とバランスを取るように意図されている。

安藤忠雄・1

同じような人工物と自然とのバランスは姫路にある安藤忠雄の兵庫県立こどもの館（一九八九年、**図14**）にも見られる。そこでは、建物は大きな貯水池の一辺に沿って広がる本館と工房、そして中間広場の三つの部分に分割されている（**図15**）。それらすべては丘の傾斜に切り込む三枚のコンクリートの壁と長い通路によってつながる。通路は本館から細長い平地を辿り、最初の壁は「中間広場」——低いレベルの通路まで階段で五メートル下るところにある、高さ九メートルのコンクリート柱が立った「森」——へと導く（**図16**）。

これらの精密な幾何学的形態は「豊かな緑に覆われた地形に抗するかのように埋め込まれた」と安藤は書いている。彼はこの三枚の壁の構成を「アースワーク（ランド・アート）とも言える力強い意志が封じ込められている」（『GA

14 安藤忠雄「兵庫県立こどもの館」1989年

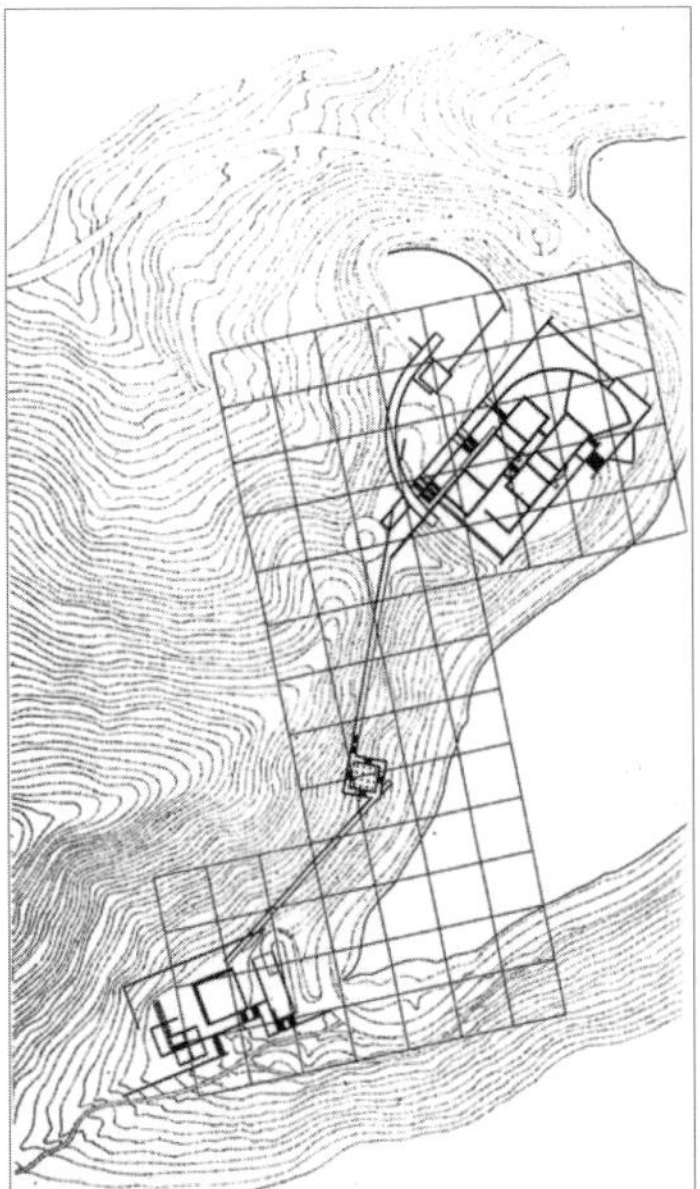

15 「兵庫県立こどもの館」の敷地プラン

16 「兵庫県立こどもの館」内部から見る

Architect 12, Tadao Ando 1988-1993』p.85）と描写した。「建築作品」ではなく「アースワーク」。おそらくそれは壁が機能をもたないからだろう。しかし、安藤の作品とリチャード・セラの「シフト」（一九七二年、**図17**）と題されたアースワーク——六枚の高さ一五〇〇ミリのコンクリート壁の連続が平野を横切って立てられ、地面の波打つ形態と壁の上端の水平ラインが対比する——には類似点がある。同様の効果は、天窓のある初源的な幾何学形体の展示室が周辺のランドスケープの流動的な形態と「対話」している安藤の地中美術館（二〇〇四年、**図18、19**）にも見られる。

マラパルテ邸

幅広いレンガの階段から長いコンクリート壁がそそり立つ安藤の直島の船着き場は「シフト」と同じパターンを踏襲しているが、こ

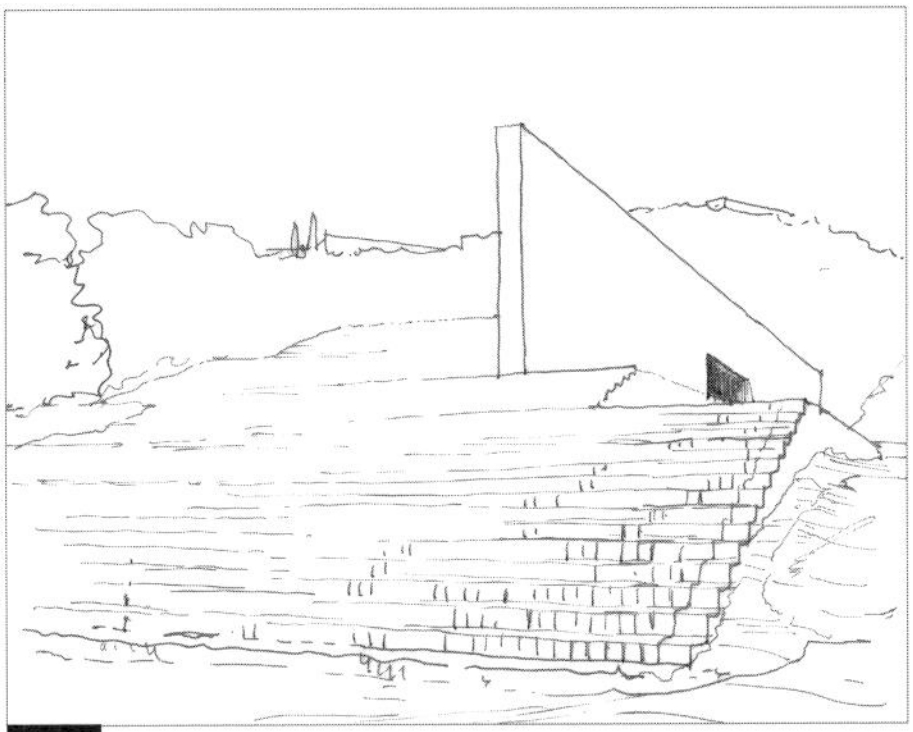

18　安藤忠雄「地中美術館」2004年

17　リチャード・セラ「シフト」1972年

19　「地中美術館」

こで安藤が参考にしたのは、アダルベルト・リベラが設計したともいわれるマラパルテ邸（一九三七年、図20）かもしれない。この住宅はその奇妙さと高まる美しさで、何世代もの建物に——僕が思うに安藤の熊本県立装飾古墳館（一九九二年、図21）と大阪府立近つ飛鳥博物館（一九九四年、図22、23）の二つの古墳博物館や、ヨーン・ウッツォンのシドニー・オペラハウス（一九七三年、図24）にも影響を与えている。マラパルテ邸はカプリ島から地中海へ突き出した小さな崖の頂上のほとんどを覆っている。室内には特筆すべき点はない——基本的に建物には何一つ変わったところはないが、例外は海への視界が広がる水平な屋上へと導く、幅の広いくさび型のレンガの階段と日光浴する人を目隠しする徐々に高くなっていく曲線の壁である。全体をシュールな感覚が支配していて、それは、この家で撮影され、階段と屋上において徐々に緊迫した話が展開する一九六三年ジャン＝リュック・ゴダール監督、ブリジット・バルドー主演の映画『軽蔑』でとらえられている。

20 アダルベルト・リベラ「マラパルテ邸」1937年

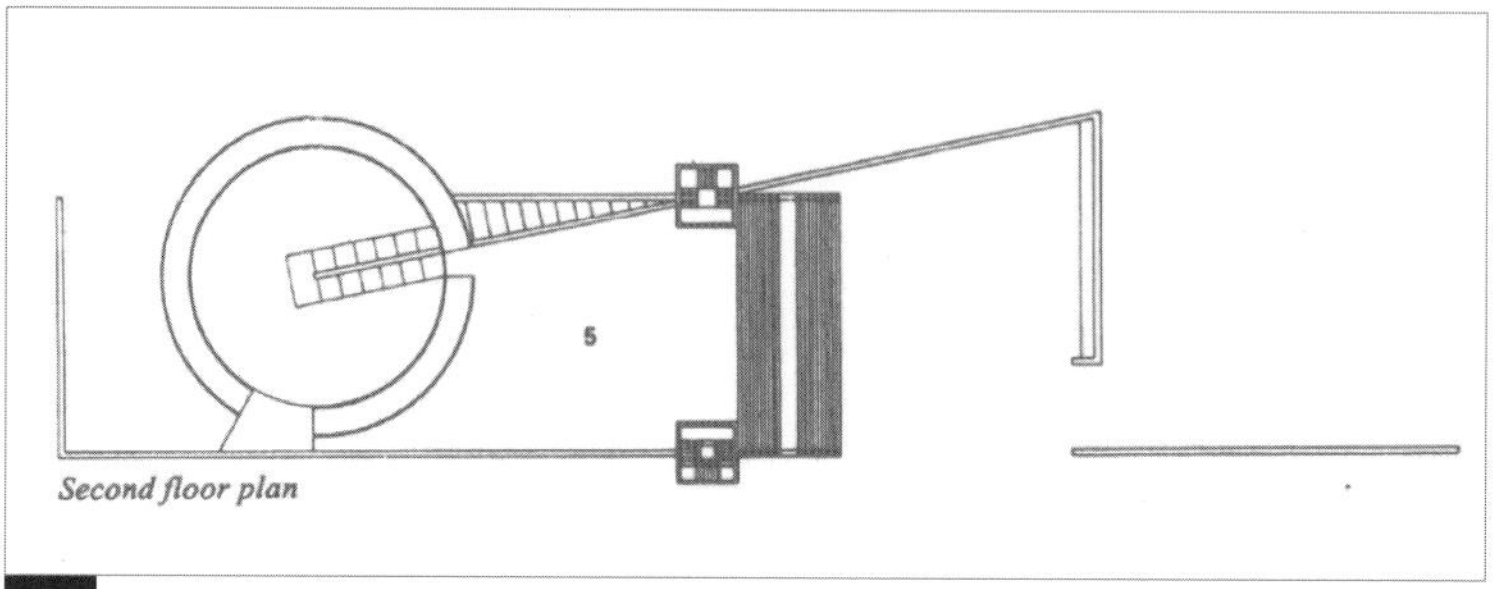

21 安藤忠雄「熊本県立装飾古墳博物館」1992年

ヨーン・ウッツォン

　マラパルテ邸のように、シドニー・オペラハウスも細長い土地に水面に突き出して立っていて、地元のライムストーンと同じ黄土色や黄色をしたコンクリートの基壇の上に曲面の白い屋根が「浮かんで」いる。幅の広い階段がオペラハウスの入口へと導くのは、「ボウル」の形をした街の地形を真似ている。街の中心部にあるオペラハウスの前庭は周囲の海水面から二‐三メートルしか上がっていないが、そこから地面は海辺の崖が海抜七〇メートルほどになる港の先端までせり上がる。「先端に近づきながら」ウッツォンは説明する。「何もない空を見上げると、最後の瞬間に壮大な海の景色が広がる……この上昇する感情が私が階段を上がったところに大きな台地を設計した理由だ。台地の上で観客は演奏者に出会う」。

　台地はギリシャの円形劇場のように観客席が切り取られ、その上にキャノピーのような曲面の屋根が下りてできている人工のランドスケープである。ウッツォンはこの形態を一九四〇年代後半に奨学金を得てアメリカ大陸を旅した時に見たメキシコのマヤ文明の寺院（紀元前五〇〇－一〇〇〇年、**図25**）から着想

24　ヨーン・ウッツォン
「シドニー・オペラハウス」1957–73年

23　「近つ飛鳥博物館」

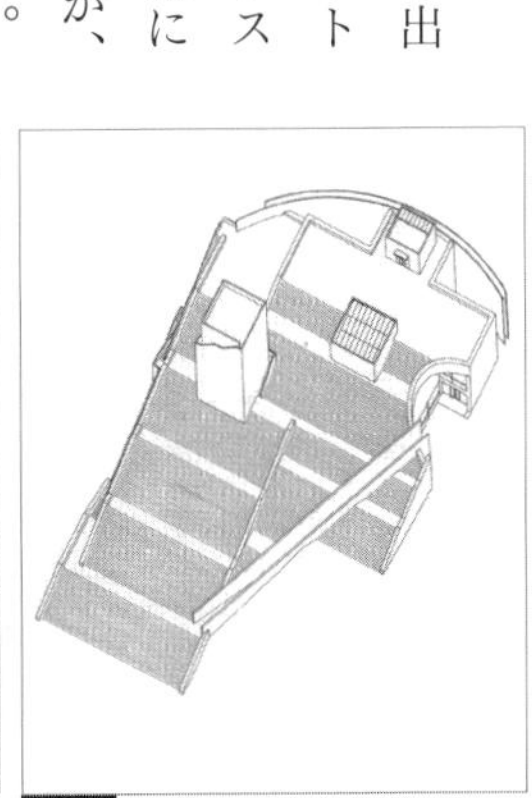

22　安藤忠雄
「近つ飛鳥博物館」1994年

した。「マヤ文明の寺院は」彼は書いている。「日常からの開放感を味わうことができる樹木の上の高さまで届く幅の広い階段がある。だから私はシドニーで階段を一〇〇メートル幅にし、てっぺんの台地は別世界にいるような気持ちにさせたんだ」。

「キャン・リス」(図26)——ウッツォンがマヨルカ島に彼の家族のために設計した住宅も同じパターンをなぞっている。ほとんど窓のない長い壁が訪問者を玄関まで導き、そこで二〇メートル眼下に壮大な海の景色が現れる。居間、家族の寝室、そして客室の三つのパビリオンと屋根のない中庭(図27)が、島産の黄みがかったピンク色の砂岩で建てられた住宅である。それぞれの窓は微妙に異なる方向から海を望み、シーグルド・レヴェレンツ(第六講、図22)の建築の窓のように——窓枠は外壁側に取りつけられているので、室内からは見えない。窓は単に石壁に穿ったガラスの嵌っていない穴のように見え、それぞれの窓から異なる時刻に日光が入る(図28)——午後だいたい四時半ごろに居間のパビリオンの西側の窓に切り込まれた細い窓から、太陽の光線が射しこみ、その輝き

26 ウッツォン「キャン・リス」1972年

25 メキシコのモンテ・アルバンのマヤ遺跡

はざらざらした表面の石壁に広がって、在宅の人にアフタヌーンティーの時間を知らせる。

ピーター・アイゼンマン

一九六八年一月に南イタリアの小さい街、ジベッリーナは大地震に見舞われ、町の住民五〇〇人が死亡し、古い建物は倒壊した。生き残った人々のために近くに新しく町がつくられ、それから三〇年間――一九九五年の彼の死まで――アーティストのアルベルト・ブッリは、破壊された町の瓦礫を徐々に形成して、最終的に二〇一六年に完成することになる記念芸術作品をつくった。彼は中世の町の「フットプリント（町の元の輪郭）」と地形を保存するために、倒壊した町の破片をコンクリートの層で覆った（図29）。それにより、町のスケール感やそこでの生活のあり様とともに古い道のパターンがいまだに残っている。

ピーター・アイゼンマンの「ガリシア文化都市」（図30）――スペイン北部の大きな芸術センター――は部分的にブッリのジベッリーナの作品に相似している。ここでは地震はなかったが、建設費が大幅に超過したことから二〇一三年に建設が停止し、敷地はまるで未完成の廃墟のようになった。それは九世紀からこの地域を通る巡礼の道の終着点であり、この地域の宗教的中心地である中世の街、サンティ

28　「キャン・リス」の室内

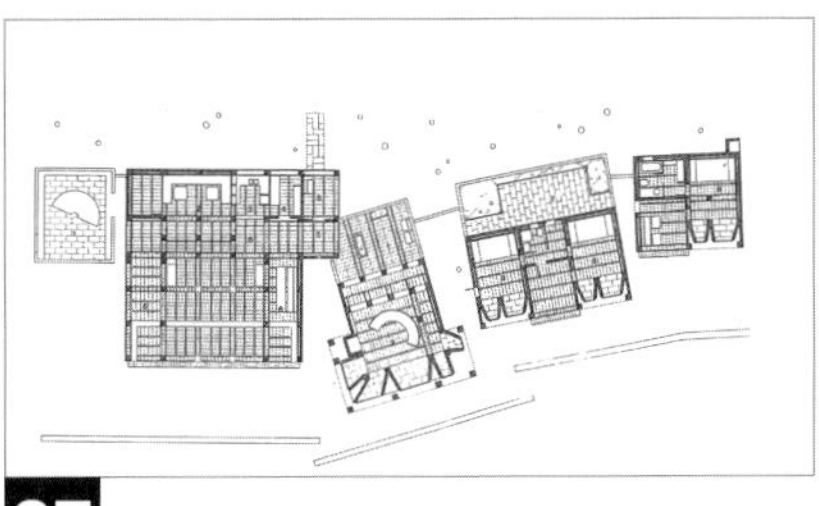

27　「キャン・リス」の平面計画

アゴ・デ・コンポステーラを思い起こさせる（図32）。ジベッリーナと同様に、新旧や流線形と矩形の格子が混合した建物のシュールな形態は「凍結」している（図31）。その両義性により、すべてが信仰の神秘性や神聖さを表している。街のすべてが時間の経過を暗示する。アイゼンマンは言う「グローバル化以前は、その地域の気候や習慣、慣例に関係した建築が存在した。世界のどこでも地元の素材と地元の人々が認識し、称賛するイメージ——アイコンがある……しかし現在ではたとえばビルバオには地元の素材とまったく関係がないフランク・ゲーリーの建物を目にする。建築はこれまで土地の文脈に関係してきたが、今では我々が生きている世界とほとんど関わりをもたないものになった」。

安藤忠雄・2

熊本県立装飾古墳館（一九九二年、図33）は、僕の意見では安藤が設計した

31 「ガリシア文化都市」

29 アルベルト・ブッリ「クレット・ディ・ブッリ」1984–2015年

30 ピーター・アイゼンマン「ガリシア文化都市」2011年

中で最も美しくない建物だ。しかし、この建物の外観は安藤にとってあまり重要でなかったと思うので、それは問題でない。その代わりに、彼には語りたいストーリーがあり、美しさはそのストーリーの中で必須な部分でない。「敷地には遠い昔から未来までのそこに住まう人々の暮らしのあり方が隠れている。……建築はこうしたものを発見し、表面に導き出す行為だと思います」と安藤は書く。上記のアイゼンマンの発言と——驚くべきことに——ほぼ一致している。つまり、世界のどこにもそこに住む人々が皆理解し共有する歴史と文化があり、建築はすべての目に見える文脈と同じように、それらの「目に見えない」ものとも関係づけられなければならない、と。

熊本県立装飾古墳館のエントランス（図34）は、訪問者が到着する車やバスの駐車場から離れたところに位置する。その日がどんな天気であっても、駐車場から森を通って、それまでその日に起きたことを徐々に忘れさせる、長い道のりを歩く。そして、コンクリートの高い壁と低い壁で視界を遮られ、自分が通ってきた森の樹木だけが背後に見える、がらんとした中庭に到着する。水が流れ落ちる池が、細い樹木群が左右対称に「群れなしている」次の中庭へと招き寄せ、最初の中庭の低い壁が途切れて、農民によって耕されてい

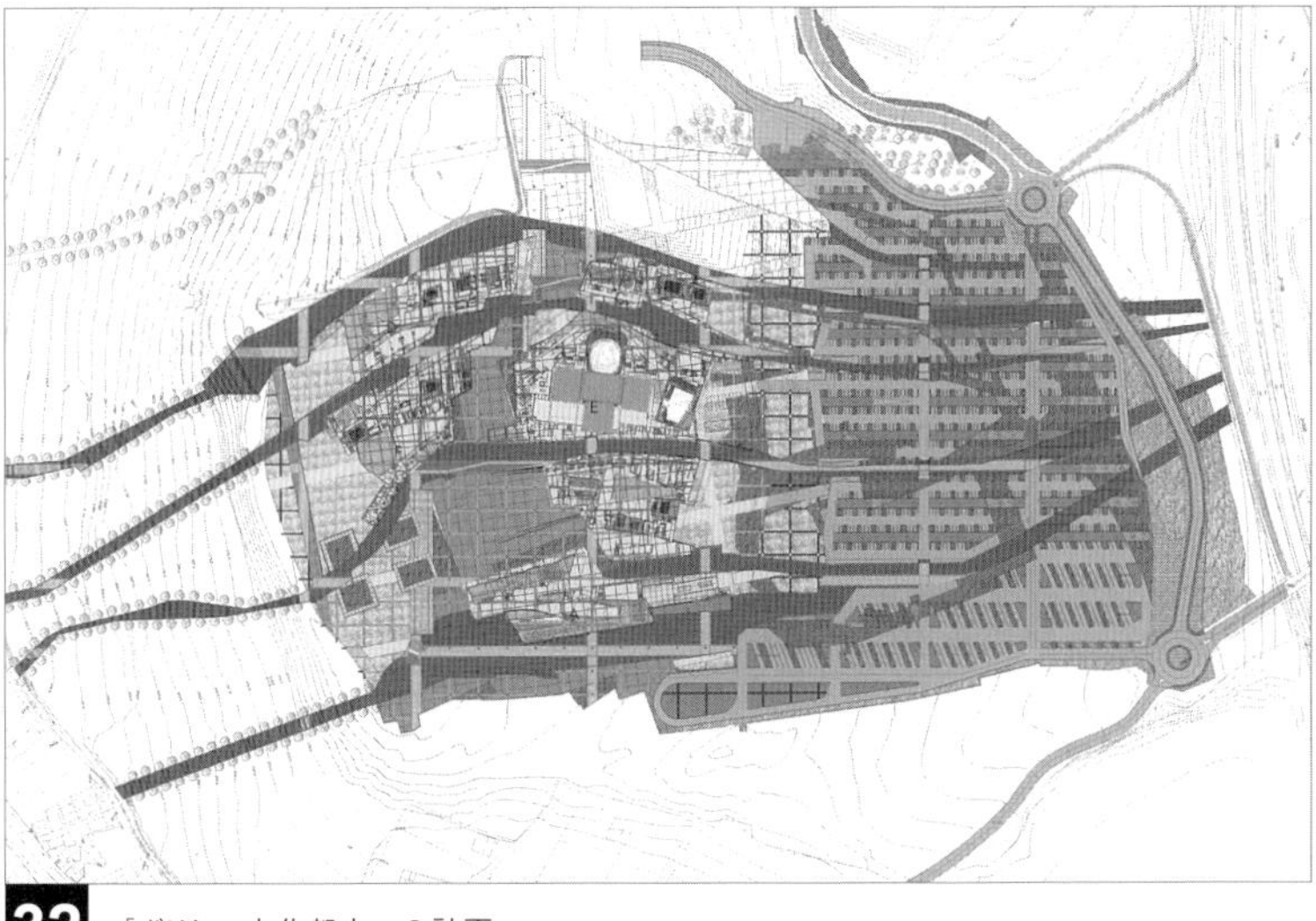

32　「ガリシア文化都市」の計画

る小さな田畑にある膨大な数の見苦しいビニールハウスが見える。左右対称に「光の塔」が両側に立つ、幅の広いモニュメンタルな階段によって、初めて古墳を見ることができる上のレベルへと導き、そして大きな三角形の天窓の下を、窓の形が先細るにつれ日光が射しこまなくなるスロープで下りて、暗くなった展示室に入る。この建物は我々に何を発見させたのか？ 何を顕在化させたのか？ 建物は森――最初の中庭から見える唯一のもの――はそこに何千年間も存在し、今もそこにあり続けることを説明している。そして今、我々は農民の農作――二つ目の中庭から見える唯一のもの――もそこに何千年も存在し、今もそこにあり続けることも分かる。三つ目の中庭からは、古墳の神秘的な形態が見える。そこで、我々は安藤の設計が伝えていることを理解する――このような場所において、多くの異なる物語が重なりあって存在するかもしれないが、それらはひとつながりの連続ではなく、並列的に理解されるべきであることを。

マヤ・リン

賛同者と反対者の分断があった。アメリカのベトナム戦争は国内外でとてつもなく評判が悪かった(図35)。一九年間の対立の間に戦争の反対運動や暴動があり、

33 安藤忠雄「熊本県立装飾古墳館」1992年

34 安藤忠雄「熊本県立装飾古墳館」

そして一九七五年の終戦後も何年もの間、このような戦争がどのようにワシントンDCのナショナル・モール――過去の大統領や著名人、そしてこれまでの戦勝の記念碑が立つ三キロメートル長の公園――において記念されるべきなのか想像もつかなかった。このようにとくに微妙な状況において、アメリカ政府はベトナム戦争記念碑の場所として、生い茂った樹木でモールの主要部分から隠れている、比較的特徴のない公園の隅を選定した。そして、設計要件が根本的に矛盾しているデザイン・コンペティションが開催された――戦死した六万人近くのアメリカ兵に敬意を表すため、記念碑は堂々としていなければならなかったが、同時に戦争は不評だった上、勝利しなかったので、記念碑のデザインは抑制されたものである必要があった。これらは極めて複雑な問題であったが、選定されたマヤ・リンのシンプルなデザインはそれを見事に解決した。それはまるで巨大なナイフが地面に一二〇度折れ曲がった切り込みを入れ、巨大な手が切り込みの一方の地面を押し下げたようだ（図36）。このシンプルな操作によって、磨かれた黒御影石に刻まれた戦没者の名前を辿りながら、一端から降りて、そして反対側に上っていく三角形の小道が形成された（図37）。訪れた人は親戚や知り合いの刻印された名前に触れることができる。そして、戦死した兵士の名前とともに、磨かれた壁に映った自分自身の姿が現れる。

政府が選定した、モールの主軸から外れた少し隠れた敷地の特徴のなさを受け入れる代わりに、マヤ・リンは二つの壁を一つがワシントン記念碑へ（図38）、もう一つが

35 ベトナム反戦運動

リンカーン記念碑の方角を指すように配置した。この悲劇的な戦争の歴史をアメリカの二人の偉大な大統領の歴史と結びつけるように。

36 マヤ・リン「ベトナム戦争記念碑」1982年

37 「ベトナム戦争記念碑」地面は切り裂かれ、押し下げられている

38 ひとつの側はワシントン記念碑のほうを指している

第十講

意味

――磯崎　ミケランジェロ

10

一九八一年のローマ、ミケランジェロのカンピドリオの広場に僕が立ったとき、その建物が時代もので、有名だということはよく分かっていた。けれども、僕は驚くような親しさを感じた——単に形や発明性だけでなく、そのコンセプトにも。それは込み入って見えて、しかし同時に直接かつシンプルにも見えた。明らかに遠い過去のレガシーでもあるが、同時に「近代」のプロダクトのようにも見えた。皮肉な事だが、ミケランジェロの広場（一五三六年）とその類似品である磯崎新のつくばセンタービル（一九八三年）との対話をみると、そのコンセプトにおいてより若く見えるのは古い建物の方である。磯崎もミケランジェロもイメージで実験しているには違いないが、ミケランジェロの方がより「近代主義的」な機能主義と建設の言語に浸っているのだ。

近代建築に関する講話

この最終講では通常「近代建築家」のカテゴリーに入らない二人の建築家ミケランジェロ・ブオナローティ——ル・コルビュジエの『建築をめざして』の出版より四〇〇年も前の一五六四年に死去した——と、磯崎新——彼の揺れ動く様式と理論は「近代建築」の枠をはるかに超えることが多い——を取り上げる。しかし、この、二人の建築家は、磯崎のつくばセンタービル（図1）——その中央広場は、ミケランジェロが設計した古代ローマの中央公共広場

1 磯崎新「つくばセンタービル」1983年

であるカンピドリオ広場の設計を参照している（図2）――によって、互いに「モダニズム」にもリンクしている。どちらの建築家においても、主要な関心は、彼らの作品の都市的な重要性を、建築が持つ意味によって確立することだった。磯崎は建築を「意味を生産する機械」と呼んでおり、カンピドリオ広場を参照することによって、それと同等の権威をつくばの広場に付与すると同時に、磯崎が好む歴史上の建築家たちの作品の要素や様式を参照したカタログのようなものを広場の周りに散りばめることで、それを揺るがした。結果として表れたそのピクチャレスクな様子を見て、批評家はつくばの建物を「ポスト・モダン」建築と呼んだ。それは、磯崎がいまだに定期的に反論せざるを得ないでいるレッテルであり、代わりに彼は建築にはそれ自体の歴史を参照し、それを組み込む権利があると主張した。そして、新しい要素と古典のモデルの要素を混ぜ合わせたミケランジェロも同様に、見る人が新機軸を楽しむと同時に、原典も意識するように仕向けた。だから、彼の作品は「ポスト古典」――またはジェームス・アッカーマンによるとハイブリッド様式の「ミケランジェリズム」とも捉えることができる。

ミケランジェロの建築は基本的に伝統的な形態で構成されていることから、彼の作品を「古典」様式と考えることは簡単だ。しかし、実際の彼の作品の前例のない独創性は、古典建築の基となっている「規範」の一貫性を破壊するほどのものだった。そ

2　「つくばセンタービル」の中央広場

して、この最終講で、古典建築と近代建築の関係は最初の章で示唆された——ロバート・スマークの「古典的な」大英博物館とジョセフ・パクストンのクリスタル・パレス（第一講）の「近代性」の比較——よりずっと複雑であることを見ていきたい。

カピトルの丘

一五三七年一二月に、北イタリアのフィレンツェ出身のミケランジェロ・ブオナローティは、ローマの市民権を授けられた——彼の出身地に対して芸術上のライバルであった街、ローマからの例外的な贈り物だった。式典はカピトリヌスの丘——かつて神々の王であるユピテルの神殿が建っていた場所であり（図3）、ローマの伝説の七丘の中で最も重要な丘——の頂きで行われた。しかし、その時点では、そこはほとんど使われていない泥だらけの荒れ地で、地元で「ヤギの草食場」として知られた場所でしかなかった。ミケランジェロは、彼のローマでの最初の主要な建築作品を通して、この丘の頂きを新しい街の行政と儀礼上の中心に変貌させる依頼を受けたのだ。

ミケランジェロのデザインの複雑な創造性や多くの意味性や隠喩を理解するためには、彼がそれをつくった文脈を理解しなくてはならない。キリストの時代のローマ帝国の地図には、帝国が西から東まで六〇〇〇キロメートル以上——北西は今のスコットランド、南東には現在パキスタンになっている場所まで——にわたっていたことが示されている。そして、領地が広大なため、帝国はすでにローマの代わりに、物理的

3 ユピテル神殿、紀元前600年ごろの復元模型

に帝国の中心に位置しており、多様なヨーロッパやアジアの文化の交流地であるコンスタンチノープル——現在のイスタンブール——で統治されていた。結果としてローマの街自体はそう強大でも裕福でもなくなり、帝国の片隅に追いやられていた。しかし、ローマはまだ伝説の七丘を持っていた。その最も小さいが最も重要な丘——カピトリヌスの丘——の頂上に最も重要な神殿である、神の王ユピテル神殿が建っており、市民が集まる都市の公共集会場であるフォロ・ロマーノを見下ろしている。

西暦三二三年にローマ帝国においてキリスト教が公認されたとき、異教であるユピテル神殿は取り壊され、その後何百年もの間に様々な不格好な公共の建物——都市の執政官の会所や執務のための建物、執政官の建物、そして監獄——がカピトリヌスの丘に建設された。しかし、都市の指導者はその丘を都市の主要な公式の場所につくり替えることをずっと熱望し、元老院議員や教皇たちは、彼らがいつか建設するはずの将来の市民広場を装飾するのにふさわしいと思われる古代彫刻を長い間集めてきた。それでも、一五三六年まではほとんど何も手が付けられていなかったが、その年に遠方にいる神聖ローマ皇帝カール五世からローマ市民にその年にローマを訪れるつもりであることが伝えられ、ミケランジェロの役目は、ぬかるんだ丘を世界の統治者を迎えるのにふさわしい場所——市民的尊厳のある場へと変貌させることになった（図4）。

ミケランジェロへの依頼は彼の才能への称賛に基づいていたが、街の元老たちは自分たちの期待値が低いことを明確にしていた。使える予算は彫刻をミケランジェロ自

4　1555–60年ごろのカンピドリオ広場

身に委託するのにも十分でなく、その代わりに指導者たちが集めた、設置場所がなく丘に乱雑に転がっていた様々な彫刻やモニュメントを設計に取り入れるようにプレッシャーをかけた。元老たちから彼への指示はシンプルで大した要望はなかった。ぬかるんだ丘を舗装し、既存の二つの執務棟を工事中も継続して使用しながら改修することだ。だから、ミケランジェロは内部の執務を妨げないために、古い建物にはただ新しく薄いファサードを付加するという最小限の改修しかせず、そして要求されていない全く新しい建物「パラッツォ・ヌオーヴォ」の建設のために予算を残した。既存の左右非対称なオープンスペースを、三方を囲まれた左右対称の広場に変え、遠方に街とミケランジェロが設計したサン・ピエトロ大聖堂のドームを臨むようにした。

オランダの芸術家、マルティン・ファン・ヘームスケルクが一五三六年——ミケランジェロがカンピドリオ広場の設計を始めた年——に描いたドローイング(図5)には、二体の彫刻が、置き場もなく丘の傾斜地のぬかるみに転がっているのが見える。この二体はパウルス三世がコンスタンティヌスの共同浴場の廃墟で見つけてきて、新しい広場で使えないかとカンピドリオに運び込ませたものである。それらはロー

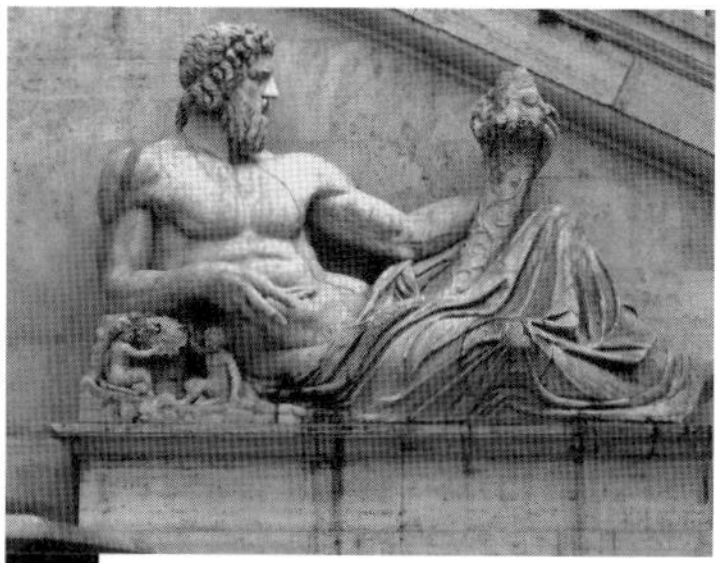

6 ティグリスの神像

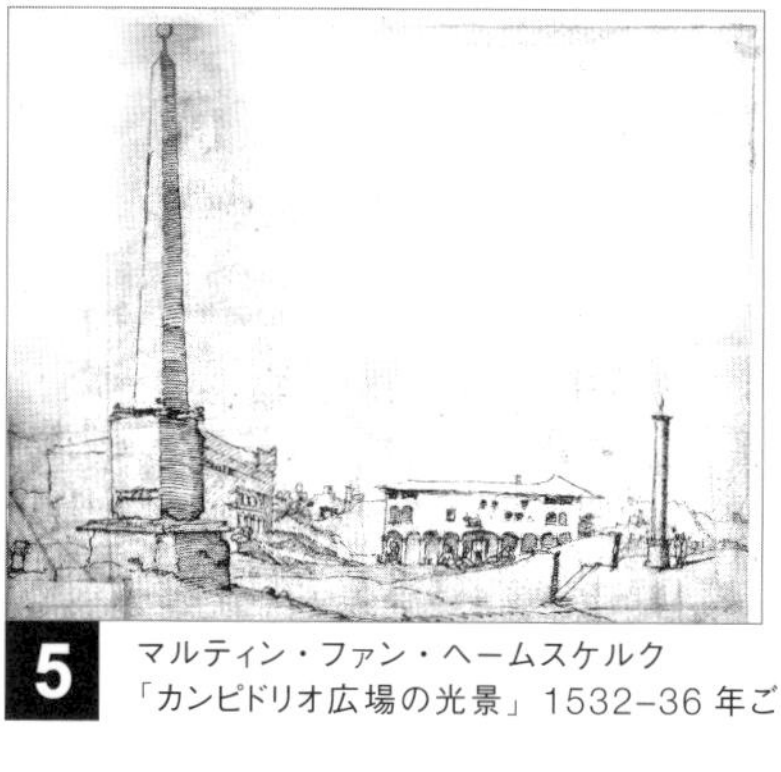

5 マルティン・ファン・ヘームスケルク
「カンピドリオ広場の光景」1532–36年ごろ

7　ナイルの神像

マ帝国の二本の最も離れた主要な河川、ティグリスとナイルの神（図6、7）を表している。しかし、ミケランジェロはこれらの彫刻の新しい意味性を可視化させた。通常、これらのような横臥像は建物のペディメントの角の低い部分に設置される。そこで、ミケランジェロは、もしこれらを元老院議会の新しい入り口として彼が設計した新しい三角形の象徴的な階段の正面に配置すれば、結果としてこの構成はキリスト教が布教される前にこの丘に建っていたユピテル神殿のペディメントを参照していると理解されるのではないかと気づいた（図8）。そして、彫像と階段は一緒になって、この場所の歴史の物語を語るだろう、と。

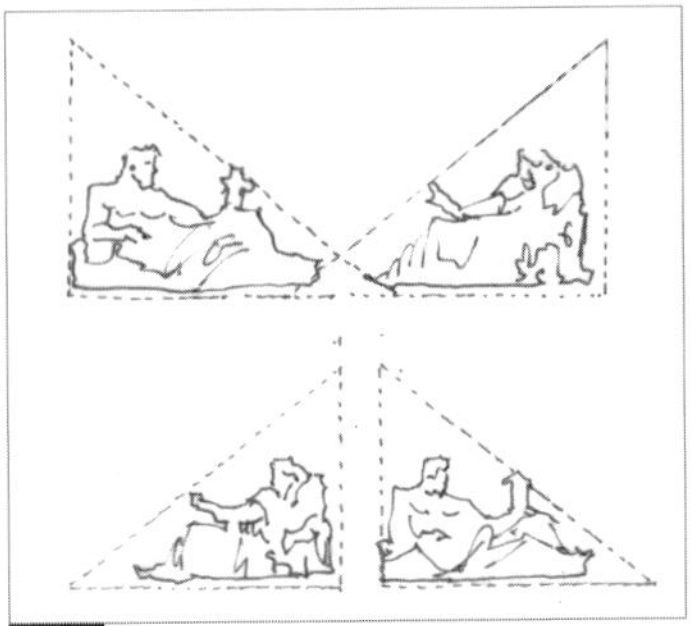

8　ティグリスとナイルの神像の配置換え

つくばセンタービル——磯崎新

ローマにおけるミケランジェロの役割と仕事は、五〇〇年後に磯崎新が日本住宅公団から首都圏の外縁部に位置するつくばという「新しい都市」において、まだ存在していなかった都市のシティ・センターの設計を依頼されたときの役割と仕事に相似している。カンピドリオと同様に、敷地はただの平地だった。しかし、カンピドリオと異なり、その場所には設計者が関連づけられる歴史もなく、この新しい日本の都市にどのような「建築言語」が相応しいかも明確でなかった。ヨーロッパでは、街の中心は、たいてい公共広場や「スクエア」の中に建っている教会や公共建築の存在で示される。しかし、日本では寺院や神社は通常、街の周縁部近くに位置していて、このようなプロジェクトが関連づけられるような公共空間の例がほとんどない。

そこで、磯崎はヨーロッパからイメージを引き出し、ローマのカンピドリオを参照した――それは、何千年もの間世界の中心だと思われていた街の行政の中心であり、それにより市民の権力の究極的な象徴であったのだ。しかし、そのようなピクチャレスクな事例の引用により、磯崎はほぼ世界中から、それまで実験的であった彼の作品が装飾的な「ポスト・モダン」に成り下がったと批評され、非難された。それは、磯崎が建築自体の歴史を参照しそれを取り込むことは建築の権利であると主張し、強く拒否したレッテルだった。

ローマとつくばの二つの広場の関係は明快だが、それらの違いも同様に明快だ（図9、10）。つくばの建物はローマの建物の雄大さの一部を取り入れているが、コピーでもなければ複製でもない。ローマの建物を参照しているだけでなく、参照が二重になされていることが重要である。つまり、つくばのプロジェクトにおいて、磯崎はミケランジェロのカンピドリオの

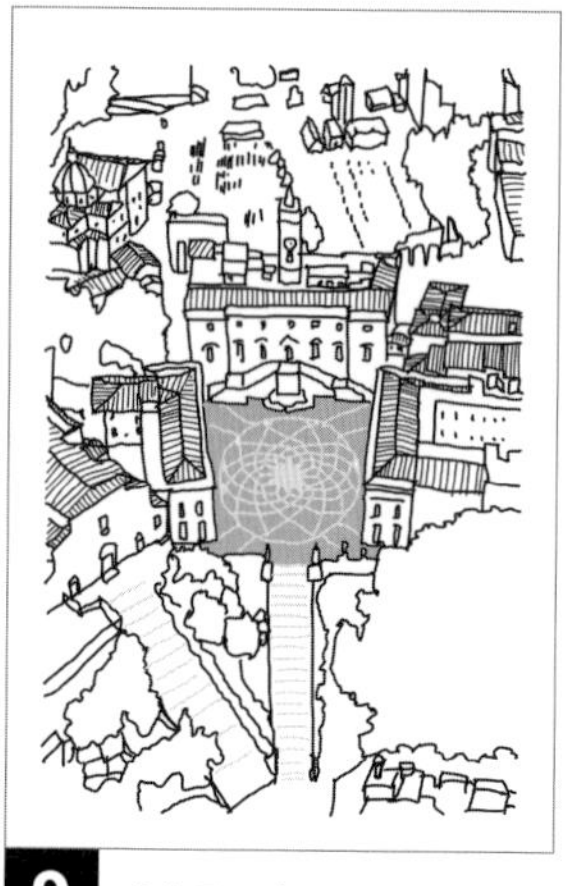

9 ミケランジェロのカンピドリオ広場

10 磯崎の「つくばセンタービル」

要素を参照しているが、ミケランジェロもカンピドリオのプロジェクトでギリシア古典の要素を参照しているのだ。

磯崎はつくばにおいて、ミケランジェロのカンピドリオから広場の楕円形の形態を抽出し、それを反転させた。ミケランジェロの凸状の楕円形の代わりに、磯崎の楕円形は窪んでおり、ローマのグレーの「平野」に埋め込まれた星型一二角形の模様をした白い石の舗装は、つくばでは白地にグレーの星になっている。そして、ローマでは歴史上の皇帝、マルクス・アウレリウスの彫刻が立つ楕円の中心に、磯崎は排水口を設けたのだ。そして、彼が、この「理想都市」の未来像かもしれない姿を描いた「つくばセンタービル廃墟の図」(一九八三年)においてそこを想像上の地震の震源地とした。

都市生活の避けられない様相として破壊を捉える考えは、磯崎が戦争から発想し、一九六〇年代を通じて継続して発展させ、修正し続けた概念である。六〇年代の前半には、彼はメタボリストたちや彼の師である丹下健三の同時期の作品に近い特徴を持った一連のメガストラクチャーの都市プロジェクトを設計した。しかし、その後半には磯崎はこれらのプロジェクトの限界を感じていた。彼は言った。都市は発展する、しかし死に絶えることもある。彼の一九六二年のドローイング「孵化過程」(図11)は彼自身の未来的なジョイントコア・ストラクチャー(一九六〇年、図12)が同じ都市の遺跡の上に崩れ落ちているところを表している。彼の一九六八年の「廃墟としての未

11 磯崎新「孵化過程」1962年

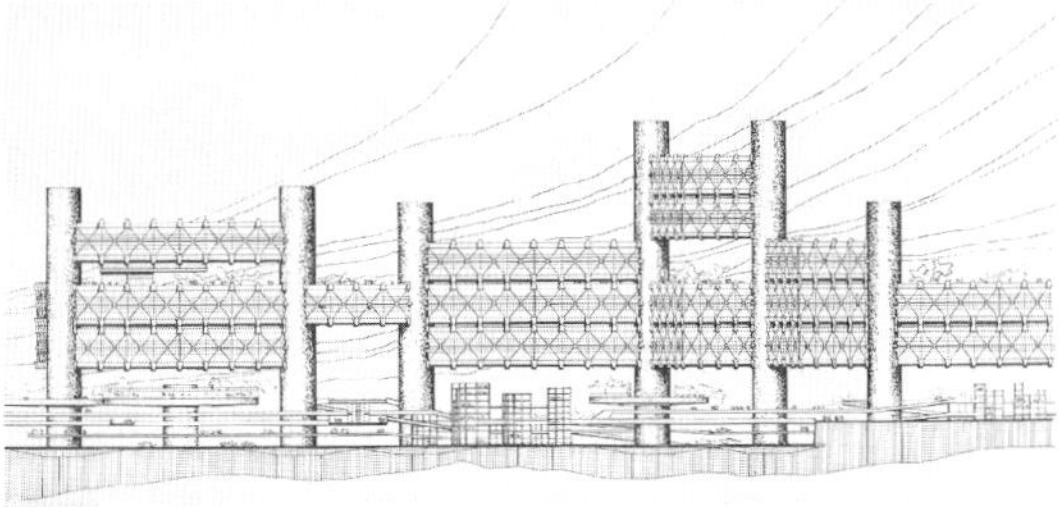

12 磯崎新「ジョイントコア・ストラクチャー」1960年

来都市」と題された絵が、その物語の終焉だった。それは、世界中で起きた暴動や政治的闘争が、一般的な国家や世代間の総意など存在しなくなったことを明らかにした年であった。社会は断片化し、調和のとれた「未来都市」の夢は幻想であったと磯崎は主張した。「廃墟としての未来都市」において、磯崎は彼自身の初期の楽天的な作品のイメージを破壊された広島の都市の写真にコラージュした。その都市はすでに一度破壊され、再び建築家の未来都市のビジョンという無批判な幻想によって廃墟となると磯崎は主張し、そのイメージのタイトルを「ふたたび廃墟となったヒロシマ」と変更した（図13）。

磯崎にとって建築をつくることは技術的な解決を探るものだけではない。コルビュジエの建築の機能を優先した「住むための機械」とは異なり、磯崎は、建築を、思想の探求に優越性を与えるような「意味を生産する機械」と捉えているのだ。比喩や皮肉、示唆、風刺、寓喩、参照や機知などを、彼の建築の原動力や副産物にして。

ミケランジェロのカンピドリオの複雑な形態と模様も、複雑な比喩の層に由来する。その凸型の楕円形は地球の球形面の断片であることを示唆するとともに、ローマの歴史的な軍隊が持っていた盾の形を伝えている。抽象的で数学的な螺旋状の星型一二角形の舗装の模様にはとても「モダンな」

13 磯崎によるミラノ・トリエンナーレの出展イメージ、1968年

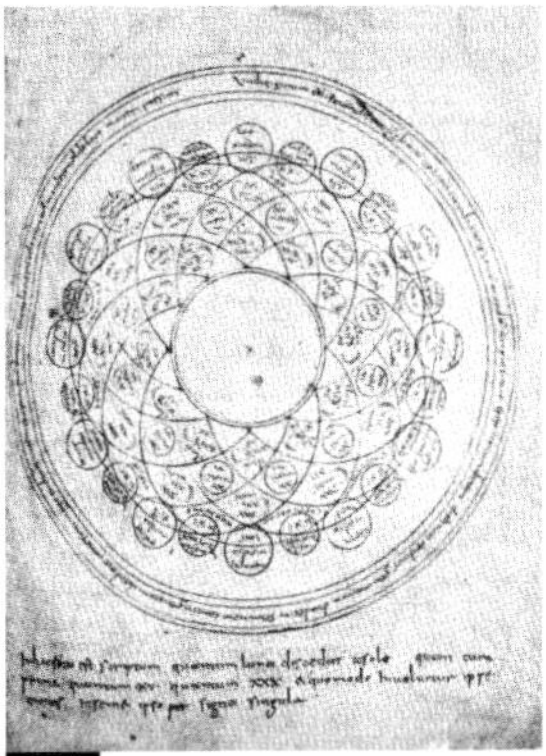

14 セビリアの聖イシドロ『世界の性質について』900年ごろ

イメージがあるが、歴史家のジェームス・アッカーマンが指摘するように、西暦五〇〇―六〇〇年ごろに学者によって描かれた種類の天文学のダイアグラムに由来している可能性が高いとすると、より複雑な意味性が明らかになる（図14）。

三五六年生まれの軍人の王、アレキサンダー大王が自身を「世界の主人」と呼び、黄道十二宮の模様で装飾された盾を持っていたことは知られている。また、彼の権力は、彼の彫像によくつけ加えられた太陽光の冠（図15）によって表現され、後継者たちの多くもアレキサンダーを真似て、輝く「冠」を被った姿で描かれることを選んだことも知られている。しかし、ミケランジェロがカンピドリオ広場の中央に設置した皇帝マルクス・アウレリウス・アントニヌスの騎馬像（図16）には、アウレリウスが伝説的に「賢く」良い皇帝とされているのにもかかわらず、太陽光の冠はなかった。その不在を補うかのように、ミケランジェロは冠をかぶせるのではなく、広場の中心の彼の足元や周囲を星型一二角形模様の舗装にすることを選んだ。模様はアウレリウスに不朽の栄光を与え、比較的小さい古代の彫刻の姿を大きく見せている（図17）。

ファン・ヘームスケルクのカンピドリオ広場のドローイング（図5）はミケランジェ

15 太陽光の冠

16 マルクス・アウレリウス像

ロが改修を依頼された建物の粗雑さを明確に表している。しかし、ドローイングは建物の主要ファサードではなく、背面を描いている。ユピテル神殿のように、キリスト教が伝来する以前は、この執政官の建物は異教の場である古代のフォロ・ロマーノを見下ろしていた。そして、ミケランジェロが古い建物を改修した際に、彼はエントランスを反対側に設置することによって、それらの建物をバチカンの街とミケランジェロ自身が設計したサン・ピエトロ寺院のドームの方へ向けた。カンピドリオ広場への新しいアプローチは長い「コルドナータ」——皇帝が騎馬で上がり、大広場で下馬するためにミケランジェロが設計した緩勾配の階段——である。しかし、工事はなかなか進まなかった。カール五世が到着したとき、コルドナータは準備できておらず、竣工したのは一〇〇年後だった。そして、星型一二角形の舗装模様は一九四〇年——三世紀後——まで完成しなかったのである。

古典建築の再発明

古典建築は構成と意味についての理念によって決定づけられ、近代建築はプログラムと技術についての理念に決定づけられると

17 カンピドリオ広場の舗装

言えるかもしれない。そして、ミケランジェロの建築を構成する伝統的な形態を考えると、彼の作品は「古典」様式に類型化できるということになるかもしれない。しかし、実際は、彼の構成のそれまでにない革新性は、古典建築の伝統に挑戦するものであり、カンピドリオでの彼の創造性の多くは、彼が構造・機能・コストのような通常の建設の問題を管理した方法でも証明される。通常であれば、最も高い三階建てのパラッツォ・デル・セナトーレのファサードは、一階の柱はドーリア式、二階はイオニア式、最上階はコリント式という伝統的な慣習に沿って改修されただろう。しかし、ミケランジェロはその代わりに、三層の異なる階を統一し公共空間に雄大さを与える全く新しいオーダー――一階の基壇とその上に二層の高さの「ジャイアント・オーダー」という構成――を発明した（図18）。現代の僕たちには、二層の高さの列柱は都市の風景の見慣れた要素だが、ミケランジェロがこのシナリオを発明するまで、この要素は建築言語の中に存在しなかったのだ。

ミケランジェロのカンピドリオの構造の明快さには驚かされる。両側の建物はどちらも七つの構造的な柱間で構成されている。それらは個々に独立した構造ユニットで、柱やコーニスのような耐力部分は、くっきりとした白いトラバーチンで建てられ、非耐力壁はやわらかい暖色系のレンガで識別される。そして、梁と天井の間、主要な柱と副次的な柱の間には、各部材の独立

18　カンピドリオ広場のパラッツォ・デル・セナトーレ、基壇の上に二層を貫くジャイアント・オーダーが乗る

性を強調するように、深い溝が設けられている。これは後にヴィオレ・ル・デュクのような一九世紀の建築家の作品や近代の「ハイテック」建築家の作品を特徴づける、「建設」というより「組み立て」の方策である。歴史家のヴォルフガング・ロッツがカンピドリオについて記述したように、「ファサードは、石材において可能な限りスケルトン・フレームに近づけて建てられている」。

一八六〇年に出版されたイタリア・ルネッサンスについての著作で、スイス人歴史家のヤーコプ・ブルクハルトは、ミケランジェロの作品は過去の建築を踏襲しようとする時代のではなく、個人の自己表現によっていることから、ミケランジェロをルネッサンス後の「近代的な芸術家の原型」と呼んでいる。ローマの聖ジョヴァンニ・ディ・フィオレンティニ聖堂（一五五九年）の設計において、ミケランジェロは、古代ギリシアやローマの巨匠の建築を踏襲するだけでなく、陵駕したと主張した。ルネッサンスは、古典芸術や建築はすでに完璧なレベルに達しているという信念に基づいていた。しかし、ミケランジェロは伝統的な慣習や様式に執着する代わりに、古典建築の偉大な作品でも改善の余地があるという冒涜的なまでの姿勢を示した。ミケランジェロは「自由な実験と際限ない進歩への信念という近代の哲学へ」扉を開いた、とジェームス・アッカーマンは書いている。ずっと後年のル・コルビュジエも、彼のマニフェストである一九二三年の『建築をめざして』で、彼自身を除いて唯一この建築家を讃えた。「ミケランジェロは」彼は書いた。「過去一〇〇〇年間に一人の人物だ」、と。

アッカーマンは、「ジョルジョ・ヴァザーリ——その時代の一流の美術史家で、ルネッサンス芸術の継続性を保証し、伝統を守る強い責任を感じていた——を驚愕させた」ミケランジェロの、「古典オーダーの異様な変異」について書いている。彼の建築においては、ミケランジェロの非慣習的な即興は、彼が建物の設計にアプローチする方法に起因しており、それは建築家としてではなく、彫刻家としてだからだと彼は説明する。石の塊の一つひとつに「彫刻が内在しており、彫刻家の仕事はそれを発見することだ」と彼は言った。そして、彼の金槌と鑿で石からそれを「解放」するのだ。地形やランダムな彫刻や建築、歴史のコレクションを使ったカンピドリオの「ファウンド・オブジェ」から始まった彼のアプローチは、この手法に似ている。これらの要素を即興的に組み合わせることで、彼は丘の上の可能性を見出し、解放したのだ。

近代建築に関するこの本の最後の章の最終部分が、ミケランジェロが一五三六年に設計に着手したローマのカンピドリオ広場に注目していることはひねくれていると思うかもしれない。しかし、一九八〇年に初めてカンピドリオ広場を訪れたとき、僕はミケランジェロの建築の進歩性と、思いがけないような新しい意味をつくり出す、思考と形態と「学術的な」参照の複層性に驚愕した。たとえば、二つの「ファウンド・オブジェ」（出来合いの事物、ここではそこにあった彫像）——二体の河の神の彫刻——を、二〇〇〇年前にこの敷地に建っていたユピテル神殿のペディメントの形を思わせるように組み合わせたこと。そして、カンピドリオ広場の楕円の舗装に、一〇世紀の星座の模様を用いることによって、いかにこの場所を古典期の世界の歴史と神話と結びつけたかを僕は理解した。ミケランジェロの建築は、四〇〇年以上後の近代建築のカテゴリーである「概念的建築」作品とも呼べるような思考の建築であったのだ。

WORKS by
TOM HENEGHAN

（上）新建築住宅設計競技 1975年「わがスーパースターたちのいえ」1等案
（下）熊本県農業研究センター　草地畜産研究所　1991年

トムへのコメント

ピーター・クック

トムで凄いのは、人に伝染しないではおかない熱狂と独自な世界の見方だ。

トムがイギリスに住んでいた今は昔、彼がこれは行け筋だといったり、風変わりなドローイングをしたりすると、それはいつも当たりだった。

彼がAA(Architectural Association School of Architecture)で僕の学生だった時、僕は、課題に面白くもなさそうなプロジェクトを意図的に選んだ(他の若手教員たちは哲学的にもっと「お利巧そうな」課題を好んだのだけれど)。つまり「ウェンブリー・パークの下駄履きアパート」という超ありふれた代物。けれども、トムは、郊外のありふれた下駄履き住宅群を、ウェンブリー・パークのサッカー・ファンがビールを求めて練り歩く、地下鉄の駅まで取り込んだ「スタジアム街道」に仕立て上げ、そこにこの場所の代名詞になっている陶器の空飛ぶアヒルをあしらうことまでしてこの「難課題」を切り抜けてみせた(図1)。

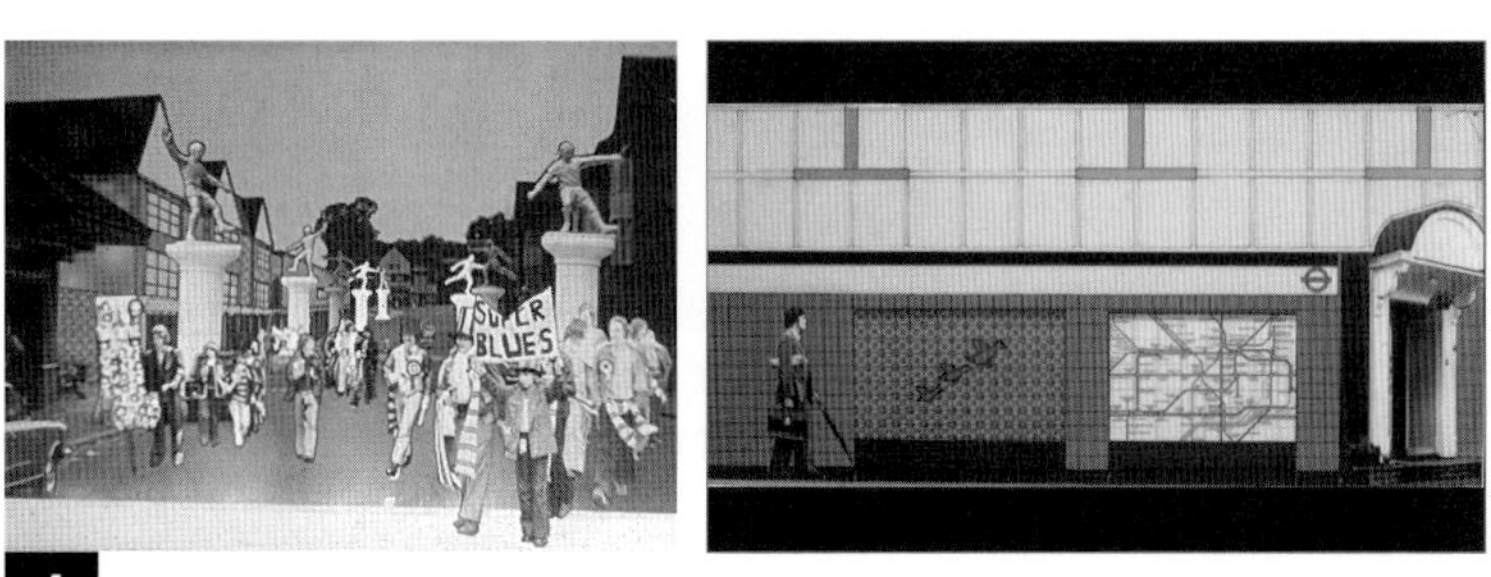

1 トム・ヘネガン「ウェンブリー・パーク」プロジェクト

世に知られた『新建築』の住宅コンペ（図2）を勝つ前に、もう彼はヴェテランのコンペ参加者だった。いや、いつも真面目な建築コンペというわけではなかったけれど、トムはコンペの勘所をつかんだ凄腕の賞金稼ぎになっていた。

トムが弾けたのは（多分新建築コンペの頃だが）、「タイヤの音」のプロジェクトでだった（図3）。道路にギザギザに不規則な舗装——元々は沼沢地の冠水しやすい道路の滑り止め——をつけることで、そこを走行するときに、ドライバーがシンコペーションとかそんな感じで音楽を感じるようにしよう（それもレーンによってジャンル別に）、というスキームだった。それは雑誌に載って彼を有名にしたので、彼の友人達は——と、多分後輩達も——、彼をミスター「タイヤの音」と呼ぶようになった。僕の記憶でも、彼が廊下を通る時などには、我々は、見ろよ、「タイヤの音」の奴だぜ、とか囁いていた。

彼はＡＡでは水を得た魚のように生き生きとした愛されキャラだったけれども、結局東京に引き寄せられて行ってしまった。向こうに着くと、彼は、磯崎新（トムの勝利した『新建築』コンペの審査員だった）のいつもながらの寛容さのおかげで、すぐにあちらの人脈ネットワークに入り込んだ。彼は磯崎から「アートポリス」プロジェクト——国際的な建築プログラム——への参加を誘われ、熊本の草地畜産研究所と、同時に、東京に建築事務所、アーキテクチャー・ファクトリーをそのために作った。す

3　トム・ヘネガン「タイヤの音」

こぶる真面目に良く出来たこの　建物群は、あまり建てたことがなくても、教師、コメンテーターとして口八丁手八丁していたトムが、あちらではちゃんとした仕事もやるんだ、ということを、世界に向けて発信した。それまでの彼のコンペの秘訣とかタイヤとかのコンセプチュアルな作業が、実物の建築をつくるための知的な練習台になっていたということなのか。

さてここまで書いてくると、トムには、もっと多くの建物をつくらなかったことに悔いはないのか、つまり、物価の高い街で家族と十分に快適な生活を送ることが、そしてそれ以

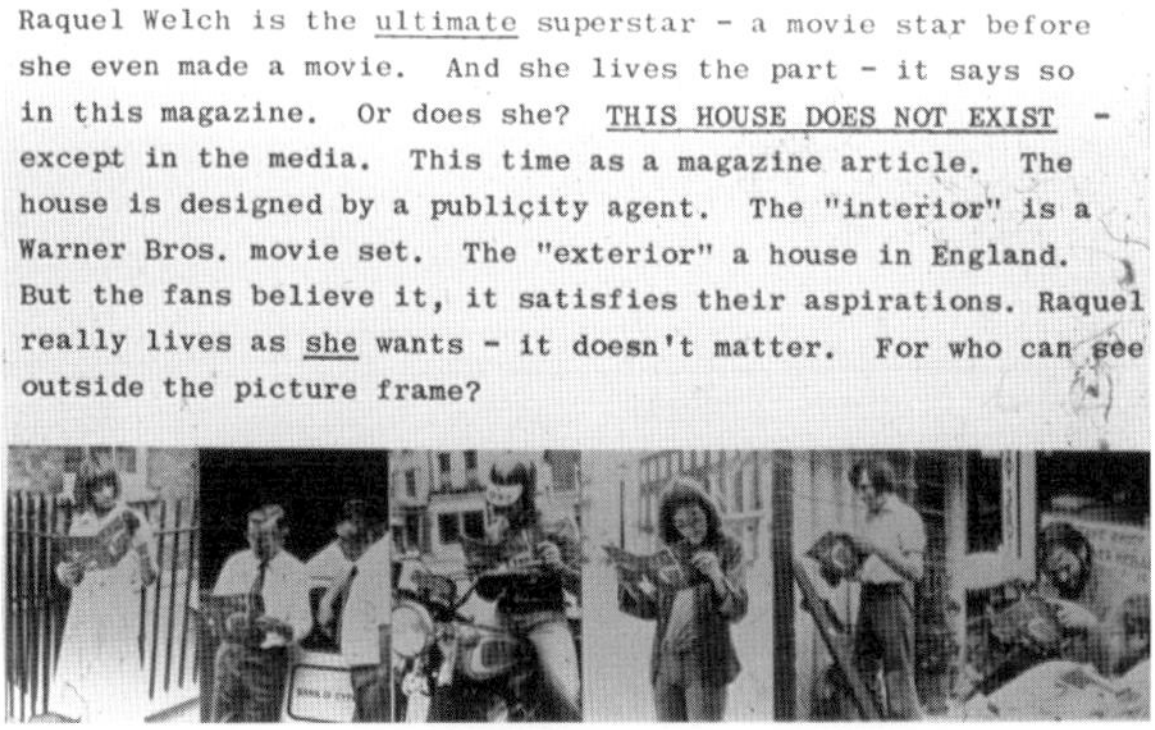

2 トム・ヘネガン『新建築』のコンペ「スーパースターの家」1975年

上に彼が勝ち得た教師として名声の方が、彼の中では、結局はいい建物をばんばん建てることよりも大事だったのか、と問うてもいいタイミングじゃないかな？

熊本の建物が竣工すると、ヘネガンは学会賞を得た——日本建築学会の最も栄誉ある賞だ（図4）。トムは、二〇〇二年の福島の「フォレストパークあだたら」で日本政府が出す重要な公共建築賞ももらった（図5）。だから、彼は、東京ではエリート・サークルで知られ、尊敬されるようになった。なのに、彼は、シドニー大学の建築・デザイン・都市計画学部長に転じてしまった。どう考えても（彼に限った話ではないが）面倒な職だったはずだが。けれど、次の東京芸術大学での専任の職はずっとやり甲斐のある仕事だった。僕自身直接見聞きした範囲でも、そこの学生たちがとても才能があり、知識もあり、個性的で、タフで、頭も良い、ということはすぐに分かった。トムは彼らを愛しており、そこの雰囲気は、構うことのないイギリス流ときちんとしないと気が済まない日本流がちょうど良い具合に混ざっていた

更には、相も変わらぬ（有難いことに）、怪しげなものに鼻が利くトム的な「カルチャー」の例。妻のヤエールと息子のアレクサンダーを連れた何度かの東京行きではいつも、僕たちは下北沢にまっしぐらなのだけれど、僕の睨んでいることには、トムは、イギリス人だからと言い訳をしながら、何処にでもに首を突っ込んで喜んでいた（ヤエー

4　トム・ヘネガン「熊本県農業研究センター 草地畜産研究所」1991年

ルもそうだったかは—他の国の出身なんで—何ともいえない)。彼の地場への嗅覚は、インターネットでも発揮されていて、僕がなんかの画像、たとえば犬が小屋の中で走り回っているチリの画像をいい感じとか言って送ると、瞬時に——あっという間もなく——もっと可愛い犬がもっと格好いい小屋の中で走り回っている日本の画像が送り返されてくるという具合だ。いやいつもながらの「一本」。

僕には、彼が家でテレビを見ているとか、ペーパーバックの小説(とか、今風のその手のもの)を抱えて座っているところを、想像することも出来ない。彼は、仲間たちと一緒に、焚き火用の薪とかカメラを抱えているのが好きなアウトドア派だ。もし彼が日本の定年のシステムで芸大を離れなくてはならないというなら、僕は彼をスカウトした大学が、今度はトムにただ彼らしいことをやらせてあげようと気を効かせてくれたのだ、と思うことにしたい。

僕はフルタイムでの教職から離れて以降、若干の建物を建てる幸運に恵まれた。旅行もしたし、スタッフと笑いながら一杯やったりもした。それこそ、僕が今のトムにしてほしいことだ。それに加えて、彼が、そう、多分下北沢の怪しげなお店かなんかにたむろしている所をも見たくて仕方がないのだ。

5 トム・ヘネガン「フォレストパークあだたら」

我が友トム・ヘネガン——私的な訳者あとがき

八束はじめ　松下希和

一九七五年に一つの「事件」があった。それまで国内の学生コンペに過ぎなかった『新建築』の住宅コンペに磯崎新が審査員として登場し、世界中から多くの錚々たる前衛建築家たちが応募したのだ。ハンス・ホライン、ロン・ヘロン、アドルフォ・ナタリーニ等々（磯崎も含めて、今では皆故人だ）。しかしそれらを抑えて最優秀を勝ち得たのは、ロンドンの前衛的な教育で知られるAA（Archirectural Assosiation）の一学生だった。当然彼の名前など誰も知らない。それがトム・ヘネガン、つまり本書の著者である（訳者たちとは古い仲なので以下「トム」と書かせて頂く）。

「スーパースターの家」という磯崎の提示したテーマに対して、この応募案は女優ラクウェル・ウェルチの家の情報をマスコミに配布するパンフレットの制作過程という体裁であった。他のメディアに別々に掲載されたいくつかのイメージの寄せ集めで、何処にも通常のデザイン・コンペに求められる「作者」の手の跡はない。鮮やかなアンチ・デザイン。このコンペが奇縁になって、トムは数年後に日本にやって来た。当人は奇縁のつもりはなかったろう。彼は建築家 伊東豊雄に手紙を書いてその事務所で働きたいと申し出たのだ。トムはこのコンペで少なくとも日本の若い建築家たちには知られた存在だったから、スタッフにするには、と困惑した伊東は、本書の訳者の一人である八束に電話して何とかならないかと相談した。当時八束は熊本県が始めた建築事業アートポリスの事業においてディレクターをやっていた。これも奇縁でこの事業のコミッショナーを務めていたのも、くだんの磯崎だったが、それで彼は初めての大規模な実作、熊本県立草地畜産研究所（要は牛馬の研究施設）の設計を手がけることになった。

この設計に際して八束は、イギリス人建築家は阿蘇の山麓のような景観にフィットする日本人にはない感性を持っているという、いささか怪しい論を張って推薦文をものしたが（「スーパースター」から何が推論できようか?）、トムは見事にそれを裏書き――むしろ裏切ったというべきか?――してみせ、その後、この極東の地に根を下ろし活動を始めた。トムの第二のキャリアである。

もう一人の訳者松下がトムと出会ったのはこの時期で、二人は国際会議で知り合い、建築と英語を通して――これはトムがその後も「不埒にも」日本語を身につけようとしなかったからだが――交友を深めた。私事で恐縮だが、訳者の二人は今ではパートナーだが、この時期には互いに知り合いでもなかった。時とともに三人の関係は狭まり、今回の出版として結実したのである。

この後のトムの活動について論を敷衍する余裕はないし、その必要もないと思われるが、彼は実務とともに、教育にも転じた。第三のキャリアというべきか？　本書はそのうち東京藝術大学での学部学生への講義録であり（口絵でその光景が再現されている）、彼の退官の際に原語で私家版として製作され、配布された。彼の教育者としての資質を感じさせないではおかない内容である。学生さんや若い建築家たちには是非読んでほしい。ただし原語版とこの日本語版ではかなりの異同がある。特に第四、五講は半分に分割して内容を入れ替えた。この方が話がスムースにつながると訳者が考えたためである。翻訳は第一講〜三講と六講が八束、第七〜十講が松下、第四、五講は双方に分担がある。当然最後に相互の調整は行っている。

今回の日本語版の出版は、トムがその後に教鞭を取った芝浦工業大学の退職のタイミングとちょうど合致したこと、訳者の二人も時期は違うもののたまたま同じ大学で働いていたこともあって、東京藝術大学と芝浦工業大学というトムの教育キャリアの最後を飾る企画となし得たことは、我々の多とする所である。

藝大でトムをアシストしていた町田恵さんには、今回も編集に入って頂いて翻訳以外の事柄に関して骨折りをして頂いた。東京大学出版会の後藤健介さんには、出版・編集のみならず口絵のアイデアまで手掛けて頂くことになった。日英両版のデザインを手掛けて頂いた泉美菜子さんの労作も併わせて感謝したい。どのような本も、程度差こそあれ、著者の周囲の人々との関わりの中で生み出されるが、特にこの本は、トムの長いキャリアの中に生成された反響をいくつか色濃く背負っている。訳者二人との交遊もそこに含まれるとすれば、我々としては望外の幸せである。

graph by Kenji Takahashi / 17,22 Josep Maria Torra [CC BY-SA 2.5] / 18 TREVOR.PATT [CC BY-NC-SA 2.0] / 20,21,26 Photograph by Archipicture / 24 Drawing by Kei Machida / 25 Drawing by Sigurd Lewerentz

第七講　2,4,8,9 Kenneth Frampton, *GLENN MURCUTT, ARCHITECT,* Aurfers Paradise, 2000 / 3,12,21,22 Philip Drew, *Leaves of Iron: Glenn Murcutt, pioneer of an Australian Architectual Form,* Angus & Robertson,1994 / 5,6,7,11,33,34 (図) Photograph by Glenn Murcutt / 10,14,15,16,17,18,20,28,29,31,32 Photograph by Anthony Browell / 13 Public Domain / 19,24,27,30,35,37 Photograph by Tom Heneghan / 23 Illust by Kei Machida / 25 左 Tom Heneghan + Maryam Gusheh, *The Architectur of Glenn Murcutt,* TOTO, 2008 / 26 Claire Zimmermann, *Mies van der Rohe 1886-1869,* Taschen,2006 / 36 Leon [CC-BY-SA 2.0] / 38 Photograph by Anthony Browell / Tom Heneghan

第八講　1,16,41 Illust by Fumi Kashimura / 2 Illust by Yosuke Muraji / 3 A.winzer [CC BY-SA 3.0] / 4 Sarge Tanet [CC BY-SA 2.0] / 5,28,38 Photograph by Tom Heneghan / 7,10,19,23,33,39,40,43 Illust by Yoshifumi Hashimoto / 8 Photograph by IronGargoile [CC BY-SA 4.0] / 9 Sandra Cohen-Rose and Colin Rose [CC BY 2.0] / 11,14,20,36,37,45 Illust by Mire Kan / 12 Illust by Fumi Kashimura / 13 Photograph by Archipicture / 15 Le Corbusier, Almanach d'architecture modern, 1925 / 17,25 seier+seier [CC BY 2.0] / 18 Jeff Hart [CC BY 2.0] / 20, 21 digital cat [CC BY 2.0] / 22 Photgraph by Kenji Takahashi / 24 Photograph by Troels Eske [CC BY-SA 3.0] / 26 Illust by Jørn Utzon / 27 Troels Eske [CC-BY-SA-3.0] / 29,30 Fred Romero [CC by 2.0] / 31 Public Domain / 32 Photograph by Naquib Hossain [CC BY-SA 2.0] / 34 Public Domain / 35 Photograph by 準建築人手札網站 Forgemind ArchiMedia / 42 Photograph by Oiuysdfg [CC BY-SA 3.0] / 44 Google Earth

第九講　1,4,21,25,37 Public Domain / 2 Thure Johnson [CC BY 2.0] / 3 Retis [CC BY 2.0] / 5 Pablo Sanches [CC BY 2.0] / 6 Bernerd Rudofsky, Architecture Without Architects, MoMA,1964 / 7,8 William [CC BY 2.0] / 9 Wolkenkratzer [CC BY-SA 4.0] / 10 Andress Schwarzkopf [CC-BY-SA 4.0] / 11,15,19,34 Illust by Midori Oshima / 12,13 ©Zaha Hadid Foundation / 16 Francesco Dal Co, *Tadao Ando,* Phaidon Press, 1997 / 17,24,35,39 Photograph by Tom Heneghan / 18 Rosalind Krauss, Richard Serra, a translation, University College London, 1983 / 20 Forgemind ArchiMedia [CC BY2.0] / 22 *GA ARCHITECT 12 TADAO ANDO Vol.2,* A.D.A.EDITA Tokyo, 1983 / 23 *GA ARCHITECT 16 TADAO ANDO Vol.3,* A.D.A.EDITA Tokyo, 2000 / 26 einalem [CC BY-SA 2.0] / 27 Photograph by Anna Kawai / 28 *UTZON AND THE NEW TRADITION*, THE DANISH ARCHITECTURAL PRESS. 2005 / 29 Photograph by Shinobu Suzuki / 30 Boobox [CC BY-SA 3.0] / 31 Xosema [CC BY-SA 4.0] / 32 Lmbuga [CC-BY-SA 3.0] / 33 GA Document 116, A.D.A.EDITA Tokyo, 2011 / 36 Wystan [CC-BY-SA 2.0] / 38 Cliff [CC BY 2.0]

第十講　1 Illust by Fumi Kashimura / 2 Polimerek [CC BY-SA 3.0] / 3 Photograph by Ptyx [CC BY-SA 2.0] / 4,14 James S. Acherman, *The Architecture of MICHELANGELO*, A. ZWEMMER Ltd., 1961 / 5 Public Domain / 6 Victor R Ruiz [CC BY SA 2.0] / 7 GFDL / 8 Alvesgaspar [CC BY-SA 4.0] / 9,10,15 Illust by Kei Sasaki / 11,12 Arata Isozaki & Associates / 13 Illust by Collage by Tom Heneghan / 16 Public Domain / 17 Bruno [CC BY-SA 4.0] / 18 Photograph by Alvesgaspar [CC BY-SA 4.0]

WORKS by TOM HENEGHAN / p.229, 1,2,3,4,5 Photograph by Tom Heneghan

カラーページ
Frontispiece　東京藝術大学における最終講義の記録（加藤 甫撮影 2019年）／スライド＝第四講 11、第二講 21、27、第五講 22 ／第一講 20 ／八分間建築史講義　第一講 14、12、11、6、Public Domain、9、8、18、24、1、第五講義 17、Public Domain ／クリスタルパレス＝ Public Domain、McKean, J. (1994) *Crystal Palace*, Phaidon＝第一講 16

Interrude　東京藝術大学における最終講義の記録（加藤 甫撮影 2019年）／登場人物 "Dramatis Personae," illustrations by Yosuke Muraji ／ James Stirling　第二講 4、45、24、20、7、43、Andrew Dunn [CC-BY-SA2.0]、第二講 15（上）、22 ／ Archigram　(c) Archigram 1964 ／ Sigurd Lewerentz　第六講 26（左下）、12、29

図版出典一覧

[ ] で示すものは Creative Commons の規定による表示
一部著作権者に行きあたらない図版について権利者情報を調査しています。

第一講　1 Public Domain (B.Aldrin, 1969) / 2 [Traveling Otter: CC BY-SA 2.0] / 3 Public Domain / 4 [Esther Westerveld: CC BY 2.0] / 5 [scarletgreen: CC BY 3.0] / 6 Photograph by Kei Machida / 7 Andrea Palladio (1570) I quattro libri dell architettura / 8 Public Domain / 9 [Yuichi Shiraishi: CC BY 2.0] / 11 [Larry: CC BY 2.0] / 12 [Marie Therese Hebert & Jean Robert Thibault: CC BY-SA 2.0] / 13 [MCAD Library: CC BY 2.0] / 14 Public Domain / 15 Public Domain / 16 McKean, J. (1994) *Crystal Palace,* Phaidon / 17 [Wiiii: CC BY-SA 2.0] / 18 [POHAN CHEN: CC BY 2.0] / 19 [Alex 'Florstein' Fedorov: CC BY 4.0] / 20, 21 Le Corbusier (1958) *Vers une architscture,* Paris: Vincent / 22 [Norbert Nagel / Wikimedia Commons: CC BY-SA 3.0] / 24 Photograph by Takashi Kimura

第二講　1 (上・下図), 13, 15 (下) Jacobus, J. (1975) *James Starling: Buildings and Projects 1950-1975,* Tokyo: A.D.A.EDITA / 2 [Kim Traynor: CC-BY-SA 3.0] / 3,19-21,28,29,39,41-43,45 Public Domain / 4 [Vita Student: CC-BY-SA 2.0] / 5 Psul Holloway [CC-BY-SA 2.0] / 6,7 John Bradley [CC-BY-SA 2.0] / 8 [Ian Alexander: CC-BY-SA 4.0] / 10 Illust by Kei Machida / 11,36『A+U』1986年11月号、新建築社 / 12 Ronner, H. & Jhaveri, S. (1987) *Louis Kahn Complete Works 1935-1974,* Brikhauser / 15 (上)、18 Not From Utrecht: [CC-BY-SA 3.0] / 16, 25, 26 Decierck, J., et al. (2009) OASE #79, James Starling, NAi Uitgevers / 17 Gowan, J. (Ed.)(1973) Projects: *Architectural Association 1946-71,* AA / 19 El Lissitzky, Beat the Whites with the Red Wedge, (1919) / 20 Yakov Chernikov, Hammer and Sickie Architectural Fantasy, (1933) / 21 Public Domain: Konstantin Melnikov / 22 Andrew Dunn [CC-BY-SA2.0] James Stirling, Seeley Historical Library, Cambridge University (1968) / 23 Cmglee [CC-BY-SA 4.0] Interier view of Seeley Library / 24,30,31,32 seier+seier [CC BY 2.0] / 27 Tyne & Wear Archives & Museums / 30 James Stirling (1971), Floery Building / 33 Staatsgalerie, Sttgart / 34 Google Earth / 35 Thorsten Rodiek, James Stirling - die Neue / 38 右 William, J. R. Curtis, *Modern Architecture since 1900,* Phaidon Press, 1982 / 38 左 Altes Museum / 41 Public Domain / 44 Illust by Midori Oshima

第三講　1-12,14,21,23-27: Public Domain / 13 上 Ludvig 14 [CC BY-SA 4.0] / 13 下 Illust: Kei Sasaki /15,17,28,31: Illust: Kei Sasaki / 16 André P. Meyer-Vitali [CC BY-2.0] / 19 Plan of Textile Institute Students' Residence / 20 Sergey Norin from Moscow, Russia (1093) [CC BY 2.0] / 22 Photograph: Archipicture / 29 Public Domein / 30-2 Illust by Erika Ida / 33 Геннадий Климов [CC BY-SA3.0] / 34 Matilda McQuaid and Terence Riley eds. / 35,36 ©OMA / 37 Zaha Hadid, Malevich's Tektonik,1977 / 38 Zaha Hadid, Malevich's Tektonik, 1977

第四講　2 Nathan Rupert [CC BY-NC-ND 2.0] / 3-6 Illust by Key Sasaki / 7 Andrew Bone [CC BY 2.0] / 9 Le Corbusier / 10 m-louis®[CC BY-SA 2.0] / 11 Jeam-Pierre Dalbera [cc By 2.0] / 12 Le Corbusier et Porre Janneret, *Oeuvre Complete de 1929-1934.*, Verlag fur Architektur Artemis, 1964 / 13,15 James Wards eds., *The Artifacts of R. Buckminster Fuller vol.1,* Garland Publishing Inc., 1985 / 14 Stephen Richards: Lloyd's of London, Leadenhall Street (1) / CC BY-SA 2.0 / 16,17,19,20 Public Domain / 18 Husky [CC BY 2.0] / 21 Photograph by Tom Heneghan /22 Rory Hyde [CC BY 2.0] / 23 Fred Romero [CC BY 3.0] / 24 Sailko [CC BY 3.0] / 26,27 Potograph by Stephan Varay

第五講　1 Powershift2012 [CC BY BY-ND 2.0] / 2 Jordy Meow [CCBY-SZ 4.0] / 3 coffee shop soulja [CC BY 2.0] / 4 ©Archigram 1964 / 5 Mike Peel [CC BY-SA 4.0] / 7 Georgi Petrov / 8,9 Public Domain / 10 Public Domain / 11,12 Reyner Banham, François Dallegret A Home is not House, Art in Smerica, 1965 / 13 [Woodstock Whisperer: CC BY-SA 4.0] / 14 Provided by Osaka Prefectural Government / 15,16 Cedric Price, Works II Architectural Association, AA, 1984 / 18 Public Domain / 19 Oh Paris [CC BY2.0] / 19 Photograph by Midori Oshima / 20 Photograph by Tom Heneghan / 21 AndrewbShiva [CC BY 4.0] / 22 Public Domin / 23 Illust by Kei Machida / 24 Brian Robert Marshall / The Spectrum Building, West Swindon [CC BY 2.0] / Andrew Shiva [CC BY 4.0] / 25,27左 Photograph by Daniel da Rocha / 26 david basulto [CC BY-SA 2.0] / 27右 Illust by Tom Heneghan / 28 Alejandro [CC BY 3.0]

第六講　1 Photograph by Midori Oshima / 2 astrid westvang [CC BY-NC-ND 2.0] / 3,4,8,19, Illust by Naoyuki Kunikiyo / 5,6 Public Domain / 7 Leon [CC-BY-SA 4.0] / 9 Photograph by Kei Machida / 10 Timothy Brown [CC BY 2.0] / 11 Photograph by Kenji Takahashi / 12,13 Kalle, Soderman [CC BY -SA 2.0] / 14 Jann Ahlin, *Sigurd Lewerentz, architect 1885-1975,* Byggforlaget, 2015 / 15,16,23,28,29 Photo-

トム・ヘネガン（Tom Heneghan）
建築家
一九五一年生まれ、ロンドン Architectural Association（AA）スクール卒、同校ユニット・マスター。一九九〇年来日、「熊本県草地畜産研究所」（建築学会賞）等で受賞多数。一九九八―二〇〇二年、工学院大学特任教授、二〇〇二―〇八年豪・シドニー大学建築・デザイン・都市計画学部長、二〇〇九―一九年東京藝術大学建築科教授、二〇一九―二四年芝浦工業大学SIT創研教授。

[訳者紹介]

八束はじめ（やつか・はじめ）
建築家・建築評論家、芝浦工業大学名誉教授。『汎計画学　ソヴィエト・ロシア篇』（二〇二三年、東京大学出版会）、『ル・コルビュジエ　生政治としてのユルバニスム』（二〇一四年、青土社）、『メタボリズム・ネクサス』（二〇一一年、オーム社）、ほか。

松下希和（まつした・きわ）
建築家、芝浦工業大学システム理工学部教授。The Urbanism of Metabolism: Visions, Scenarios and Models for the Mutant City of Tomorrow（共著、二〇二三年、Routledge）、『住宅・インテリアの解剖図鑑』（二〇一二年、エクスナレッジ）、Harvard Design School Guide to Shopping（共著、二〇〇〇、Taschen）ほか

[図版編集、コーディネーション、カラーページ構成]
町田 恵（まちだ・けい）
建築家（Zu architects）

[本文・装丁デザイン、組版、カラーページ構成]
泉 美菜子（いずみ・みなこ）
デザイナー（PINHOLE）

トム・ヘネガン 近代建築10の講義

二〇二五年三月二四日　初版

[検印廃止]

著　者　トム・ヘネガン
訳　者　八束はじめ・松下希和
発行所　一般財団法人 東京大学出版会
　代表者　中島隆博
　一五三―〇〇四一　東京都目黒区駒場四―五―二九
　https://www.utp.or.jp/
　電　話　〇三―六四〇七―一〇六九
　ＦＡＸ　〇三―六四〇七―一九九一
　振　替　〇〇一六〇―六―五九九六四
印刷所　株式会社精興社
製本所　牧製本印刷株式会社

ISBN 978-4-13-063820-3　Printed in Japan